AF150093

Wahre
Geschichten
über Brustkrebs

Sabine Bader Hrsg. #1

THE PINK BOOK

novum pro

Bibliografische Information
der Deutschen Nationalbibliothek:

Die Deutsche Nationalbibliothek
verzeichnet diese Publikation in
der Deutschen Nationalbibliografie.
Detaillierte bibliografische Daten
sind im Internet über
http://www.d-nb.de abrufbar.

Gedruckt in der Europäischen Union
auf umweltfreundlichem, chlor- und
säurefrei gebleichtem Papier.

© 2023 novum Verlag

ISBN 978-3-99146-680-2
Illustration Umschlag & Innenteil:
Gray Cat I Stutterstock.com

Umschlaggestaltung, Layout & Satz:
novum Verlag

www.novumverlag.com

Climate neutral
Print product
ClimatePartner.com/16547-2201-1002

INHALTSVERZEICHNIS

MUTMACHER

„Ob lachend, weinend, kämpfend –
ich bin stark und stolz darauf."

Mutmacherin Claudia

VORWORT

SABINE BADER

Liebe Leserinnen, liebe Leser!

Mit dem Buch, das Sie gerade vor sich haben, ist die Umsetzung eines Projektes gelungen, das sowohl für uns als Verlagsteam als auch für mich persönlich eine besondere Bedeutung hat. Es freut uns, in Zusammenarbeit mit der Österreichischen Krebshilfe dieses „Pink Book" erscheinen zu lassen, das einen wertvollen Beitrag dazu leisten soll, ein unbehagliches Thema aus der Ecke des Schweigens zu holen, es nahbar zu machen und von seiner Tabuisierung und Stigmatisierung zu lösen.

Brustkrebs zählt zu den häufigsten Diagnosen weltweit, die Menschen erschüttern und Familien auf den Prüfstand stellen. Er ist leider so weit verbreitet, dass Sie wahrscheinlich auch Fälle in Ihrem Bekanntenkreis haben – oder gar jemand unter Ihren Liebsten betroffen war oder ist. Auch vor meiner eigenen Familie hat diese schreckliche Krankheit nicht Halt gemacht.

Mit diesem Buch wollen wir all jenen unseren Respekt zollen, die mit dieser Herausforderung konfrontiert sind, und gleichzeitig den Fortschritt in der Krebsforschung unterstützen. Deshalb ist die Herausgabe dieser Textsammlung an eine Spendenaktion gekoppelt: Der Reinerlös dieses Buches wird der österreichischen Krebshilfe zur Verfügung gestellt.

Das „Pink Book" rückt die Geschichten ins Licht, die im Alltag oft unbemerkt hinter den Fassaden abgewickelt werden. Betroffene und Angehörige kommen zu Wort und teilen ihre Eindrücke, ihre

Erfahrungen, ihren Schmerz, ihre Liebe und ihre Hoffnungen. Ihnen allen ist gemein, dass sie nicht alleine und gewillt sind, anderen Menschen in ähnlich schwierigen Situationen zur Seite zu stehen; dies zeigt schon der Andrang an Beiträgen, dem wir uns bei der Ankündigung dieses Buches gegenübersahen. Es ist nicht zu unterschätzen, wie viel schon schlicht ein offenes Ohr oder eine Erzählung ausrichten können, um in belastenden Stunden aufzurichten.

Alle Beiträge erzählen wahre Geschichten von echten Menschen und ihrem Umgang damit, wenn die Diagnose Brustkrebs eintritt.

Im Namen des Verlages bedanke ich mich bei allen Teilnehmer*innen für den Mut und die Bereitschaft, ihre Geschichten zu teilen, und wünsche Ihnen ein inspirierendes Leseerlebnis!

Herzlichst Ihre
Sabine Bader, Herausgeberin

VORWORT

DORIS KIEFHABER

Vertrauen schaffen – Grenzen akzeptieren

Mit diesem Vorwort möchte ich allen Angehörigen in diesem Buch meinen Respekt und meine Hochachtung aussprechen für die Art und Weise, wie sie ihren Liebsten zur Seite gestanden sind und zur Seite stehen. Es hat mich sehr berührt, die persönlichen Geschichten und Erfahrungen zu lesen. Ich bin überzeugt, es wird Ihnen, sehr geehrte Leserin, sehr geehrter Leser, genauso gehen. Die Geschichten in diesem Buch sollen anderen Angehörigen Mut machen und vor allem das Gefühl vermitteln: „Du bist mit deinen Gefühlen, Ängsten und Herausforderungen nicht allein. Ich verstehe dich, mir ging es ebenso."

Aus 30 Jahren Berufserfahrung aber auch aus persönlicher Erfahrung weiß ich: Die Sorgen und Ängste, die Angehörige haben, sind genauso berechtigt wie die Sorgen der Erkrankten – auch wenn sie verhältnismäßig klein erscheinen mögen. Angehörige sind aber keine „Anhängsel" der Erkrankten, sondern in ihrer ganz persönlichen Betroffenheit zu sehen und zu würdigen. Auch sie erleben eine „Hochschaubahn" der Gefühle, von Hoffnung und Zuversicht bis hin zu Verzweiflung, Angst und Wut. Vielleicht kann ich mit diesem Vorwort und einigen Gedanken und Erfahrungen auch ein Stück dazu beitragen, Angehörigen von Krebspatient*innen Hilfreiches mit auf ihren Weg zu geben.

Die Diagnose Krebs verängstigt und schockiert Patient*innen und Angehörige wie kaum eine andere Erkrankung. Meist wird alles, was man jemals zum Thema Krebs gehört hat, gedanklich abgerufen und schwärzeste Fantasien und beängstigende Fragen tauchen auf.

„Wie geht es weiter ...?", „Geht es weiter ...?", „Werden wir das überstehen ...?", „Wie sag ich es den Kindern?", „Wir haben doch noch so viel vor ...!" Viele Patient*innen erzählen mir fast wortgleich von ihren ersten Reaktionen, als sie die Diagnose erhielten: „Ich hatte das Gefühl, als würde es mir den Boden unter den Füßen wegziehen." „Nach dem Wort Krebs bekam ich eigentlich nichts mehr mit." Sie beschreiben, was es ist: ein Schock. Einige behielten die Diagnose zunächst für sich – um ihre geliebten Angehörigen zu „schonen" und weil sie dachten, sie würden allein damit fertig werden. Andere informierten sofort ihre Lieben. Auch Angehörige beschreiben den Moment, als sie von der Diagnose erfahren, oftmals als Schockzustand. Erst kürzlich sagte ein Mann einer Brustkrebspatientin zu mir: „Für mich blieb die Welt buchstäblich stehen." Und trotzdem sagte er nur Sekunden später zu seiner Frau: „Wir schaffen das", selbst noch nicht im Klaren, was die Diagnose bedeutet und was auf ihn, seine Frau und seine Familie zukommen wird.

Bitte googeln Sie nicht!

Ich habe gelernt, dass es Patient*innen und Angehörigen nicht gut tut, wenn sie googeln. Ich verstehe natürlich, wenn man sofort Näheres zu der Erkrankung wissen möchte und auf der Suche ist nach „Prognosen", den besten Ärzt*innen und Erfahrungsberichten anderer Patient*innen. Aber das World Wide Web – bei allen Vorteilen – hat auch viele Nachteile. Laien können in der Regel nicht erkennen, ob die Information oder Empfehlung, auf die sie stoßen, eine gesicherte ist. Das Netz ist voll mit selbsternannten Wunderheilern, abstrusesten Methoden und „Fake News". Wenn Ihre erkrankte Angehörige oder Ihr erkrankter Angehöriger Ihnen gegenüber medizinische Fragen äußert, sind Sie nicht verantwortlich dafür (und auch nicht zuständig!), eine Antwort zu finden. Motivieren Sie den*die Patient*in dazu, alle Fragen zu notieren und zum nächsten Arztgespräch mitzunehmen. Wenn es dringende Fragen sind, dann sollte der*die Arzt*Ärztin natürlich umgehend kontaktiert werden.

Begleiten Sie erkrankte Angehörige zu Arztgesprächen/Terminen – wenn es gewünscht ist!

Die meisten Angehörigen wollen alles ganz genau wissen. Das ist verständlich. Ich wollte das damals auch, als mein Vater und meine Cousine (die wie eine kleine Schwester für mich war) an Krebs erkrankten. Aber bitte nehmen Sie sich zurück (auch wenn es schwer fällt) und bieten Sie die Begleitung an (aber drängen Sie sich nicht auf). Jeder Mensch hat ein Recht auf seine Privat- und Intimsphäre. Und die Gesundheit bzw. eine Erkrankung ist wohl der privateste, intimste Bereich. Gehen Sie behutsam und respektvoll damit um. Signalisieren Sie, dass Sie „da" sind und wenn es gewünscht ist, jederzeit zu Arzt- oder Behandlungsterminen begleiten. Wenn der*die Patient*in damit einverstanden ist, dass Sie bei Arztgesprächen dabei sind, hat es natürlich den Vorteil, dass Angehörige und Erkrankte Informationen „aus erster Hand" erhalten. Eine*n Angehörige*n an der Seite zu haben, ist für viele Erkrankte auch eine große Stütze. Aber eben nicht für alle. Ich erinnere mich gut an eine Patientin, die mich bat, ihrer Tochter „schonend" beizubringen, dass sie bitte nicht immer mitgehen möge. „Sie macht mich irgendwie nervös und behandelt mich, als ob ich IHR Kind wäre", sagte sie. Und im Gespräch mit der Tochter stellte sich heraus, dass sie dachte, ihre Mutter würde es von ihr erwarten, dass sie jetzt „rund um die Uhr" für sie da ist ...

Die Suche nach dem „besseren" Arzt ...

Wenn sich der*die Patient*in in guten Händen fühlt, bitte hinterfragen Sie das nicht, indem Sie – meist unaufgefordert – nach besseren Ärzt*innen suchen. Das ist für die meisten Patient*innen eher verunsichernd als hilfreich. Denn ein vertrauensvolles Arzt-Patienten-Verhältnis ist eine wichtige Basis. Sollte sich der*die Patient*in nicht in „besten Händen" fühlen, ermuntern Sie ihn oder sie, eine Zweitmeinung einzuholen. In der Suche nach einem Arzt oder einer Ärztin können die Krebshilfen in den jeweiligen Ländern behilflich sein.

Bitte keine unaufgeforderten Tipps und Phrasen vom „positiven Denken"!

Ich weiß, dass die meisten Angehörigen von ganzem Herzen helfen wollen. In Taten und Worten. Achten Sie aber bitte grundsätzlich darauf, die Erkrankten nicht mit – meist gut gemeinten – Ratschlägen, Informationen, Erfahrungsberichten anderer Patient*innen und „Recherchen" aus dem Internet zu „überschütten". Das ist zwar gut gemeint, allerdings verwirrt und verunsichert es. Viele Patient*innen berichteten auch, dass es sie verärgert hat, wenn sie mit Phrasen wie „Du musst positiv denken" oder „Du schaust aber eh gut aus" konfrontiert wurden.

Sprachlosigkeit auflösen

Es passiert auch gar nicht so selten, dass sich Patient*innen bei uns „beschweren", den Kontakt zu einem Familienmitglied oder Freund*innen verloren zu haben, seit sie von der Diagnose wissen. Das wird meist als mangelndes Interesse interpretiert. Wenn man jedoch mit dem Familienmitglied oder den Freund*innen spricht, stellt sich heraus, dass sie einfach sprachlos sind, Angst haben, etwas Falsches zu sagen und deshalb schweigen (und auf Tauchstation gehen). Ich kann das gut nachvollziehen. Als meine geliebte Cousine erkrankte, tat sogar ich mich schwer, sie jeden Tag in der Früh anzurufen, denn ich war mir bewusst, dass die Frage „Wie geht's dir?" auch (zu Recht) eine Antwort „Wie soll es mir schon gehen?" zur Folge haben könnte. Ich habe daher in einem ehrlichen Gespräch meiner Cousine gesagt, was mir durch den Kopf geht und mich „hemmt". Und wir haben beide eine schöne Metapher gefunden. Ihre Tage verglichen wir mit einer Perlenkette aus weißen, grauen und schwarzen Perlen. Weiß stand für die guten Tage, schwarz für die schlechten. Wenn ich in der Früh anrief, sagte ich zunächst nur „Guten Morgen, Liebes" und sie sagte: „Guten Morgen, weiß." (oder „grau" oder „schwarz") So gingen wir dem „Wie geht es dir?" aus dem Weg. Ich möchte daher jede*n Angehörige*n ermutigen, ein offenes und ehrliches Gespräch zu führen. Das ist in vielen Fällen der schnellste Weg aus sich eventuell einschleichender Sprachlosigkeit.

Die Ernährungsmythen

Manche Angehörige lassen sich dazu verleiten, der oder dem Erkrankten Lebensänderungen abzuverlangen (z. B. „Du musst jetzt viel Gemüse essen, Tee trinken", „Du darfst das und jenes jetzt nicht essen"), weil sie das irgendwo gelesen haben bzw. es ihre eigene selbstgewählte Ernährungsform ist. Aber gerade was die Ernährung für Krebspatient*innen betrifft, sind leider viele (mitunter gefährliche) Mythen im Umlauf. Faktum ist: Es gibt keine wissenschaftlich empfohlene Ernährungsart für Krebspatient*innen und von JEDER einseitigen Ernährungsform ist abzuraten. Gerade in der Zeit einer kräftezehrenden Chemotherapie sollten Patient*innen essen, was ihnen schmeckt (mit Ausnahme von z. B. Grapefruit-Saft bei bestimmten Therapien)! Ich erinnere mich noch gut daran, dass meine Cousine aus ihrem Urlaub in Italien anrief und mir erzählte, dass sie jetzt sooo gerne einen Teller Nudeln essen würde, aber wohl doch lieber den Fisch wählen wird. Auf meine Frage, warum sie nicht die Nudeln bestellt, sagte sie, dass sie von jemandem gehört hätte, dass Kohlehydrate und Zucker unbedingt zu meiden seien, weil der Krebs sonst wachsen könnte. Ich klärte sie auf und sie bestellte glücklich ihren Teller Nudeln.

Schützen Sie sich vor Überforderung – so gut es geht

Angehörige müssen sich mit vielen neuen und unbekannten Dingen auseinandersetzen – der Alltag verändert sich, zusätzliche Aufgaben müssen übernommen werden, gewohnte Strukturen verlieren ihre Gültigkeit. Dazu kommen die große emotionale Belastung und oftmals auch finanzielle Sorgen. Das alles ist eine enorme Herausforderung. Die meisten Angehörigen wollen – und können – eine sehr große Stütze für Patient*innen sein. Aber sie laufen Gefahr, sich zu überfordern – aus Liebe und Verantwortungsgefühl dem erkrankten Menschen gegenüber. „Seit bei meiner Frau die Diagnose Brustkrebs gestellt wurde, ist nichts mehr so, wie es war", erzählte mir ein Angehöriger. Alles richte sich nur mehr nach ihren Bedürfnissen und das sei auch in Ordnung. Aber er vermisse ein klein wenig alte Normalität. Und obwohl ihn seine Frau dazu motiviert, doch wieder etwas (wie früher) mit seinen Freunden zu unternehmen, blockte er ab und erzählte von seinen Schuldgefühlen, die er hätte, wenn er sich ein wenig „Normalität" gönnt.

Wenn Sie Angehörige*r eines*einer Krebspatient*in sind, möchte ich Sie ermutigen, sich unterstützen und helfen zu lassen – durch die nationale Krebshilfe-Organisation oder andere Angebote in Ihrem Wohnsitzland. Das geschieht im Interesse aller Beteiligten, denn die Verbesserung und Entlastung Ihrer persönlichen Situation wirkt sich auch positiv auf die Lebensqualität Ihres erkrankten Angehörigen aus.

Informationen zum breiten Hilfs- und Unterstützungsangebot der Österreichischen Krebshilfe für Brustkrebspatient*innen und Angehörige finden Sie im Anhang dieses Buches.

Ihre Doris Kiefhaber,
Geschäftsführung Österreichische Krebshilfe
und Projektleiterin „Pink Ribbon"

MUTMACHER

„Angst beginnt im Kopf. Mut auch"

Inge

ANDERSTEIN KIRSTEN

Kirsten Anderstein, Jahrgang 1971, hat eigentlich Verwaltungsfachangestellte gelernt, dann in der Computerbranche gearbeitet, ehe sie Psychologie sowie Angst- und Stressmanagement studiert hat. Sie arbeitet erfolgreich als Coach für systemische Beratung, Burnout und Entspannung.

Heute lebt sie mit ihrem Mann und der Tochter in der Oberpfalz und gibt Kurse an der VHS in der Erwachsenenbildung sowie für die Kleinen bei der Schülerhilfe. Die Erlebnisse ihrer eigenen Kindheit, Jugend- und Erwachsenenzeit, hat sie als Kurzgeschichten verfasst, um sich selbst zu verstehen, ja sich kennenzulernen.

Im Vordergrund steht hier die Be- und Verarbeitung von Traumata, die sie geprägt haben. Um ihr Leben als Überlebende und gesunde Erwachsene zu führen, ist es ihr wichtig, den Zugang zu ihren Gefühlen offen zu halten. Dazu verwendet sie ihre Geschichten.

ATABI ARMAN

Arman Atabi ist im Iran geboren und mit zwölf Jahren nach Deutschland gekommen. Als engagierter Schüler liegt ihm das Thema Brustkrebs sehr am Herzen. Er glaubt fest daran, dass wir als Gesellschaft gemeinsam dazu beitragen können, Hilfe und Unterstützung anzubieten. Arman Atabis persönliche Erfahrungen und seine Leidenschaft haben ihn dazu motiviert, sich diesem wichtigen Thema anzunehmen.

BONFRANCHI RICCARDO

Dr. Riccardo Bonfranchi, geb. 30.07.1950, Schweizer, Studium der Heilpädagogik und Psychologie an der Universität in Köln sowie der Philosophie an der Universität in Zürich. Er ist verheiratet und Vater dreier erwachsener Kinder. Seine beiden Hobbies sind das Schreiben von Büchern und das Mountainbikefahren. Dr. Bonfranchi war über zehn Jahre lang ehrenamtlicher Mitarbeiter der Telefonseelsorge und hat laut Statistik ca. 4000 E-Mails beantwortet, Chats geführt oder mit Anrufenden telefoniert. Weitere Infos: www.bonfranchi.info.

CONNY

Conny arbeitet als Gesundheitstrainerin. Nach einigen Lebensstationen lebt und arbeitet sie nun am schönen Bodensee. Ihre Leidenschaft gehört jedoch, neben ihrem Hund, dem Schreiben. Nach ihrem ersten Schreibkurs hatte sie das Fieber gepackt und sie veröffentlicht seither regelmäßig Artikel.

COTT MANUELA

Manuela Cott ist in einer historischen Kleinstadt in Thüringen aufgewachsen. Von klein auf waren Bücher ihre innigen Gefährten. Beruflich ging sie in die soziale Richtung und engagierte sich für das Wohl bedürftiger Menschen. Die Neigung zur Literatur blieb und sie begann, ihre Gedanken auf Papier zu bringen.

DÖHLER CHRISTINE

Christine Döhler wuchs in der Oberlausitz auf, ist promovierte Psychologin und hat viele Jahre leidenschaftlich gern als Psychologische Psychotherapeutin gearbeitet. Jetzt im Ruhestand lebt sie am Stadtrand Berlins, hat eine große Familie und hält ihre Erfahrungen und Gedanken in Texten und Bildern fest.

EDOR D. ALINA

Alina D. Edor (Pseudonym), aufgewachsen als mutiges, lebensbejahendes Kind in Norddeutschland, das früh die Höhen und Tiefen des Lebens kennenlernen durfte, arbeitet erfolgreich im Bereich Gesundheit. Heute verwirklicht sie sich ihren Traum und möchte ihre Erfahrungen und emotionalen Momente mit vielen Lesern teilen.

GARTENMAIR MARTHA

Schon während ihrer schulischen Laufbahn mit kaufmännischer Ausbildung war Lesen immer eines ihrer größten Hobbies. Inspiriert von Autoren wie J. K. Rowling, Mary Higgins Clark, Susan Mallery, John Grisham oder Stephen King hat sie 2022 selbst mit dem Schreiben begonnen.

GRAEFE SANDRA

Sandra Graefe, Jahrgang 1991, ist als freie Texterin selbstständig tätig. Mit ihrer Leidenschaft und Liebe zu Worten erstellt sie kreative Texte. 2023 veröffentlichte sie als Autorin ihren Debütroman „Der geheimnisvolle Mann im Schatten". Ihr einzigartiger Schreibstil lässt Emotionen und Bilder lebendig werden.

HERZIG ELISA MARIÉLLE

Elisa Mariélle Herzig, Jahrgang 1990, studierte Germanistik, Geschichte und Philosophie. Seit einigen Jahren arbeitet sie als Lehrerin an einer Schule in Hamburg. In der vorliegenden Geschichte werden die Erkrankung ihrer Mutter und der Umgang der Familie mit dieser thematisiert.

IBADULINA KSENIYA

Kseniya Ibadulina ist 1988 in Baku, Aserbaidschan geboren und aufgewachsen. Ende 2009 ist sie mit ihrer Familie nach Deutschland ausgewandert. Derzeit lebt und arbeitet sie in Rastatt. Die studierte Journalistin und Medienwissenschaftlerin spricht fünf Sprachen und denkt mit dem Herzen. Durch ihr Engagement hilft sie den anderen und inspiriert mutig zu sein. Ihre Geschichte nimmt die Reise in die Tiefen der Seele. Am Schreiben dieser Geschichte verbrachte die Autorin lange Nächte mit viel Kaffee und gemischten Gefühlen. Zwergpudel Susie begleitete sie durch die dunkelsten Stunden vor Sonnenaufgängen.

KOMAREK ANITA

Nach dem Studium der Kommunikationswissenschaften und einer Ausbildung im Eventmanagement arbeitete Anita Komarek in Agenturen und leitete zehn Jahre die Marketingabteilung im Hotel Schani. Nun möchte sie mit denkpunkt.at gesellschaftliche Themen neu denken. Ein besonderes Anliegen ist ihr die Zukunft der Schule, die sie im Rahmen eines Forschungsprojektes untersuchen wird.

LUKSCH LAURA

Laura Luksch ist eine tiefgründige Optimistin mit kreativem Tatendrang. Dank ihrer Scanner-Persönlichkeit ist ihr Alltag geprägt von einem Wechselspiel an Interessen. Inmitten der geliebten Abwechslung geben ihr ihr Ehemann und Sohn die nötige Beständigkeit. Von Herzen genießt Laura ihre Rolle als Mama. Und Schokolade.

MUTH EMMA

Beim Schreiben findet die Autorin Emma Muth ihren Ausgleich und Entspannung. Tagsüber arbeitet sie als Assistentin im Büro, abends schreibt sie ihre Gedanken über Erfahrungen, Ideen oder das Leben nieder. Reisen, kochen und lesen gehören ebenfalls zu ihren Hobbies.

OBEREGGER NINA

Nina Oberegger arbeitet als Verwaltungsangestellte im Bürgerservice einer Gemeinde. Als Ausgleich neben dem Büroalltag ist sie gerne in der Natur unterwegs. Bei Fahrradtouren und Wanderungen schöpft sie neue Energie. Ihre Freizeit verbringt sie am liebsten mit ihrer Familie, die für sie das Wichtigste im Leben ist.

SANGIRARDI LISI

Lisi Sangirardi ist 1969 in Rom geboren, hat Sprachen und Literatur studiert, wurde Journalistin, dann Gerichtsdolmetscherin/ Übersetzerin. Heute lebt sie in Wien, führt zusätzlich ein Gastgewerbe und träumt davon als Kinderbuchautorin zu begeistern. Stets neben ihr: ihr Mann, ihre Tochter und ihr lustiger Dalmatiner.

SELNAR HUGO

Geboren 1931, mit 21 Meister in elterlicher Schreinerei, mit 40 selbstständiger Unternehmer. Wirtschaftlicher und sozialer Aufstieg. Unheilbar erkrankt. Kämpft sich zurück. Erfindet 1990 „Digitale Produktion". Fotograf, Maler, Golfspieler. Mit schnellen Autos reisen in ferne Länder. Autor mit 90.

WEST WILMA

Die Autorin veröffentlicht diesen Bericht unter ihrem Pseudonym Wilma West. Sie studierte Medizin sowie Architektur in Wien. Sie hat großen Erfolg und erlangt als Spezialistin für Krankenhausbau international Anerkennung. Sie arbeitet auch als Übersetzerin, überträgt Prosa und Lyrik aus dem Griechischen ins Deutsche, lehrt Erwachsenen an Sprachschulen Deutsch und Altgriechisch. Sie ist eine anerkannte bildende Künstlerin, Veranstalterin und Ausstellungsmacherin.

WILKE BÄRBEL

Bärbel Wilke, Jahrgang 1958, lebt am Stadtrand von Lüneburg und schreibt seit Anfang der Neunziger Texte und Gedichte für Frauen. Mal kritisch, mal ironisch, mal böse oder liebevoll überzeichnend steht die Beobachtung des Menschlichsten im Vordergrund.

MUTMACHER

„Vergangenheit ist Geschichte, die Zukunft ein Geheimnis, aber jeder Augenblick ein Geschenk."

Manuela

Anderstein Kirsten

Die Würde des Menschen ist unantastbar

Brustkrebs aus der Perspektive einer Angehörigen

Vorwort

„Alle Menschen sind frei und gleich an Würde geboren", heißt es in Artikel 1 der Allgemeinen Erklärung der Menschenrechte, und der erste Artikel des deutschen Grundgesetzes lautet: „Die Würde des Menschen ist unantastbar. Sie zu achten und zu schützen ist Verpflichtung aller staatlichen Gewalt."

In einem Wörterbuch wird Würde als „Bewusstsein des eigenen Wertes" definiert oder als „Achtung gebietender Wert, der einem Menschen innewohnt".

Es geht also einerseits darum, wie man sich selbst sieht – wobei hier die verschiedensten Faktoren mitspielen können – und andererseits darum, wie man von anderen behandelt wird. Wie andere uns sehen und behandeln, spielt für unser Selbstwertgefühl im täglichen Leben eine wichtige Rolle.

In jeder Gesellschaft gibt es arme, kranke, wehrlose und verletzliche Menschen. Eine solche Situation an sich muss noch nicht als Beeinträchtigung der Menschenwürde empfunden werden.
    Verletzt wird die Menschenwürde erst durch die Einstellung und Reaktion anderer Menschen. Leider spricht man meistens gerade den Benachteiligten das Recht auf Schutz der Menschenwürde ab und tritt es mit Füßen. Oft fallen Ausdrücke wie „nichts wert"

oder „nicht anders verdient", wenn Alte, Kranke, Arme oder Behinderte menschenunwürdig behandelt werden.

Eine Verhaltensregel, die bereits vor Jahrhunderten aufgestellt wurde und die von vielen als die berühmteste Anleitung für zwischenmenschliche Beziehungen angesehen wird, lautet: „Alles ... was ihr wollt, das euch die Menschen tun, sollt auch ihr ihnen ebenso tun." Diese Goldene Regel ruft zur Achtung vor dem Nächsten auf und drückt die Hoffnung auf ein positives Echo aus.

Wie schön ist es daher zu beobachten, dass sich gerade in dieser Hinsicht bei der Pflege von Kranken, Alten und Behinderten etwas tut.

Die Begleitung für Betroffene und Angehörige von Krebskranken hat sich gewandelt.

Ich arbeitete selbst im Krankenhaus auf diesen Stationen, verlor mit 19 Jahren meine Mutter durch Brustkrebs und habe hier ein ganz anderes Bild vermittelt bekommen. Davon handelt meine Geschichte.

Sie soll als Anstoß, doch auch als Trost dienen, daran zu denken, dass die Würde eines Menschen mehr zählt als Maschinen.

Die Würde eines Menschen gilt so lange als unantastbar, wie es für andere passend ist. Dabei kommt es leider zu häufig vor, dass Menschen eher wie Nummern behandelt werden, was den Selbstwert nicht gerade fördert.

Eines hatte ich von meiner Mutter gelernt: Höre nie auf zu kämpfen – egal was geschieht. Denn wer aufhört, zu kämpfen, ist tot! Ich wusste: Keiner, keiner könnte es schaffen, einem anderen die Würde zu rauben, wenn man es nicht selbst zuließe.

Beim Schreiben dieser Geschichte habe ich mich erneut mit aufkommenden Gefühlen auseinandergesetzt, die bereits längst in

Vergessenheit geraten waren. Durch meine Ausbildung als psychologischer Coach weiß ich heute allerdings, wie ich mit Trauer umgehen kann und bin dankbar dafür, dass ich die Worte meiner Mutter in die Tat umgesetzt habe: Ich habe mein Leben lang nicht aufgegeben und werde es nicht tun!

Der Kampf beginnt

Wie vergänglich doch alles war und wie schnell alles vergeht. – Ich stand am Grab meiner Mutter. Es war November 2012 – kalt und regnerisch, wie es üblich war zu dieser Jahreszeit. Tränen lagen in meinen Augen. Lange dachte ich daran, wie sehr mich ihr Tod geschmerzt hatte.

20 Jahre war es nun her, doch schon damals war mir etwas bewusst: Ich wusste, dass es so besser war, auch wenn es wehtat. Jetzt musste meine Mutter nicht mehr leiden und sie hatte es geschafft – Sie war frei! Frei von Schmerz, Leid, Kummer, Tränen. Ja, letztendlich frei von einer Krankheit, die schon sehr früh begonnen hatte.

„Die Kleine darf aber nicht hier rein." Diese Worte gellen noch heute in meinen Ohren. Ich war ein kleines Mädchen von zarten sieben Jahren, als der Leidensweg meiner Mutter begann. Damals – 1978 – war die Krebsforschung noch in den Kinderschuhen, tja und Krebsvorsorge war so etwas wie ein Fremdwort. So wurde diese Krankheit auch nicht diagnostiziert, als meine Mutter das erste Mal in eine Klinik musste, weil sie kaum noch Luft bekam.

Jahre später – es waren die 90er – sah es schon anders aus. Ich kann mich gut daran erinnern, als ich vom Arzt erfuhr, dass meine Mutter Brustkrebs hatte. Sie war immer sehr zerbrechlich gewesen, besonders nach dem damaligen Krankenhausaufenthalt. Eigentlich kannte ich sie nur krank, doch diese Diagnose jetzt war für mich ein Schlag.

Mit gerade 19 Jahren hatte ich mir doch etwas anderes vorgestellt, als meine Mutter zu pflegen, nachts zu arbeiten und meine Erfahrungen auf diese Weise zu sammeln.

Doch ich greife schon wieder einmal vor. Ich möchte es gerne der Reihe nach erzählen. Meine Mutter, die ich liebevoll „Mamschi" nannte, war zu einer Routineuntersuchung zum Hausarzt bestellt. Durch ihre Diabetes war dies erforderlich. Ich begleitete sie. Der Arzt saß mit einem kritischen Blick vor den Blutwerten. „Das gefällt mir gar nicht", meinte er. „Was meinen Sie, Herr Doktor?", wollte meine Mutter wissen.

„Die Entzündungswerte sind sehr hoch, ich denke, wir sollten uns das genauer ansehen. – Ich werde Sie in das Krankenhaus überweisen. Haben Sie jemanden, der Sie bringen kann?", fragte er besorgt. „Ich kann sie fahren", erwiderte ich, „Kein Problem."

So schrieb er den Überweisungsschein aus und ich fuhr – nachdem ein kleines Köfferchen gepackt war – mit meiner Mutter in die nächste Klinik im Nachbarort. Die Routineuntersuchungen begannen und bereits am Abend stand fest: ein Knoten, ca. 2 cm, hatte sich in der rechten Brust gebildet gehabt. Das wollte man genauer untersuchen. Nachdem Röntgenaufnahmen gemacht waren und ein Gremium aus mehreren Ärzten zusammengekommen war, wurde mir am nächsten Tag beim Besuch mitgeteilt, dass meine Mutter am darauffolgenden Vormittag operiert werde. Alles ging gut.

Als meine Mutter aufwachte, hatte ich bereits mit dem Arzt über den Verlauf der OP gesprochen. „Na, wie geht es dir?", wollte ich von ihr wissen. Sanft hielt ich ihre Hand. Eine schwache Stimme antwortete mir: „Ich bin ziemlich erschlagen, doch es wird schon wieder. – Haben sie schon etwas gesagt?", klang sie beunruhigt. „Nein, ich weiß nur, dass alles gut verlaufen ist", antwortete ich und streichelte ihr über den Kopf. „Wir warten die Visite ab."

Gesagt getan. Bei der Visite erfuhren wir dann, dass die Brust meiner Mutter erfolgreich operiert worden war, doch auch einige Lymphknoten entfernt werden mussten. Bestrahlungen wurden empfohlen und eine Reha in Bad Trissl angeordnet. Damals war noch nicht ein Wort von Krebs gesprochen worden, sodass meine Mutter recht zuversichtlich war.

Die Bestrahlungen verliefen gut. Mir gingen tausend Fragen durch den Kopf: „Ist es Krebs? Warum wurde dann die Brust nicht entfernt? Warum keine Chemo? Was soll die Bestrahlung bewirken? Warum eine Reha?" – Keine dieser Fragen wurden mir beantwortet.

Ich war durcheinander. Meine Mutter ließ kein Wort verlauten. Sie schwieg. Wie üblich machte sie alles mit sich selber aus.

Mein Vater kapselte sich völlig ab. Er nahm kaum etwas wahr.

Doch auch ich war mit meinen Gefühlen, Sorgen und Ängsten allein. Kein Arzt gab mir genaue Auskünfte. Jeder, mit dem ich sprach, gab mir zu verstehen, dass schon alles gut würde und die Bestrahlungen gut verliefen. Damals gab ich mich mit diesen Aussagen zufrieden.

Die Kur verlief gut. Ich besuchte meine Mutter in Bad Trissl und sie sah frisch, ja sogar erholt aus. Sechs Wochen wurden angesetzt. Danach sollte sie jedoch zur Nachuntersuchung. Alle in unserer Familie waren zuversichtlich. Es war ja unserer Ansicht nach kein Krebs.

Eine zweite Reha Maßnahme – bereits 6 Monate später – wurde verordnet: Dieses Mal sollte meine Mutter nach Bad Brückenau geschickt werden. Dort schien es mit ihr weiter aufwärtszugehen.

Doch dann kam der rapide Wechsel: Innerhalb von vier Wochen nahm sie 25 kg ab. Der Arzt verschrieb nun nur noch Astronautenkost, da meine Mutter keine Nahrung mehr behalten konnte. Sie war auch nicht mehr in der Lage alleine aufzustehen. Sie hatte einfach keine Kraft, um sich zu waschen, anzuziehen, zu kochen – sie verfiel mehr und mehr. Mit diesem Leid im Kopf konnte und wollte ich sie nicht allein lassen. Daher kündigte ich meinen guten Job in der Bundesagentur für Arbeit in München und begann Zeitungen nachts auszutragen, um tagsüber für sie da sein zu können.

Mit meinen 19 Jahren wollte ich ihr zeigen, dass sie nicht alleine war. Ich tat, was in meiner Kraft stand. Meine Arbeit beanspruchte mich zwar sehr und oftmals schlief ich nicht mehr als zwei Stunden, doch für mich stand fest: Ich wollte mit und für meine Mutter kämpfen.

Als ich ein Gespräch mit dem Hausarzt hatte, da sich meine Gesundheit auch verschlechterte, machte er mir den Vorschlag, meine Mutter noch einmal in eine Klinik zu bringen.

Zu diesem Zeitpunkt jedoch hatte meine Mama nur noch Schmerzen im Rücken. Daher fuhr ich sie zu einem Notarzt. Dieser stellte an der Lendenwirbelsäule eine Metastase fest.

Nun war es klar: Meine Mamschi hatte Krebs. Sie sah mich geschockt an und flüsterte nur noch: „Jetzt müssen wir stark sein – es ist Krebs." Dieses Wort kam kaum über ihre Lippen. Es war, als ob sie hier einen Fluch über sich aussprach, wenn sie diesen Namen nur hauchte.

Also wurde sie in die Klinik nach Bogenhausen überwiesen. Hier setzten die Ärzte eine OP an. Als meine Mutter noch im Aufwachraum war, suchte ich den Arzt auf, um mit ihm zu reden. Endlich wollte ich die Wahrheit wissen. Aufgeregt klopfte ich an der Tür des behandelten Arztes. Auf sein „Herein!" drückte ich die Klinke herunter und öffnete die Tür. Er musterte mich ein wenig. Doch ich fasste mir ein Herz und fing sofort an: „Bitte, könnten Sie mir sagen, wie es bei meiner Mutter aussieht?"

Er öffnete die Kartei und sah mich offen an. „Tja, ich muss Ihnen leider sagen, dass es für Ihre Mutter keine Rettung mehr gibt. Die Metastasen sind mittlerweile so weit fortgeschritten, dass nicht einmal eine Chemotherapie helfen würde. Schauen Sie sich bitte die Röntgenaufnahmen an." Er nahm die Aufnahmen und nun erfuhr ich es: Bereits 1978 war es Krebs gewesen! Hätte damals die richtige Behandlung stattgefunden, dann wäre ein anderer Verlauf möglich gewesen. Nun war nichts mehr zu machen, da die Lunge völlig befallen war.

Er sah mich ernst an: „Bitte, sagen Sie Ihrer Mutter nichts, ich möchte ihr das möglichst schonend beibringen. Können Sie mir das versprechen?" – Ich schluckte. Wieder allein. Keine Unterstützung – schweigen. Tapfer sah ich ihn an und spürte, wie es mir die Kehle zuschnürte, als ich ihm antwortete: „Wenn Sie es wünschen." Damit beendete er das Gespräch mit einem Händedruck.

Ich musste da raus. Ich konnte nicht zu meiner Mutter gehen und so tun, als ob nichts wäre. Meinem Vater erzählte ich von diesem Gespräch kein Wort. Mein Kopf war bleischwer, die Gedanken drehten sich wie in einem Karussell. Immer wieder dieser Satz: „Es gibt keine Rettung." Das war das Todesurteil.

Wie sollte ich denn das schaffen? Wie konnte ich ihr Mut machen? Wie sollte ich ohne sie auskommen?

Nein, daran wollte ich nicht denken. Sie war noch am Leben. Also galt es nun, das Beste aus der Situation zu machen.

Als ich am nächsten Tag zu meiner Mutter ins Krankenhaus kam, saß sie weinend im Bett. Ich sah sie an und sprang auf sie zu: „Was ist passiert?" – „Der Arzt hat mir gesagt, dass die OP erfolgreich war, doch, dass ich unbedingt eine Chemo brauche. Wenn ich das nicht mache, dann würden sie mich nicht weiter behandeln."

Ich war sprachlos. Wut stieg in mir auf. Da ich ein ziemlich rebellischer, doch auch gerechtigkeitsliebender Mensch war und bin, drehte ich mich auf dem Absatz um, stieß die Türe zu seinem Behandlungszimmer auf und stürmte hinein. Er erschrak, doch blieb sitzen.

Ich beugte mich tief über den Tisch und schrie ihn an: „Was fällt Ihnen eigentlich ein? Mir sagen Sie, ich solle meinen Mund halten und was tun Sie? – Ich dachte, eine Chemo würde nichts mehr bringen? Sagten Sie nicht, dass es keine Rettung mehr für meine Mutter gäbe? – Was haben Sie sich dabei gedacht, ihr zu sagen, dass sie ohne Chemo nicht weiter behandelt würde?"

Verdutzt sah er mich an. „Beruhigen Sie sich doch bitte", sagte er leise. „Ich will mich nicht mehr beruhigen. – Bedeutet Ihnen die Würde eines Menschen denn gar nichts? Warum lassen Sie meine Mutter nicht einfach in Würde sterben?" Erstaunt sah er mich nun an: „Ich habe einen Eid geleistet." „Stecken Sie sich Ihren Eid sonstwohin, doch ich werde meiner Mutter die Strapazen einer Chemo nicht antun, wenn ich von vornherein weiß, dass es ihr nichts mehr nützt. Geben Sie mir das Dokument und ich nehme sie auf eigene Verantwortung mit nach Hause." Schweigend und kopfschüttelnd gab er mir die Papiere. – Ich ging aus dem Zimmer zu meiner Mutter. Bevor ich eintrat, holte ich noch einmal tief Luft.

„So, Mamschi, ich habe alles geregelt. Da die OP gut verlaufen ist, darfst du mit mir nach Hause kommen", lächelte ich sanft.

„Wie hast du das denn geschafft? – Bin ich froh", erwiderte sie erleichtert, da sie keine Chemotherapie machen wollte.

Mit dem Hausarzt war ich nun in ständigem Kontakt. Er sah fast täglich nach meiner Mutter. Zwei Monate später, es war Oktober, musste ich zu einem Seminar, das zehn Tage dauern sollte. Unser Doktor veranlasste erneut einen Aufenthalt in Bad Trissl. Meine Mutter sollte am 23. dorthin gebracht werden, da mein Seminar an diesem Tag begann.

Wir verabschiedeten uns und ich versprach ihr, sobald wie möglich zu ihr zu kommen.

Am 28.10. bekam ich einen Anruf meiner Freundin. Mein Vater hatte sich an sie gewendet, um ihr mitzuteilen, dass es meiner Mutter nicht gut ginge. Sie war bereits drei Mal wiederbelebt worden. Er wollte mir nichts sagen. Doch sie konnte nicht schweigen, daher rief sie mich an.

Ich beschloss, sofort mit meiner Mutter zu telefonieren. Eine schwache Stimme am anderen Ende der Leitung meldete sich. „Bitte sei tapfer, Schatz. Ich glaube, ich habe nicht mehr viel Zeit." – „Mamschi, sag doch so etwas nicht, bitte. Ich kann sofort kommen", schluchzte ich. „Nein, bleib, wo du bist. Da weiß ich dich gut aufgehoben. – Bleib stark und kämpfe weiter." Dann hörte ich nur noch ein Klicken.

Jetzt flossen die Tränen. Ich konnte nicht mehr. Doch ich blieb. Schlafen ging nicht mehr. Ruhelos drehte und wälzte ich mich nachts von einer Seite auf die andere. Schließlich war der 01.11. gekommen.

Da mein Auto bei der Reparatur war, brachte mich die Gastfamilie, wo ich zur Unterkunft war, am Abend nach Hause. Ich stürmte ins Haus, fuhr mit dem Aufzug nach oben und war gerade dabei, die Türe aufzusperren, als sich diese von innen öffnete und mein Vater mich mit den Worten empfing: „Mutter ist heute Mittag gestorben."

Ich brach zusammen. – Bis zur Beerdigung lief alles wie in einem Film. Meine Gefühle waren betäubt. Ich erledigte meine Aufgaben wie am Fließband. Manches Mal ertappte ich mich sogar dabei, mit ihr zu reden, obwohl keine Antwort kam. Dieser Zustand dauerte an, bis ich meine Trauer verarbeitet hatte.

Meine Mutter ist nun seit 30 Jahren tot. Doch vermisse ich sie auch noch heute ab und an. Sie war kein unkomplizierter Mensch, noch dazu, was das Reden betraf. Allerdings hatte ich mich durch die Pflege mit allem versöhnt.

Es war die vertrauteste Zeit mit ihr, die ich nicht mehr missen möchte.

Ihr Kampf war mein Kampf. Und bis zum heutigen Tag begleiten mich ihre Worte: „Bitte gib nicht auf! Bleib tapfer."

Genau das tue ich und ermuntere alle, dies ebenfalls zu tun. Doch eines war für mich überlebenswichtig: Das Schweigen zu brechen ist der erste Schritt zur Heilung. – Das fördert den Selbstwert und man lernt, dass es niemand schafft, einem die Würde zu rauben, es sei denn: Man lässt es zu!

KREBSHILFE-TIPP

Vermeiden Sie sogenannte „gute Tipps", die für Patienten oft unerträglich sind und meist auch nur deshalb gegeben werden, um sich aus der eigenen Hilflosigkeit herauszumanövrieren.

Atabi Arman

„Manchmal scheuen sich Menschen davor, zuzugeben, dass sie krank sind und eine Behandlung benötigen. Doch indem sie dies vermeiden, richten sie oft großen Schaden an."

Als ich noch sehr klein war, lebte meine Oma mit uns in einem Haus. Ich wuchs mit ihr auf und hatte mich daran gewöhnt, dass sie bei uns wohnte. Dadurch war ich nie allein zu Hause, wenn meine Eltern beide arbeiten mussten und nicht daheim waren. Sie passte liebevoll auf mich auf und bereitete mir Essen zu. Manchmal unternahmen wir sogar gemeinsame Spaziergänge und hatten dabei eine Menge Spaß. In ihrer Gegenwart fühlte ich mich immer geborgen und geliebt. Meine Oma war eine wundervolle Frau, und ich liebte sie über alles.

Sie war nicht nur eine Fürsorgerin, sondern auch eine Quelle der Weisheit. Sie erzählte mir Geschichten von früher, von ihrer eigenen Kindheit und den Abenteuern, die sie erlebt hatte. Ich hing an ihren Lippen und lauschte ihren Erzählungen, die meine Fantasie beflügelten. Ihre Stimme hatte einen besonderen Klang, der mich beruhigte und mir das Gefühl gab, dass alles in Ordnung war.

Auch wenn meine Eltern hart arbeiteten und viel Verantwortung hatten, war meine Oma immer für mich da. Sie war wie ein sicherer Hafen in stürmischen Zeiten und gab mir das Gefühl, dass ich niemals alleine sein würde. Ihre unerschütterliche Liebe und Unterstützung prägten meine Kindheit und schenkten mir eine tiefe Verbundenheit zu ihr.

Jede Minute, die ich mit meiner Oma verbringen durfte, war kostbar. Wir spielten gemeinsam, lachten und erkundeten die Welt um uns herum. Sie lehrte mich wichtige Werte wie Mitgefühl, Respekt und Großzügigkeit. Durch ihre liebevolle Art wurde ich zu einem besseren Menschen und lernte, die kleinen Freuden des Lebens zu schätzen.

Leider erkrankte meine Oma an Brustkrebs, doch anstatt es zu erwähnen und professionelle Hilfe zu suchen, beschloss sie, alles für sich zu behalten. Sie fühlte sich überfordert und wusste nicht, wie sie mit dieser schweren Diagnose umgehen sollte. Diese Erfahrung hat mir gezeigt, wie wichtig es ist, das Thema Brustkrebs zu behandeln und darüber aufzuklären.

Der Fall meiner geliebten Oma hat mir verdeutlicht, dass es viele Menschen da draußen gibt, die ebenfalls von dieser Krankheit betroffen sind und sie für sich behalten. Sie wissen oft nicht, wie sie damit umgehen sollen oder haben Angst vor den möglichen Konsequenzen. Doch indem sie ihre Erkrankung verheimlichen, richten sie großen Schaden an, ohne zu ahnen, dass sie damit nicht nur sich selbst, sondern auch ihre geliebten Menschen um sie herum belasten.

Brustkrebs ist eine tückische Krankheit, die unbehandelt schwerwiegende Folgen haben kann. Es ist von entscheidender Bedeutung, frühzeitig eine Diagnose zu stellen und eine entsprechende Behandlung zu beginnen. Durch regelmäßige Vorsorgeuntersuchungen und das Bewusstsein für die eigenen körperlichen Veränderungen können Frauen ihre Chancen auf eine frühe Erkennung von Brustkrebs erhöhen.

Es ist auch wichtig, dass wir als Gesellschaft ein unterstützendes Umfeld schaffen, in dem Menschen, die von Brustkrebs betroffen sind, offen über ihre Erkrankung sprechen können, ohne Angst oder Scham zu empfinden wie meine Oma. Durch Aufklärungskampagnen,

Informationsveranstaltungen und den Austausch von Erfahrungen können wir das Bewusstsein für Brustkrebs stärken und Betroffenen die Unterstützung bieten, die sie benötigen.

Nachdem sie jahrelang ihre Krankheit für sich behalten hatte, kam schließlich der Punkt, an dem sie es einfach nicht mehr verheimlichen konnte. Die quälenden Symptome und das häufige Unwohlsein ließen sich nicht länger ignorieren. Schließlich erfuhren meine Eltern und auch alle ihre Kinder von ihrer Krankheit. Die Enthüllung traf uns wie ein Schock. Wir waren zutiefst besorgt und von einer Mischung aus Sorge, Verwirrung und Hilflosigkeit ergriffen.

Wir alle waren uns einig, dass es von größter Bedeutung war, dass meine Oma eine angemessene medizinische Behandlung erhält. Doch zu unserer Bestürzung verweigerte sie diese hartnäckig. Sie blieb fest davon überzeugt, dass sie keine Behandlung benötigte und dass es nicht so wichtig sei, sich darum zu kümmern. Dabei litt sie bereits unter den schwerwiegenden Auswirkungen des Brustkrebses, der ihren Zustand zusehends verschlechterte. Unsere Herzen waren schwer vor Trauer und Frustration angesichts ihrer Ablehnung der dringend benötigten Hilfe.

Als ich noch sehr klein war, konnte ich nicht genau verstehen, was zu Hause vor sich ging. Alles, was ich wusste, war, dass meine Oma krank war und dringend Unterstützung brauchte. Ich bemerkte, dass es ihr zunehmend schlechter ging.

Sie war nicht mehr die fröhliche und energiegeladene Person, die sie einmal gewesen war, und sie hatte kaum noch Kraft, um mit mir zu spielen.

Plötzlich waren meine Eltern abwechselnd zu Hause und kümmerten sich um meine Oma, da sie sich vehement weigerte, sich behandeln zu lassen. Niemand konnte sie dazu bewegen, die notwendige medizinische Hilfe anzunehmen, und das belastete uns alle sehr.

Ich erinnere mich noch an einen besonders traurigen Moment, als es meiner Oma sehr schlecht ging. Ich fragte sie, ob sie wieder gesund werden würde, damit wir gemeinsam spazieren gehen könnten, oder ob sie nicht gesund wird und mich für immer verlassen würde. Ihre Augen richteten sich auf mich, sie umarmte mich fest und begann zu weinen. Damals konnte ich noch nicht verstehen, warum sie weinte, aber ich spürte die Schwere ihrer Gefühle. Es war ein Moment tiefster Verletzlichkeit und Trauer.

Damals dachte ich mir verzweifelt, wie schlimm ihre Krankheit wohl sein musste, dass sie nicht mehr mit ihren Enkeln spielen konnte. Es war herzzerreißend mitanzusehen, wie ihre Energie schwand. Im Laufe der Zeit verschlimmerte sich ihr Krebs jedoch unaufhaltsam. Schließlich gelang es uns nach vielen Versuchen, sie dazu zu bewegen, sich einer dringend benötigten Behandlung zu unterziehen.

Meine Eltern begleiteten meine Oma zum Arzt, damit sie sich zunächst gründlich untersuchen lassen konnte. Doch obwohl die Wahrheit ans Licht gekommen war, blieb sie beharrlich in ihrer Ablehnung und weigerte sich hartnäckig, die notwendige medizinische Hilfe anzunehmen. Der Arzt machte uns deutlich, wie schwierig es sein würde, sie zu behandeln, da die Krankheit bereits fortgeschritten war. Die Stimmung zu Hause war von tiefer Traurigkeit geprägt. Unsere Herzen waren schwer vor Schmerz und Verzweiflung, da es den Anschein hatte, dass es bereits zu spät sein könnte. Ich hörte, wie mein Vater zu meinem Onkel sagte, dass sie vielleicht eine bessere Chance gehabt hätten, wenn meine Oma die Krankheit frühzeitig erwähnt oder sich früher untersuchen lassen hätte. Es war kaum zu ertragen, dass sie all die Jahre, in denen sie mit mir gespielt und sich liebevoll um mich gekümmert hatte, bereits von dieser unheilvollen Krankheit gezeichnet war.

Mir stellte sich die Frage, warum sie nichts unternahm, als sie bemerkte, dass irgendetwas nicht stimmte. Ein Gefühl der Verwirrung und des Unverständnisses breitete sich in mir aus. Eines Tages gelang es der Familie endlich, meine Oma davon zu überzeugen, sich einer Behandlung zu unterziehen. Obwohl allen bewusst war, dass es bereits zu spät sein könnte, wagte es keiner in der Familie, die Bemühungen einzustellen. Sie arrangierten, dass sie in eine größere Stadt ziehen sollte, um ihre Heilungschancen zu verbessern.

Als der Tag der Abreise gekommen war, war ich noch ein kleines Kind. Die Tatsache, dass meine geliebte Oma nicht mehr bei uns wohnen würde, konnte ich nur schwer akzeptieren. Es fiel mir schwer, mit dieser neuen Realität umzugehen, und ich fühlte mich hilflos und traurig.

An einem Tag, bevor sie ging, suchte ich sie auf. Tränen standen in meinen Augen, als ich sie fragte, wann genau sie zurückkehren würde, damit wir wieder zusammen spielen könnten. Angesichts der Unsicherheit darüber, wie lange die Behandlung dauern würde, versicherte sie mir mit liebevollen Worten, dass es „sehr bald" sein würde. Noch heute werden meine Augen feucht, wenn ich an diese schwierigen Abschnitte meines Lebens zurückdenke, und ein Gefühl der Sehnsucht und des Verlusts überkommt mich.

Nachdem sie fortgegangen war, blieb ich oft allein zu Hause zurück und verspürte eine tiefe Einsamkeit. Die liebevolle Präsenz meiner Oma war nicht mehr da, stattdessen lag sie im Krankenhaus und kämpfte mit ihrer Krankheit. Die Abwesenheit ihrer liebevollen Fürsorge hinterließ eine schmerzhafte Leere in meinem Herzen. Ich erinnere mich noch genau daran, wie ich in manchen Nächten verzweifelt in ihrem Bett schlief und mich kaum noch an einem anderen Ort niederlassen konnte.

In jener Zeit plagte mich unaufhörlich die Frage, wann sie endlich zurückkehren würde. Die Ungewissheit und Sehnsucht nach ihrer Gegenwart quälten mich und verstärkten meine emotionalen Wirren.

Wie bereits erwähnt, wird deutlich, dass wir uns selbst und den Menschen in unserer Umgebung Schaden zufügen, wenn wir krank sind und uns weigern, uns behandeln zu lassen. In meinem Fall traf dies nicht nur auf mich zu, sondern auch auf Dutzende Menschen, die meine Oma liebten. Die Auswirkungen dieser Entscheidung waren tiefgreifend, und die Gefühle von Verlust, Sorge und Frustration durchzogen mein Innerstes.

Ich telefonierte sehr oft mit meiner Oma, und jedes Mal sprachen wir darüber, was wir gemeinsam tun würden, wenn sie wieder gesund zurückkehren würde.

Jedes Gespräch war für mich eine kostbare Verbindung zu ihr, und ich konnte es kaum erwarten, sie endlich wieder in meinen Armen zu halten. Bei jeder Gelegenheit fragte ich sie, wann sie denn eigentlich zurückkommen könne, und jedes Mal hoffte ich inständig auf eine baldige Genesung.

Die Telefonate waren ein kleiner Trost in meiner Einsamkeit, und sie gaben mir Hoffnung und Zuversicht. Die Vorstellung, dass meine geliebte Oma eines Tages wieder gesund und glücklich an meiner Seite sein würde, erfüllte mich mit Freude und Sehnsucht gleichermaßen.

Die Zeit des Wartens war nicht einfach, aber die Gespräche mit meiner Oma gaben mir Kraft und ließen mich daran glauben, dass es bald wieder besser werden würde. Jedes Telefonat war wie ein kleiner Lichtblick in meiner Dunkelheit und half mir, die Tage zu überstehen.

Monate vergingen, und eines Tages, als ich wieder mit meiner Oma telefonierte, konnte ich meine Tränen nicht mehr zurückhalten. Mit gebrochener Stimme erinnerte ich sie daran, dass sie mir versprochen hatte, bald wieder zurückzukommen. Die Worte kamen zwischen meinen Schluchzern hervor, und mein Herz schmerzte vor Sehnsucht und Verzweiflung. Als sie meine Tränen bemerkte, konnte auch sie ihre eigenen Tränen nicht mehr zurückhalten. Ihre Stimme war von Kummer erfüllt, und gemeinsam weinten wir in unserer getrennten Einsamkeit.

Dieser Moment, in dem unsere Tränen sich vermischten, wurde zu einem unvergesslichen Kapitel in dieser traurigen Geschichte. Es ist tief in meinen Erinnerungen eingebrannt, ein Symbol für die Liebe und Verbundenheit, die wir trotz der räumlichen Trennung zueinander hatten. In diesem Augenblick wurde mir bewusst, dass unsere Gefühle und Sehnsüchte ineinander verwoben waren und dass wir gemeinsam durch diese schwere Zeit gingen.

Die Erinnerung an diesen bewegenden Moment wird für immer in meinem Herzen bleiben. Es ist eine Erinnerung an die Stärke der Familie, die mitfühlende Bindung zwischen Großeltern und Enkeln und die kostbare Bedeutung von Tränen, die Ausdruck unserer tiefsten Emotionen sind.

Nach einigen Wochen, nachdem wir telefoniert hatten, beschlossen meine Eltern, dass ich sie besuchen sollte. Ich war überglücklich, endlich nach etwa einem halben Jahr wieder meine Oma zu sehen. Sie wieder umarmen zu können und ihr von meiner Schule erzählen.

Bevor wir bei ihr ankamen, teilte mein Vater mir mit, dass sie aufgrund ihres Brustkrebses nicht mehr wie gewöhnlich aussieht. Ich war unsicher und verwirrt, da ich nicht genau verstand, was das konkret bedeutete. Mein Vater erklärte weiter und sagte mir, dass die Ärzte beispielsweise ihre Brust operativ entfernen mussten, um zu verhindern, dass sich die Tumoren weiter ausbreiteten.

Die Tage vergingen, und ich versuchte, meine Oma so gut wie möglich zu unterstützen. Ich erzählte ihr von meinen Erlebnissen in der Schule und las ihr Geschichten vor, um sie abzulenken. Jedes Mal, wenn ich ihre Hand hielt, spürte ich ihre kämpferische Stärke und ihren unerschütterlichen Lebenswillen.

Trotz ihrer schwierigen Situation versuchte meine Oma, mich mit ihrer liebevollen Art und ihren weisen Ratschlägen zu ermutigen. Sie erzählte von den Herausforderungen, die sie in ihrem Leben gemeistert hatte, und gab mir wertvolle Lebensweisheiten mit auf den Weg. Ihre Worte waren wie ein Leuchtturm in der Dunkelheit und gaben mir Hoffnung und Mut.

Schließlich kamen wir bei meiner Oma an, und sie strahlte vor Freude, mich wiederzusehen. Auch ich war überglücklich, sie zu sehen. Wir umarmten uns herzlich und begannen sofort, miteinander zu reden. Es fiel mir jedoch auf, dass meine Oma keine Brüste mehr hatte, was für mich ungewohnt war. Mir wurde klar, dass es ihr aufgrund ihres Krebses sehr schlecht ging. Sie konnte kaum noch so wie früher gehen und verbrachte die meiste Zeit im Bett. Ich setzte mich neben sie und begann, ihr Gesellschaft zu leisten.

Die Zeit verging viel zu schnell, und es war an der Zeit, Abschied zu nehmen. Es fiel mir schwer, meine Oma zurückzulassen, aber ich wusste, dass sie weiterkämpfen würde. Wir umarmten uns noch einmal fest, und ich versprach ihr, sie so oft wie möglich zu besuchen und ihr beizustehen.

Der Besuch bei meiner Oma hatte mein Verständnis für den Kampf gegen den Krebs vertieft. Ich erkannte die Wichtigkeit von Liebe, Unterstützung und positiver Einstellung im Angesicht von Schwierigkeiten. Meine Oma war eine wahre Kämpferin.

Weitere Monate vergingen, und es ging meiner Oma immer schlechter. Ihre Gesundheit nahm einen so starken Rückschlag, dass sie nicht mehr in der Lage war, mit mir zu reden. Obwohl ich langsam begann zu begreifen, dass sie schwer krank war, konnte ich es noch nicht vollständig erfassen. In der Vergangenheit hatte sie ähnliche Phasen durchgemacht, in denen es ihr schlecht ging und sich dann wieder erholte. Ich hoffte, dass es auch diesmal so sein würde.

Die Realität jedoch übertraf meine kindlichen Vorstellungen bei Weitem. Der Zustand meiner Oma war viel ernster, als ich es mir je hätte vorstellen können. Die ganze Familie entschied, sich frei zu nehmen, um sie zu besuchen. Obwohl ich immer noch nicht vollständig verstand, wie ernst die Lage war und wie weit der Krebs fortgeschritten war, freute ich mich darauf, sie wiederzusehen. Ich wusste, dass es ihr nicht gut ging, aber ich dachte mir, dass sie sich bestimmt freuen würde, mich zu sehen.

Am nächsten Morgen entschieden wir uns, früh loszufahren. Bevor wir losfuhren, fragte ich meine Mutter, ob ich mit meiner Oma sprechen könne, um ihr mitzuteilen, dass ich auf dem Weg zu ihr sei. Meine Mutter erklärte mir jedoch, dass meine Oma bereits Bescheid wusste und sich sehr darauf freute, mich zu sehen. Leider war es ihr nicht mehr möglich, telefonisch zu kommunizieren.

Diese Nachricht traf mich schwer. Ich hatte gehofft, mit meiner Oma sprechen zu können, um ihr zu sagen, wie sehr ich mich auf unser Wiedersehen freute und wie sehr ich sie liebte. Doch nun wurde mir bewusst, dass die Krankheit sie bereits so sehr geschwächt hatte, dass sogar das Sprechen für sie eine große Herausforderung war.

Trotzdem fühlte ich mich innerlich getröstet zu wissen, dass meine Oma sich auf meinen Besuch freute. Es war ein kleiner Lichtblick in dieser schwierigen Zeit. Ich spürte, wie wichtig es war, für sie da zu sein und ihr meine Liebe und Unterstützung auf andere Weise zu zeigen.

Während wir auf dem Weg zu ihr waren, erhielt mein Vater einen Anruf von ihrem Bruder. Plötzlich fuhr mein Vater rechts ran, und ich spürte, dass etwas Schreckliches passiert sein musste. Mein Herz sank, als die traurige Nachricht kam: Meine geliebte Oma war während unserer Fahrt verstorben.

Der Schock und die Traurigkeit überwältigten uns, während wir versuchten, die Realität zu begreifen. Es war ein schmerzhafter Moment, in dem wir uns wünschten, dass wir mehr Zeit mit ihr verbracht hätten. Doch nun mussten wir uns unserer Trauer stellen und uns daran erinnern, wie wertvoll die gemeinsamen Momente waren, die wir mit ihr hatten.

Da sie ihre Krankheit geheim gehalten hatte und sich trotzdem weigerte, sich behandeln zu lassen, verlor sie wertvolle Zeit. Vielleicht wäre sie noch bei uns, wenn sie regelmäßige Untersuchungen durchgeführt und keine Scham verspürt hätte, zuzugeben, dass sie krank ist und eine Behandlung benötigt.

Ich bin zutiefst davon überzeugt, dass es von großer Bedeutung ist, eine Gesellschaft zu schaffen, in der wir uns eingestehen können, dass wir möglicherweise krank sind und eine Behandlung benötigen. Es sollte als normal angesehen werden und niemand sollte sich minderwertig oder stigmatisiert fühlen, wenn er medizinische Hilfe in Anspruch nimmt. Unsere Gesundheit ist ein kostbares Gut, das wir schützen und pflegen müssen.

In Gedenken an meine Oma und all diejenigen, die aufgrund von Stigmatisierung oder Scham zögern, medizinische Hilfe zu suchen, sollten wir uns gemeinsam dafür einsetzen, eine offene und unterstützende Gesellschaft zu schaffen. Indem wir das Bewusstsein für die Bedeutung der regelmäßigen medizinischen Versorgung und die Akzeptanz von Krankheit und Behandlung fördern, können wir dazu beitragen, dass niemand alleine mit seinen gesundheitlichen Herausforderungen kämpfen muss.

Lasst uns gemeinsam eine Welt schaffen, in der Gesundheit keine Schande ist, sondern ein Akt der Selbstfürsorge und des Miteinanders.

KREBSHILFE-TIPP

Versuchen Sie nicht krampfhaft, Ihre eigene Unsicherheit und Angst zu verbergen. Es ist schließlich auch ein Zeichen von Nähe, wenn man in Sorge umeinander ist.

Bonfranchi Riccardo

Ein Chat bei der Telefonseelsorge

Vorbemerkung

Diese Geschichte gibt ein Beispiel eines Chats bei der Telefonseelsorge wieder. Ich war etwas mehr als zehn Jahre als ehrenamtlicher Mitarbeiter bei dieser Organisation tätig. 2023 habe
ich nach sehr vielen Diensten am Telefon, Chatten und Beant-
wortung von Mails aufgehört. Es kann auch einmal genug sein
und dann muss man auf sich selbst schauen. Dieser Chat hier
ist, wie alle Aktivitäten bei der Telefonseelsorge, anonym. Die
Namen sind also sowohl bei der sich meldenden Chatterin, wie
auch beim ehrenamtlichen Mitarbeiter der Telefonseelsorge fik-
tiv. Das entspricht den üblichen Bedingungen. Der Chat hier ist
auch keine Niederschrift eines wirklich original stattgefundenen
elektronischen Gesprächs, sondern ich habe ihn aus dem Kopf,
aus der Erinnerung, aus einer Reihe verschiedener Chats auf-
geschrieben. Dies hat auch mit der Anonymisierung bei dieser
Institution zu tun. Trotzdem ist er real, er könnte sich exakt so
abgespielt haben. So betrachtet ist er wahr und auch wiederum
nicht. Der ehrenamtliche Mitarbeiter nennt sich in seinen Diensten Herbert (H), die Frau, die sich an irgendeinem Tag, oder in
der Nacht, in den Chat bei der Telefonseelsorge eingeloggt hat,
nennt sich Mamma (M).

H: Guten Tag.
M: Hallo, ist das wirklich anonym hier?
H: Ja, es ist so.
M: Sind Sie ein Mensch oder eine Maschine?

H: Ich bin ein Mensch.

M: Hm, es gibt ja heute auch diese Maschinen, künstliche Intelligenz und so.

H: Ja, ich habe davon gelesen und auch einmal etwas im Fernsehen darüber gesehen. Aber ich bin wirklich ein menschliches Wesen. Ehrlich.

M: Gut, lassen wir das mal. Aber ich hätte noch eine Frage.

H: Bitte.

M: Sind Sie männlich oder weiblich?

H: Spielt das eine Rolle hier?

M: Ja, sogar eine sehr große.

H: Darf ich fragen: Warum?

M: Es geht bei mir um ein Frauenthema.

H: Verstehe, dann wollen Sie vielleicht lieber mit einer Frau chatten.

M: Nein, eben gerade nicht.

H: Aha, ich muss ehrlich sagen, bin etwas verwirrt.

M: Das macht nichts, ich bin in meinem Leben jeden Tag verwirrt.

H: Ich darf dann mal festhalten, damit ich alles richtig verstanden habe. Es geht Ihnen um ein Frauenthema und Sie möchten hier mit einem Mann darüber sprechen.

M: Genau, ich bin eine Frau und heiße hier Mamma.

H: Freut mich. Ich bin Herbert. Geht es denn um ein Kind?

M: Nein, aber eine lustige Frage.

H: Warum lustig?

M: Meine Kinder sind schon fast erwachsen und leben ihr eigenes Leben, bin Mitte 40. Wissen Sie denn nicht, was Mamma bedeutet? Mamma mit zwei M, verstehen Sie?

H: Äh, Nein. Warum zwei M?

M: Weil es nicht um mich als Mutter geht, sondern als Brust-Trägerin.

H: Können Sie mir das bitte etwas genauer erklären. Ich glaube, ich stehe im Moment auf der Leitung.

M: Bleiben Sie ruhig und cool. Ich muss es ja auch sein und glauben Sie mir, es war nicht ganz einfach für mich, mich hier einzuloggen. Es hat mich Überwindung gekostet.

H: Ja, glaube ich, aber Sie haben es getan und haben damit auch Mut bewiesen. Aber mir fehlt trotzdem noch der Zusammenhang.

M: Also Mamma bedeutet Brust. Vermutlich gibt es auch einen Zusammenhang mit der Mutter, aber das interessiert mich weniger.

H: Okay, also geht es um die weibliche Brust.

M: Bingo!

H: Trotzdem weiß ich jetzt aber noch nicht weiter.

M: Ich habe nur noch eine.

H: Hm, das tut mir leid.

M: Braucht es nicht. Es ist eben so.

H: Mögen Sie mehr dazu sagen?

M: Mögen tue ich schon, ob ich es auch kann, weiß ich nicht.

H: Lassen Sie sich Zeit.

M: Lieb von Ihnen.

H: War es denn ein Unfall?

M: Nein, war es nicht, oder vielleicht doch, je nachdem, wie man es ansieht. Ansieht, ist gut. Das gerade will ich ja überhaupt nicht.

H: Man hört ja auch immer wieder davon, dass es sich um Brustkrebs handelt. Aber ich muss ehrlich sagen, dass ich hierfür kein Spezialist bin. Wäre es vielleicht nicht besser, Sie würden mit einer Frau chatten?

M: Sie wollen sich drücken?

H: Nein, nein, keinesfalls. Ich wollte nur sagen, dass ich von Brust-Amputationen nun wirklich keine vertiefte Ahnung habe. Wir hatten auch noch nie hier eine Fortbildung zu diesem Thema.

M: Gerade deswegen will ich ja mit einem Mann darüber sprechen und nicht mit einer Frau.

H: Das gerade eben verstehe ich nicht.

M: Wenn ich mit einer Frau darüber spreche, und glauben Sie mir, das habe ich schon getan, zur Genüge getan, dann endet das immer in einem Mitgefühl, wo ich glaube, darin ersaufen zu müssen. Die können mich ja alle sooooo gut verstehen und das geht mir sowas von auf die Nerven. Das brauche ich nicht mehr, das kann ich nicht haben. Mir geht es einfach verschissen, so wie das jetzt nach der Amputation aussieht. Von den ständigen

Kontrollen von wegen Metastasen gar nicht zu reden. Ich hätte auch bereits bei der OP ein Implantat eingesetzt bekommen können. Aber das habe ich abgelehnt. Nun weiß ich nicht, ob das die richtige Entscheidung war.

H: Verstehe. Ich danke Ihnen für Ihre Offenheit. Also leiden Sie unter ihrem jetzigen Zustand. Sie können sich doch noch immer ein Implantat einsetzen lassen, oder?

M: Ja, ich leide, vor allem unter meiner Unentschlossenheit. Manchmal mehr, dann wieder weniger. Jetzt mehr und deswegen bin ich hier.

H: Das war doch gut, dass Sie das getan haben, auch, wenn ich nicht weiß, was ich für Sie tun kann.

M: Das weiß ich selber nicht so genau. Meine Idee war einfach, wie wäre es denn einmal mit einem Mann darüber zu sprechen? Das war eigentlich schon alles. Darf ich Sie etwas fragen?

H: Natürlich.

M: Wie kommt das bei Ihnen an, wenn Sie von einer Frau gesagt bekommen, dass sie nur noch eine Brust hat und auf der anderen Seite nichts? Na ja, stimmt auch wieder nicht. Es gibt natürlich Narben, vor allem eine größere.

H: Ich habe mal in einer Zeitschrift hiervon einige Fotos gesehen.

M: Wie haben die auf Sie gewirkt?

H: Muss nachdenken. Natürlich schon etwas ... wie soll ich sagen, komisch. Es ist ja ungewohnt.

M: Das ist es allerdings.

H: Aber es ist natürlich ein großer Unterschied, ob man es einfach so als Bild betrachtet oder wenn man, wie Sie, persönlich davon betroffen ist. Da leidet doch auch die Seele darunter.

M: Klar, aber psychisch weiß ich immer noch nicht, wie ich damit umgehen soll. Es gibt nämlich noch eine Entscheidung zu fällen.

H: Die wäre?

M: Implantat.

H: Aha, quasi eine künstliche Brust, wäre dann so etwas wie eine Vergrößerung der Brust. Davon hört man ja heute auch häufig, vor allem bei jungen Frauen.

M: Ja, finde ich eigentlich doof, denn die machen es ja nicht für sich, sondern um damit bei den Männern für mehr Aufmerksamkeit zu sorgen.

H: Ist wohl schon so.

M: Eben da beginnt eines meiner Probleme. Wenn ich das mache, also ein Implantat einsetzen lasse, befinde ich mich dann nicht auf der gleichen Ebene wie diese jungen Frauen und tue es nur, um männliche Blicke auf mich zu ziehen?

H: War das auch ein Grund, dass Sie mit einem Mann darüber sprechen wollten?

M: Ja, aber nicht nur. Es ging mir ja auch darum, mal mit jemandem darüber zu sprechen, der mit dem allem nichts, aber auch nix zu tun hat.

H: Verstehe. Ich kannte mal einen Mann, aus der Fahrradgruppe, der hatte auch Brustkrebs und musste sich operieren lassen. Aber das Implantat-Problem hatte er wohl nicht.

M: Eben. Die männliche Brust ist kein Hingucker. Die weibliche Titte eben schon.

H: Ja, da haben Sie recht. Medizinisch ist es wohl das Gleiche, psychologisch aber wohl überhaupt nicht. Aber bleiben wir bei Ihnen.

M: Ich weiß schon, dass es Brustkrebs bei Männern auch geben kann, ist aber sehr viel seltener. Also, was soll ich tun? Einem falschen Frauenbild aufsitzen oder es so lassen, wie es jetzt eben ist, oder, was ich mir auch schon überlegt habe, ich könnte mir ja auch die zweite Brust abnehmen lassen, dann hätten wir wieder Gleichstand.

H: Das meinen Sie jetzt aber nicht im Ernst, oder?

M: Ein bisschen vielleicht, aber wir können das auch weglassen, weil ich auch gar keine Lust habe, wieder in ein Krankenhaus zu müssen.

H: Das kann ich gut verstehen.

M: Waren Sie denn schon einmal da drin?

H: Schon mehrere Male, keine Frage.

M: Auch gut, dann haben wir das wenigstens gemeinsam.

H: Ich möchte Ihr Problem noch einmal etwas strukturieren.

M: Lernt man wohl in der Ausbildung bei euch.

H: Genau. Ich wollte es auch gar nicht so förmlich gesagt haben. Ist mir so rausgerutscht, entschuldigen Sie bitte.

M: Nun mal keine übertriebenen Höflichkeiten. Unser Gespräch flutscht doch ganz ordentlich.

H: Oh, vielen Dank. Ich sehe es auch so.

M: Dann können wir ja weitermachen.

H: Genau. Also: Implantat: Ja oder Nein?

M: Genau: Yes or No.

H: Was spricht dafür, was dagegen?

M: Dafür sprechen eigentlich nur die Blicke der anderen, was man aber mit einem ausgestopften BH auch regeln kann. Habe ich ja auch mit zwölf schon gemacht. Den BH von meiner Mutter genommen und dann Wollknäuel hineingetan und gedacht, was bin ich für ein toller Feger.

H: Okay, interessant. Gibt es noch andere Gründe, die für ein Implantat sprechen würden? Mir ist aufgefallen, dass Sie Ihr Problem sehr stark von der Außenwirkung, so will ich hier mal sagen, abhängig machen. Es gibt ja auch noch eine andere Sicht.

M: Und die wäre?

H: Eben eine Innensicht. Was würde dafür sprechen, also für oder gegen ein Implantat, wenn es diese Außensicht nicht gäbe? Einfach mal hier so theoretisch gesagt.

M: Nein, sorry, aber das kann ich nicht trennen. Es ist wirklich vor allem die Ästhetik und dass man sich als Frau besser fühlt, wenn man mit zwei Hügeln gesehen wird. Ich habe eine Bekannte, die hat sich in jüngeren Jahren ihre Brüste verkleinern lassen, weil die Männer nur darauf gestiert haben. Es ging ihr danach besser. Also es ist immer die Umwelt, die verdammte Umw ...

H: Leider ist es wohl so. Das gilt im Übrigen auch für Männer.

M: Ach ja, was denn zum Beispiel?

H: Die Größe, wenn man als Mann zu klein ist, ist es auch nicht gut.

M: War mir noch nie so bewusst. Ich hatte auch mal einen Freund, der neun Zentimeter kleiner war als ich. Aber stimmt schon, die Leute haben oft komisch geguckt.

H: Deswegen kann man sich auch die Beine etwas verlängern lassen.

M: Verrückt, was die Menschen wegen ihrem Äußeren alles zu unternehmen bereit sind, crazy, really. Aber Sie haben schon recht, ich vermeide es auch, mich in einem Spiegel zu betrachten. Finde, dass ich so ein Monster bin. Frankenstein lässt grüßen.

H: Verstehe, aber darauf möchte ich hier nicht eingehen. Sie wissen schon, dass Sie kein Monster sind. Was spräche denn dagegen, es so zu lassen, wie es jetzt nun mal eben ist?

M: Ich!!!

H: Sie selber, meinen Sie. Ihr Selbst-Bild, Ihre Identität?

M: Oh, jetzt wird's hier aber bös psychologisch. Sorry, wollte nicht allzu sarkastisch rüberkommen. Entschuldigen SIE nun bitte.

H: Kein Problem. Ihre Situation ist ja auch nicht einfach.

M: Kam mir auch schon so vor. Nächste Woche habe ich einen Termin bei einer Dermatologin, da geht es um Narbenpflege.

H: Finde ich gut, dass Sie das machen.

M: Tja, was kann man sonst tun? Vornehm geht die Welt zugrunde.

H: Sie gehen ja nicht zugrunde, immerhin sind Sie den Krebs losgeworden. Das möchte ich hier schon auch einmal gesagt haben.

M: Wo Sie recht haben, haben Sie recht. Stimmt. Man hätte daran auch sterben können.

H: Eben. Aber es hat seinen Preis gekostet.

M: Ja, Leben hat seinen Preis. Da haben Sie wohl wieder recht.

H: Wollte das hier aufgezählt, benannt haben.

M: Ja, ist ja schon gut, habe es kapiert, Herr Lehrer.

H: War ich mal früher, Deformation professionelle.

M: Alles gut.

H: Gehen wir einen Schritt weiter, wenn Sie einverstanden sind.

M: Natürlich, logo.

H: Leben Sie in einer Partnerschaft?

M: Bin geschieden.

H: Tut mir leid.

M: Braucht es nicht. War meine Entscheidung und die war schon lange überfällig.

H: Verstehe. Sie vermuten schon, warum ich das gefragt habe.

M: Ja, ob eventuell eine Partnerschaft an meiner Brust-Ampi zugrunde gehen könnte.

H: Nennen Sie es so? Brust-Ampi?

M: Man muss dem Kind ja einen Namen geben und ein solcher macht es weniger schlimm. Stimmt natürlich nicht, aber trotzdem.

H: Der Mensch lebt von solchen Widersprüchen. Also keine Partnerschaft zurzeit.

M: Nichts Festes, mal hier, mal da, so wie als ich 18 war, obwohl da ja nun einige Jahrzehnte dazwischen liegen. Aber alles anonym hier.

H: Genau. Aber erhöht das nicht den Druck der Ästhetik, wie wir es vorhin genannt haben, wenn Sie wechselnde Beziehungen pflegen?

M: Könnte sein, ich habe es noch nicht ausprobiert. Aber guter Gedanke von Ihnen. Danke!

H: Ein fester Partner sieht Sie ja wohl auch mehr als Mensch denn als begehrenswerte Frau, vor allem nach einigen Jahren.

M: Ui, das haben Sie aber jetzt hart formuliert. Würde ja bedeuten, dass man nach jahrelanger Beziehung nicht mehr begehrenswert ist.

H: Hm, so habe ich es natürlich auch nicht gemeint. Aber ein fester Partner hätte vermutlich mehr Verständnis für Ihre Situation.

M: Habe Sie schon verstanden. Ja, aber es ist so, meine jetzige Situation, ohne festen Standard-Partner, erschwert mir die Beziehungspflege. Ich trau mich schon gar nicht.

H: Andere Idee: Könnte da vielleicht auch eine Selbsthilfe-Gruppe für Sie von Nutzen sein?

M: Gibt es das denn?

H: Ja, das gibt es, ich habe da so eine Liste und da stehen viele Selbsthilfegruppen drauf, unter anderem auch eine, die für Sie in Frage käme. Ich kann Ihnen den Link hier aufschreiben.

M: Ja, tun Sie mal. Aber ob ich mich da melde, weiß ich nun wirklich noch nicht, könnte auch sein, dass nicht. Zu viele fehlende Brüste machen mich depressiv.

H: Klar, ist auch verständlich. Es ist nur eine Idee und es bleibt immer Ihre eigene Entscheidung, ob Sie da mal Kontakt aufnehmen wollen oder nicht.

M: Gut, vielleicht bin ich einfach noch nicht so weit.

H: Lassen Sie sich Zeit.

M: Sie sind gut, wenn noch mehr Zeit vergeht, bin ich Oma. Dann ist eh alles egal. Abgesehen davon habe ich mir sowieso zu viel Zeit gelassen und bin nie zu einer Vorsorge gegangen. War auch ziemlich doof von mir.

H: Vorsorge-Untersuchung meinen Sie?

M: Ja, sage ich ja. Es war nach einem Two-Night-Stand, da war ich mit einem Brust-Fetischisten zusammen, der hat stundenlang an meinen Dingern herumgemacht. Als er dann nach der zweiten Nacht klammheimlich die Wohnung verließ, hat er auf dem Küchentisch einen Zettel liegen gelassen, wo draufstand, dass ich unbedingt zu einer solchen Vorsorge gehen sollte.

H: Was Sie dann aber wohl auch befolgt haben.

M: Ja, später habe ich dann erfahren, dass er Arzt ist. Aber gesehen habe ich ihn nie mehr wieder. Auch egal.

H: Sagen Sie das nicht, es sind gar nicht so wenige Menschen, die auch noch in höherem Alter zu einer sehr intensiven und innigen Beziehung finden. Glauben Sie mir.

M: Spricht da der Fachmann?

H: Genau. Sind Sie denn jetzt bei der entscheidenden Frage weitergekommen?

M: Nein, aber Sie haben mir trotzdem geholfen, die Dinge etwas zu sortieren und damit klarer zu sehen. Vor allem das mit der Innen- bzw. Außensicht werde ich mir noch einmal überlegen. Eine Entscheidung kann ich auch jetzt noch nicht treffen. Aber vielleicht spielt das auch gar keine so große Rolle mehr. Und ob meine Entscheidung vor der Amputation die richtige oder doch die falsche war, werde ich wohl nie erfahren. Es ist so, wie es ist. Who knows the trouble ...

H: Sie hören viel Musik?

M: Ja, vor allem Blues. „I hated the day I was born" ... John Lee Hooker.

H: Scheint mir irgendwie in Ihrer Lebenssituation auch angebracht zu sein. „A dark cloud hanging over my head."

M: Oh Super, „All the time I never see the sunshine" ... Ich danke Ihnen für Ihre Zeit und vor allem Ihre Zuwendung.

H: Ich danke Ihnen, ich glaube, dass ich in diesem Chat mit Ihnen viel gelernt habe.

M: Oh, eine Rollenumkehr.

H: Das spielt keine Rolle, wer welche Rolle hat. Gar nicht so selten, dass es so ist. Manchmal aber auch nicht.

M: Es kann nicht alles rund laufen im Leben. Aber ein Punkt ist mir geblieben, nämlich der, dass ich ja immer noch lebe. Dafür hat sich das Gespräch gelohnt.

H: Das nehme ich als Kompliment und es freut mich außerordentlich. Machen Sie's gut. Das nächste Lämpchen leuchtet, es hat sich schon jemand angekündigt.

M: Na denn, auch Ihnen alles Gute. Tschüss, bb.

Verbindung zum Gast unterbrochen.

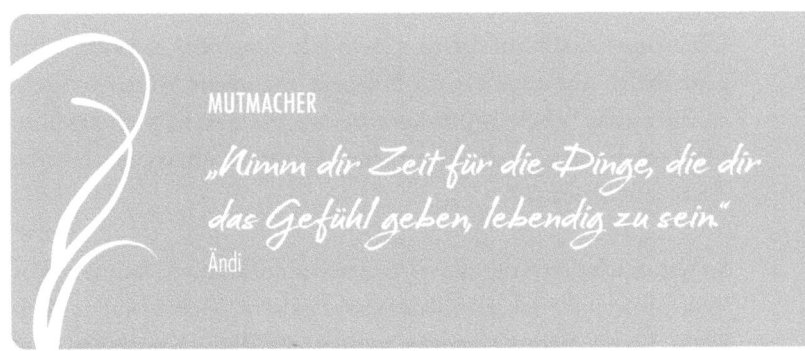

MUTMACHER

„Nimm dir Zeit für die Dinge, die dir das Gefühl geben, lebendig zu sein"

Ändi

Conny

Die Diagnose, die alles veränderte

Brustkrebs war nie mehr als ein Begriff – eine Diagnose für mich. Ich hörte davon im beruflichen Kontext und konnte mir doch die gesamte Bandbreite dieser Erkrankung nicht vorstellen.

Bis meine Mutter daran erkrankte.

Meine Mutter war eine herzensgute Frau. Sie war immer darum bemüht, dass es allen gut ging. Sie war ein eher ängstlicher Typ, zurückhaltend und unsicher.

Das Leben war für sie nicht leicht. Zwei gescheiterte Ehen und zwei Kinder.

Das Verhältnis zu meiner Mutter war nach der Scheidung meiner Eltern eher schwierig. Rückblickend lag es jedoch nicht an meiner Mutter, sondern mehr daran, dass wir beide mit den Herausforderungen des Lebens zu kämpfen hatten.

Über einen Zeitraum von ca. einem Jahr brach der Kontakt sogar ganz ab. Ich war mitten in der Pubertät und meine Mutter versuchte, die zweite Scheidung zu verarbeiten. Damals hab ich das alles nicht verstanden, doch ohne meine Mutter zu sein war auch keine Alternative für mich.

So nahm ich den Kontakt zu ihr wieder auf und wir konnten uns in den folgenden Jahren wieder etwas nähern. Meine Mutter blieb allein. Ein schlechtes Gewissen meinerseits, dass ich mich nicht genug um sie kümmern konnte, ließ sie nicht zu.

Ihre Antwort war immer: „Du musst dein eigenes glückliches Leben leben."

Umso größer war ihre Freude immer, wenn wir uns sahen. Sie freute sich immer schon Wochen, bevor wir uns trafen und Wochen danach bis zum nächsten Treffen.

Ich lebte zu der Zeit häufig im Ausland und so war unser Wiedersehen – vor allem in ihrem Leben – immer ein Highlight.

Wir trafen uns zum Kaffeetrinken, sprachen über dies und das und sie nahm immer überglücklich meine Hand. Sie war immer mit so wenig zufrieden.

Dann kam während einer meiner Auslandsaufenthalte ein Anruf von ihr. Das war sehr ungewöhnlich, da sie mich nie „stören" wollte.

Allerdings sprach sie nicht viel. Zu der Zeit hatte ich ziemlich beruflichen Stress, sodass ich nicht lange mit ihr sprechen konnte. Sie sagte auch nicht wirklich etwas. Ihre Stimmung war traurig – so ganz anders als sonst und ich tippte auf eine Depression.

Ich wollte sie beim nächsten Besuch auf jeden Fall darauf ansprechen und so vergingen noch einige Wochen bis zum erneuten Wiedersehen.

Doch dann kam alles anders.

Meine Mutter war nun seit einem Jahr in Rente und sie hatte sich auf diese Zeit gefreut.

Sie war gerne mit sich alleine, traf sich hin und wieder mit Freundinnen und war mit sich und der Welt zufrieden.

Dann rief mich eine ihrer Arbeitskolleginnen an und erzählte mir, dass meine Mutter im Krankenhaus lag. Diagnose: Brustkrebs.

Nachträglich erfuhr ich, dass meine Mutter den Knoten in der Brust schon frühzeitig ertastete, jedoch Angst vor der Wahrheit hatte und nicht zum Arzt gegangen war. Das war wohl der Moment, als sie mich anrief.

Hätte ich doch nur nachgefragt. Jahrelang machte ich mir Vorwürfe!

Nun lag sie also im Krankenhaus und wurde operiert. Die eine Brust musste abgenommen werden, bei der zweiten wusste man noch nichts Genaues.

Ich besuchte daraufhin sofort meine Mutter und erfuhr nun die ganze Geschichte.

Der Krebs hatte bereits gestreut und eine Strahlentherapie war unumgänglich. Ausgerechnet meine Mutter! Die Frau, die früher immer pünktlich wie ein Schweizer Uhrwerk zu jeder Vorsorge gegangen war.

Sie hatte in den letzten Jahren alles vernachlässigt. Aus Angst vor der Wahrheit? Selbstaufgabe und Resignation?

Ich sah meiner Mutter die Angst im Gesicht an, aber sie hielt tapfer durch. Nach der Operation folgte die Nachbehandlung und auch die ließ sie über sich ergehen.

Anschließend erlebte ich sie sogar euphorisch. Irgendwie hatte sie die Krankheit wieder zuversichtlich und lebensbejahend gemacht. Sie ließ sich einen Badeanzug anfertigen und ging regelmäßig schwimmen. Sie liebte es!

Früher war sie nie zum Sport zu motivieren gewesen und jetzt mit einer Brust ging sie schwimmen. Verrückt und rührend zugleich.

Für einige Monate ging alles seinen Gang. Sie hatte wieder zurück in ihren Alltag gefunden und ich konnte mich auch wieder etwas beruhigen.

Doch dann ging es mit ihrem Allgemeinzustand rapide bergab. Sie verlor an Gewicht, konnte sich kaum noch auf den Beinen halten und verlor ihre Haare.

Sie wohnte im fünften Stock in einem Haus ohne Aufzug. Das war für sie in diesem Zustand nicht mehr machbar.

Sie besprach sich mit ihrem Arzt und eröffnete mir, dass sie sich ins Hospiz verlegen ließ.

Ich glaube, damals erfasste ich die komplette Tragweite dieses Satzes noch nicht. Vermutlich waren es auch meine eigene Verzweiflung und Hilflosigkeit gewesen, die mich nicht annehmen ließ, was auf uns zukam.

Wieder reiste ich zu ihr und sah sie nun das nächste Mal im Hospiz.

Auf dem Weg dorthin hatte ich ein mulmiges Gefühl. Wie sah es aus in einem Hospiz? Wie würde ich meine Mutter antreffen? War ich alledem gewachsen?

Außer nach dem Tod meiner Großeltern, wo meine Eltern sämtliche Verantwortung übernommen hatten, hatte ich mich noch nie mit dem Sterbeprozess auseinandergesetzt.

Das Haus lag unweit von der Wohnung meiner Mutter entfernt, auf einer kleinen Anhöhe.

Eine Pflegerin begrüßte mich und führte mich zum Zimmer meiner Mutter. Jetzt, während des Schreibens, bekomme ich noch

Herzklopfen. Mit diesem Herzklopfen und dem unguten Gefühl, was mich erwartete, betrat ich das Zimmer meiner Mutter.

Es war hell, die Sonne schien durch die Terrassentür herein und meine Mutter lag in ihrem Bett – besser gesagt das, was von meiner Mutter noch übrig war. Schmal und klein wirkte sie. Die Frau, die eigentlich ihr gesamtes Leben lang immer mit etwas Übergewicht zu kämpfen gehabt hatte.

Nun lag sie da zerbrechlich und lächelte mich unsicher an. Ich nahm sie weinend in die Arme. Sie beruhigte mich mit den Worten: „Es ist alles gut."

Lange saß ich bei ihr, hielt ihre Hand und wir erzählten einander, was uns wichtig war. Eigentlich war es mehr eine Aussprache über alles, was es noch zu sagen gab.

Bedrückt verließ ich sie nach einigen Stunden.

In den Wochen danach besprachen wir, was zu tun war. Von notariellen Angelegenheiten bis zur Auflösung ihrer Wohnung vereinbarten wir alles in ihrem Sinne. Selbst die Beerdigung sprach sie an. Sie wollte einen geschlossenen Sarg am Tag ihrer Beerdigung. Keiner sollte sie mehr tot sehen. Auch sollte es ein anonymes Grab sein. Sie wollte niemanden an ihrem Grab stehen haben und auch niemanden, der sich um die Grabpflege kümmern musste.

So war meine Mutter: Immer unauffällig bleiben und niemandem zur Last fallen.

Es vergingen noch sechs Monate, die meine Mutter im Hospiz verbrachte. In den Nebenzimmern zogen die Menschen ein und wurden wieder heraus gebracht. Meine Mutter war noch für diese doch lange Zeit da und bekam alles bewusst mit.

Wie vereinbart, löste ich ihre Wohnung auf. Als ich ihre Wohnungstür aufschloss, kam ich mir wie ein Eindringling vor. War es doch das ganz private Reich meiner Mutter, das sie so sehr liebte.

Alles war an seinem Platz und nichts deutete darauf hin, dass sie in solch einem Überlebenskampf gewesen war, als sie die Wohnung verlassen hatte. Ich nahm ihre ganz privaten Dinge an mich, brachte ihr die Sachen ins Hospiz, die sie sich wünschte und ließ den Rest abtransportieren.

Irgendwie funktioniert man in dieser Zeit nur. Alles geschieht wie in einem Film. Man organisiert, räumt auf und nutzt die verbleibende Zeit, so gut es geht.

Dann eines Tages rief sie mich an. Sie konnte (oder wollte) nicht mehr sprechen. Wieder und wieder rief ich in den Hörer: „Mama, Mama, was ist los? Soll ich kommen?" Nach einiger Zeit vernahm ich endlich ein „Ja" und so machte ich mich auf den Weg.

Wie immer bat ich einen Pfleger, mich in das Zimmer zu begleiten. Ich hatte zu große Angst, sie tot anzutreffen.

Ich blickte, wie immer, zuerst in das Gesicht meiner Mutter. Es war nicht mehr von dieser Welt. Ihre Augen waren leer und sie sprach nicht mehr. Ich erkannte sie gar nicht mehr als meine Mutter. Da lag eine Hülle und ich wusste, diesmal war alles anders.

Stundenlang saß ich wieder an ihrem Bett und hielt ihre Hand. Doch diesmal schwiegen wir.

Irgendwann bettete ich ihre schlank gewordene Hand auf ihr Bett zurück, gab ihr einen Kuss und verließ leise den Raum.

Da ich immer noch zwischen In- und Ausland pendelte, war ich gerade wieder im Ausland angekommen, als ich nachts von meiner Mutter träumte.

Die Frau im Traum sah nicht aus wie meine Mutter, aber ich wusste, es war meine Mutter. Sie sprach zu mir nur einen Satz: „Ich mache mich jetzt auf die Reise."

Am darauffolgenden Tag, früh morgens, erreichte mich der Anruf aus dem Hospiz. Meine Mutter war in dieser Nacht verstorben.

Ich weinte verzweifelt in den Hörer: „Nein – was mache ich jetzt nur?"

Die Pflegerin gab mir mit ruhiger Stimme Anweisungen, was zu erledigen war. Ich flog also sofort wieder nach Deutschland zurück und räumte einmal mehr die Habseligkeiten meiner Mutter zusammen. Ein letztes Mal. Es war ein beklemmendes Gefühl, in den leeren Raum zu gehen, den vorher meine Mutter bewohnt hatte.

Wie mit meiner Mutter besprochen, organisierte ich die Beerdigung und informierte alle nahen Familienangehörigen und Bekannten.

Auch meinen Halbbruder, den Sohn meiner Mutter aus erster Ehe, rief ich an und bat ihn, zur Beerdigung zu kommen. Zunächst lehnte er ab. Zu tief saß noch der Schmerz aus der Vergangenheit.

Doch nachdem er eine Nacht darüber geschlafen hatte, sagte er zu und kam. Er war mir am Tag der Beerdigung eine große Stütze. Obwohl wir uns sehr unregelmäßig sahen, war er doch ein Teil von mir.

Als der Sarg abgesenkt wurde, war der Schmerz in mir kaum zu ertragen. Ich schluchzte nur noch. Die Gespräche auf der Trauerfeier waren wohltuend. Wir sprachen über alte Zeiten und einige Menschen hatte ich seit meiner Kindheit nicht mehr gesehen.

In den Tagen und Nächten danach fiel alles von mir ab. Ich weinte wie ein Kind und machte mir große Vorwürfe. Warum war ich nicht in dieser letzten Lebensphase meiner Mutter bei ihr geblieben?

Bestimmt hätte sie zu mir gesagt, ich solle mein Leben leben, aber vielleicht hätte ich ihr auch eine größere Stütze sein können.

In den Jahren danach – eigentlich bis heute – gibt es viele Momente, in denen ich sie vermisse. Ich denke an sie und weiß genau, was sie sagen würde, wie sie lachen würde und vor allem, wie sie meinen kleinen Hund lieben würde. Sie würde mich in jedem Gespräch nach ihm fragen: „Wie geht es Luke?"

Auf den Tag genau ein Jahr vor ihrem Tod hatte es eine seltsame Begebenheit gegeben. Ich hatte mich mit meiner Mutter verabredet. Wir wollten uns in Stuttgart an ihrem Lieblingsplatz treffen. So wartete ich an diesem Platz auf sie. Sie wollte mit dem Zug anreisen. Sie liebte diese Ausflüge.

So stand ich am verabredeten Treffpunkt und wartete. Meine Mutter war immer sehr pünktlich und zuverlässig gewesen. Doch sie kam nicht zur vereinbarten Zeit. Ich rief sie an und konnte sie nicht erreichen. Über eine Stunde wartete ich. Wieder und wieder versuchte ich, sie anzurufen, doch ohne Erfolg.

Dann endlich kam sie. Ihr Handy hatte wohl keinen Empfang gehabt, da sie ewig in einem Tunnel gestanden waren.

In all den Jahren war uns so etwas nie passiert, bis auf diesen Tag genau ein Jahr vor ihrem Tod, dem 3. Oktober. War es eine Probe dafür gewesen, wie es sein würde, sich nicht mehr zu erreichen? Sollten wir die Zeit nutzen, die uns blieb?

Rückblickend würde ich heute einiges anders machen. Ich würde sie viel intensiver begleiten, nicht nur um für sie da zu sein, sondern auch für mich, um besser abschließen zu können.

Viele Jahre haderte ich – eigentlich bis heute. Doch vielleicht war es genau so richtig und für mich in dieser Zeit nicht anders machbar.

Einige Jahre hatte auch ich Sorge an Brustkrebs zu erkranken. Doch durch meine regelmäßigen Vorsorgeuntersuchungen konnte ich diese etwas loslassen.

Ich vermisse meine Mutter noch heute, doch es ist ein anderes Vermissen als vor einigen Jahren. Ich wünschte, sie hätte noch einige schöne Jahre mit mir gemeinsam gehabt.

In den Jahren nach dem Tod meiner Mutter durfte ich lernen zu vergeben, loszulassen und meine eigenen Bedürfnisse wahrzunehmen.

Denn natürlich hatte auch ich Verhaltensmuster meiner Mutter übernommen, die nicht immer zu meinem Besten führten. Ich lernte sehr viel über Familienverstrickungen und negative Glaubenssätze, die es aufzulösen galt.

Herausforderungen bieten auch immer die Möglichkeit, neue Entscheidungen zu treffen und die eigene Seele heilen zu lassen. Nicht umsonst sagt man: „Wenn du nicht auf deine Seele hörst, spricht dein Körper mit dir."

Wir suchen immer im Außen, was uns im Innersten fehlt.

Die gemeinsame Zeit im Hospiz hatte für mich etwas Tröstendes und Friedvolles. Nichts im Außen war mehr wichtig. Nur die wertvolle Zeit, die blieb.

Generell hat eine Trauerfeier nichts Bedrohliches für mich, eher etwas Tröstendes und Verbindendes. Im Auge des Todes wird uns bewusst, dass wir nichts mitnehmen können und nichts von dem wirklich wichtig ist, was uns bis dahin wichtig erscheint.

Der Tod ist das Schreckgespenst des Ungewissen. Niemand weiß, wann und wie er geschieht.

Nur die, die dem Tode bereits in die Augen geblickt haben, wünschen sich, sie hätten mehr von dem getan, was sie zu Lebzeiten immer aufgeschoben hatten.

Sich selbst Wünsche zu erfüllen, die man ständig aufgeschoben hat auf „später". Zeit mit den Liebsten zu verbringen, verzeihen und loslassen, was unabänderbar ist.

In einem Essay aus der „Welt" heißt es: „Wir versuchen heute, den Tod und das Sterben zu ‚modernisieren' – ganz ohne Rituale, wie sie unsere Vorfahren noch zelebrierten.

Immer mehr Menschen sterben allein und/oder als Singles. Wir leben in einer Welt ohne Ahnen und Nachkommen. Das hat es noch nie gegeben. Ist das der Preis für unsere individualisierte Lebensweise?"

„Wir sind mitten im Leben und doch vom Tod umfangen", heißt es in einem alten christlichen Lied. Der Tod kann uns überall, durch einen Autounfall oder ein Krebsleiden, ereilen.

Und doch drängen wir den Tod an den Rand des gesellschaftlichen Daseins.

Tröstliche Worte sind schnell aufgebraucht und Freundschaften zerbrechen an der Trauer und dem Unverständnis.

Der Tod gehört wohl doch nicht zum Leben, weil der Mensch gerne alles plant und immer um Planungssicherheit ringt.

Auszüge aus „Welt": „Der Tod ist mehr als Sterben."

Etwas Tröstliches sollte doch sein, dass der Sterbende seinen Tod mitbestimmen darf. Während früher der Sterbende zu Hause, im Kreise der Familie sterben durfte, verlagert sich dieser Prozess mehr und mehr auf die Pflegeheime und Hospize.

Wenn wir lernen, diese Einrichtungen mehr wertzuschätzen und zu würdigen, kann dieser Platz auch eines Tages für uns ein tröstlicher Ort sein.

Zum Abschluss eine Geschichte über die traurige Traurigkeit:

Eine Frau spazierte einen Weg entlang und traf auf eine zusammengekauerte Gestalt am Wegesrand.

Neugierig fragte die Frau: „Wer bist du?"

Diese antwortete: „Ich bin die Traurigkeit."

Die Frau erwiderte erfreut: „Ach du bist es. Ich kenne dich. Oft genug hast du mich besucht."

Die Traurigkeit sprach verstört: „Wenn du mich kennst – warum läufst du nicht vor mir davon?"

Die Frau sprach: „Warum sollte ich, wenn ich doch weiß, dass du mich einholst? Aber warum bist du traurig?"

Die Traurigkeit erzählte: „Niemand mag mich. Sie verleugnen mich und betäuben sich mit Alkohol und ignorieren ihre körperlichen Schmerzen."

Die Traurigkeit sank in sich zusammen und die Frau sprach tröstend zu ihr: „Weine ruhig und ruhe dich aus. Ich begleite dich, damit du dich nicht mehr alleine und mutlos fühlst."

Die Traurigkeit fragte irritiert: „Aber wer bist du?"

Und die Frau lächelte und antwortete: „Ich bin die Hoffnung."

Quelle: Altenheimseelsorge.net

„Wenn ihr mich sucht, sucht mich in euren Herzen.
Habe ich dort einen Platz gefunden, lebe ich in euch weiter."

Rainer Maria Rilke

Mögen Brücken Menschen von der Dunkelheit ins Licht führen.

Mögen Brücken von der Traurigkeit zur Freude führen.

Mögen Brücken vom Vergänglichen in die Ewigkeit führen.

Dieses Vertrauen wünsche ich den Menschen, die zweifeln und hadern.

Angelehnt an die Geschichte vom Brückenbauer.

KREBSHILFE-TIPP

Vermeiden Sie Phrasen wie etwa: „Lass dich nicht unterkriegen!", „Da musst du jetzt durch!", „Du musst jetzt stark sein" oder „Du musst positiv denken!" Solche Sätze sind oft kontraproduktiv und nicht hilfreich, wenn man gerade mit der Diagnose Krebs konfrontiert wurde. Ersetzen Sie Phrasen durch Fragen wie beispielsweise: „Was brauchst du gerade jetzt?", „Wie fühlst du dich?", „Wie kann ich dich unterstützen?"

Cott Manuela

Zweimal Geburtstag im Jahr

Meine kleine Schwester Jana.
Es bleibt ja die kleine Schwester, auch wenn man älter wird.
Wir sind beide klein und zierlich.
Und kämpfen uns schon immer durch das Leben.
Wenn wir uns heute wünschen könnten, was unsere Eltern uns
bei der Erziehung hätten mitgeben sollen, wäre unsere Kindheit,
unsere Jugend, ja unser Leben anders verlaufen.
Wir sind behütet aufgewachsen im Sinne dessen, dass die
Realität von uns abgeschirmt wurde. Wir waren gut versorgt. Es
gab keine Auseinandersetzungen, an denen wir uns ausprobieren
konnten.
Das Leben war geprägt von gewöhnlichem Alltag. Keine Hö-
hen und keine Tiefen. Und es wirkte auch so, als gäbe es gar kein
Interesse an unseren kindlichen Wünschen, Bedürfnissen, Gefüh-
len und Gedanken.
Dies bewirkte den schnellen Wechsel in die Selbstständigkeit.
Immer alles im Griff haben. Die Kontrolle haben und fleißig sein.
Dann wird's schon laufen.
So kämpfen wir leider noch immer um unser Selbstwertgefühl.
Um Gelassenheit.
Und versuchen, Achtsamkeit in unser Leben zu bringen. Wir
alle beide.
Da sind wir uns noch immer sehr ähnlich. Unser Leben hat
viele Parallelen.
Obwohl wir sieben Jahre Altersunterschied haben und 800
Kilometer entfernt voneinander leben. Und doch ist da diese Ge-
meinsamkeit, diese Seelenverwandtschaft.
Mal hat man mehr gemeinsame Themen, mal weniger.

Und dann war da diese Diagnose: Brustkrebs.

Check: Wo steht man, was hatte man Gutes im Leben, was hätte noch kommen sollen.

Meine kleine Schwester Jana hatte ihr Leben völlig der sozialen Arbeit verschrieben. Tagtäglich immer alles zum Wohle der anvertrauten Menschen.

Und mitten in der Corona-Zeit, wo das gewohnte Leben aus den Fugen geraten ist, im Januar 2021 war es dann.

Ein Termin zur Vorsorgeuntersuchung. Mammografie.

Jana war wie so oft total im Stress. Sollte und wollte sie sich frei nehmen für einen Vorsorgetermin?

Dann muss die Arbeit liegen bleiben und zusätzlich ein andermal erledigt werden.

Oder lieber doch wieder verschieben?

Das geht ja schnell. Einfach ein Anruf und dann ist es erst mal kein Thema mehr.

Wer befasst sich überhaupt freiwillig mit der Frage, ob da was sein könnte?

Jana hat den Termin diesmal nicht verschoben. Ungeduldig saß sie im Wartezimmer, immer die Uhr im Blick. Na endlich ging es vorwärts. Bitte jetzt schnell die Untersuchung, damit es erledigt ist.

Aber nein, so einfach war es dann nicht. Es wurde tatsächlich eine Auffälligkeit erkannt. Na ja, das Gerät war nicht das modernste. Da muss man nochmal genauer hinschauen. Also erfolgten in den nächsten Tagen weitere Untersuchungen und eine Biopsie.

Dann kam die klare Diagnose: Brustkrebs.

Janas erster Gedanke zur Diagnose war: „Das nicht auch noch! Dafür habe ich doch gar keine Zeit!"

Die Maschinerie war in Gang gesetzt. Der OP-Termin stand fest. Alles ganz logisch und klar:

Es wird operiert, alles wird herausgeschnitten, Bestrahlung, Heilung und das war's dann hoffentlich. Wenn man die Diagnose im frühen Stadium bekommt, ist ja alles gut machbar. Denkt man.

Alles lief auf Autopilot. Jana schaltete Hirn und Emotionen völlig aus.

Da war nur das Funktionieren. Termine organisieren. Nicht nachdenken, keine Angst aufkommen lassen.

Dennoch setzte sie sich an ihre „Löffel-Liste". Das ist die Liste, auf der steht, was man alles noch erleben/tun möchte, bevor man den Löffel abgibt.

Da gab es einige größere und recht viele kleine Dinge. Aber allesamt für Jana sehr bedeutungsvoll. Und die meisten waren Unternehmungen mit anderen Leuten gemeinsam. Nochmal Venedig mit Sigi, nochmal Urlaub in Ägypten, eine Wanderung im Karwendel mit dem Sohn. Irgendwann Enkelkinder genießen und mit ihnen in den Zoo gehen. Vielleicht auch nochmal heiraten, wenn der richtige Mann über den Weg läuft.

Eine eigentlich realistische und recht sachliche Auflistung.

Und dabei auch die Erkenntnis, was da schon alles war.

Jana hat zwei wundervolle Kinder, hat mit ihrem Mann ein Haus gebaut, hat tolle Freunde und viele wirklich schöne Erlebnisse, auf die sie zurückblicken kann.

Sie hat immer viel gelesen, hat Theaterveranstaltungen und Konzerte besucht und verschiedene Länder bereist.

Also war Jana auch zufrieden mit ihrem Leben.

Dann kam der große Tag. Die Fahrt ins Krankenhaus.

Als ob das Ganze nicht schon schlimm genug gewesen wäre, gab es noch die unangenehme Prozedur der Corona-Testung.

Alle Krankenschwestern, Krankenpfleger und Ärzte waren sehr freundlich und signalisierten Fürsorge. Jana fühlte sich gut aufgehoben.

Die OP verlief bestens, die Anschlussbehandlungen ebenso. Drei Wochen lang täglich 50 Kilometer Fahrt zur Bestrahlung.

Alles immer noch auf Autopilot. Keine Emotionen, einfach nur durch.

Der Schutzmechanismus funktionierte. Und eine bleierne Müdigkeit plagte Jana ununterbrochen.

Selbst die Besuche von Freunden und Verwandten waren anstrengend. Aber trotzdem sehr hilfreich.

Wegen Corona hatten einige Angst vor Begegnungen. Da empfand Jana erste Enttäuschungen.

Aus der Ferne gab ich als die starke große Schwester mein Bestes, Jana aufzumuntern, ihr zu helfen. Die Technik macht es möglich, jederzeit in jeder Form in Kontakt zu stehen. Wir waren uns näher denn je.

Aber die Seele heilte nicht.

So kannte Jana sich gar nicht. Es fiel ihr schwer, Freude zu empfinden. Die kleinen und großen Wunder der Welt zu schätzen. Selbst zum Lesen fehlten ihr Konzentration und Durchhaltevermögen. Ganz zu schweigen von den Schlafproblemen nachts.

Was will der Körper sagen, wenn er unentwegt mit Beschwerden im Narbenbereich auf sich aufmerksam macht? Selbst die regelmäßige Lymphdrainage half nur kurzzeitig.

Wir sind kluge, erwachsene Menschen. Aber wir müssen lernen, wachsen, uns weiterentwickeln.

Wie viel Geduld ist erforderlich und wie viel Geduld kann ein Mensch aufbringen?

Unendlich viel kann man lesen über die Thematik Brustkrebs. Über Ursachen, Behandlung. Aber auch über gesunde Lebensweise, über Resilienz. Unbeschreiblich viele verschiedene Seminare und Kurse werden angeboten. Auch Beratungen und Therapien bei der Anschlussheilbehandlung und auch im unmittelbaren Lebensbereich. Für den Betroffenen selbst und auch für Angehörige. Das Netz der Hilfsangebote ist hervorragend und beruhigend.

Aber es muss von innen kommen. Der starke Wunsch, das Leben genießen zu wollen. Nicht nur den Kick für den Augenblick. Der eigene Wille, der Mut zum nächsten Schritt und die Bereitschaft, dafür Kraft aufzubringen.

Leider ist Jana wieder in ihre alten Muster verfallen. Routine. Die gleiche Arbeit, Überlastung, Stress und durchgängig Schlafprobleme. Da reichte die Energie nicht mehr so wie früher für alles.

Und die Schwierigkeiten, Probleme, wurden größer, schwerer, aussichtsloser. Jana war immer müde und schlapp. Sie hatte große Ziele und war doch nicht belastbar. Sie wollte so gern Sport machen und sich gesund ernähren. Nur zeitweise war die Motivation ausreichend.

Die Talfahrt seit der Diagnose ging weiter. Wie eine Spirale, immer wiederkehrend die gleichen kraftzehrenden Probleme und Herausforderungen.

Jana begann sogar, darüber zu klagen. Das hat sie früher nie getan. So etwas kennt man nicht von ihr.

Was sollte ich tun?

Konnte ich da noch helfen? Wollte ich überhaupt noch helfen? Ich habe doch selbst genug Sorgen und Probleme, eigene Bedürfnisse und auch Menschen, um die ich mich kümmern muss.

Achtsamkeit: Wenn man krank ist. Aber auch, wenn man gesund ist.

Es geht einfach nicht ohne!

Das musste Jana lernen. Und sie hat es tatsächlich auch gelernt. Sie wusste, dass sie etwas ändern muss, auch wenn sie es nicht zugeben wollte.

Jana hat die Reißleine gezogen.

Nach unendlich vielen Überlegungen hat sie ihren Job gekündigt, was ihr sehr schwergefallen ist. Sie hat seit ihrem Studium diesen Job geleistet, er hat sie ausgefüllt und sie konnte sich mit all ihrem Engagement einbringen.

Das war der erste große Schritt.

Dann ist sie sogar umgezogen in eine ganz andere Region.

Sie hat sich die Philosophie des Minimalismus zu eigen gemacht: Was brauche ich wirklich? Was ist wirklich wichtig? Was bringt mir etwas für eine glückliche, gesunde Zukunft? Wie kann ich mich sprichwörtlich entlasten?

Diese Auseinandersetzung und Umsetzung haben ihr tatsächlich richtig gutgetan.

Das Leben geht weiter.

Und das Lernen geht weiter. Man muss es nur wollen und zulassen. Das große Glück besteht darin, füreinander ein offenes Ohr zu haben. Auch wenn man gerade nicht anders helfen kann.

Achtsam sein, Vorsorgeuntersuchungen nutzen und mit guter Hoffnung der modernen Medizin und Technik vertrauen. Optimismus gehört zum Leben wie die Sonne und der Wind. Das ist, was uns stark macht für die Höhen und Tiefen des Lebens! Dann wird der OP-Tag zum großen Fest, zum zweiten Geburtstag im Jahr.

So nach und nach fühlte Jana sich ein Stückchen besser und spürte, wie sich ihr Selbstwertgefühl langsam stärkte. Wie sie wieder mit Freunden und Verwandten lachen konnte. Manchmal war da sogar dieses Gefühl von Leichtigkeit und wahrer Freude. Ein Funken von Glück.

Unser Kontakt wurde wieder seltener, aber wir stärkten uns gegenseitig den Rücken.

Jana kann jetzt mit offenen Augen auf ihr Leben blicken und ist dankbar für die zweite Chance, die sie bekommen hat.

Sie hat gelernt, selbstbestimmt zu leben und klare Grenzen zu setzen. Ein NEIN heißt wirklich NEIN. Weil es nicht leichtfertig, sondern bedacht ist, wie sie etwas entscheidet und handelt.

Sie hat auch gelernt, andere Menschen ihren eigenen Weg gehen zu lassen.

Muss man erst durch so ein tiefes Tal gehen, um das zu lernen? Sind die Sorgen und Schmerzen auslösende Signale? Ist so eine Diagnose ein „Dämpfer", eine Herausforderung, sein Leben zu ändern?

Trotz neuer Stärke blieb leider eine gewisse Unruhe. Immer wenn der Tag der Nachuntersuchung näher kommt, sind die Sorgen wieder real.

Nein, es stimmt nicht, dass die Zeit alle Wunden heilt. Es wird anders, aber nie wieder richtig gut. Aber manches wird sogar besser.

Heute ist Jana stolz darauf, wie sie seitdem gewachsen ist. Wäre sie ohne die Diagnose bereit gewesen, ihr gewohntes stressiges Leben zu ändern? Hätte sie gelernt, um Hilfe zu bitten und Hilfe anzunehmen?

Für Jana ist es ganz wichtig, positive Zeichen zu setzen.

Der OP-Termin von 2021 hat ihr Leben gerettet, also neues Leben geschenkt. Deshalb feiert sie da ihren zweiten Geburtstag mit den Menschen, die ihr ganz besonders wichtig sind. Ja, tatsächlich ist dieser Tag für sie wichtiger und bedeutungsvoller als der eigentliche Geburtstag.

Sich jedes Jahr daran zu erinnern, wie wichtig es ist, auf sich selbst zu achten, das Leben zu schätzen und zu genießen, ist ein Fest wert!

Dieser Tag ist wie eine Schatzkiste. Die Eindrücke, Gedanken und Erlebnisse sind zahlreiche wertvolle, glitzernde, farbenfrohe Perlen. Die größte Perle ist das Versprechen Janas an sich selbst, achtsam zu leben. Das Leben täglich zu genießen. Wertschätzung für sich selbst und auch gegenüber allem, was ihr im Leben begegnet. Und sei es eine kleine Blume am Wegrand oder eine Amsel, die im Apfelbaum singt.

Und damit ist Jana, obwohl sie klein und zierlich ist, zu einem ganz großen Vorbild geworden. Sie motiviert sensibel und geschickt andere Frauen, die Vorsorge nicht zu vernachlässigen. Sie ermutigt andere, achtsam und besonnen mit ihrem Leben umzugehen.

Das Leben ist eine Reise, auf die man sich freuen kann, die aber auch geplant werden muss und Lernen und Wachsen erfordert.

Auch wenn es manchmal schwer ist, versucht Jana gelassen zu bleiben.

Sie ist sich bewusst, dass sie die Kraft hat, große Hindernisse zu überwinden. Sie hat nicht nur die OP überstanden, sondern auch irgendwie die Schwierigkeiten bewältigt, die sich im Nachhinein gezeigt haben.

Und damit konnten auch Hoffnung und Optimismus wieder wachsen. Schwäche zu zeigen und zu Fehlern zu stehen, wurde zu Janas neuer Stärke. Und das Umfeld reagierte positiv darauf.

Unsere Seelenverwandtschaft ist unerschütterlich. Wir können einander bedingungslos vertrauen, egal, was das Leben noch bringen mag. Es ist da diese ganz tiefe Verbindung zwischen uns. Und schon allein das zu wissen, gibt unglaublich viel Kraft.

Da ist dieser Fels in der Brandung. Ein schönes Bild dafür, dass die Naturgewalten unendlich stark sind. Sie beeinflussen einander und haben immense Auswirkungen. Aber der Fels bietet Widerstand. Das Wasser kann ihn bearbeiten, schleifen, kleine Steinchen abtragen. Aber er ist massiv und standhaft. Unbeugsam trotzt er den äußeren Einflüssen, egal wie beharrlich sie an ihm nagen.

Täglich steht Jana vor zahlreichen Herausforderungen. Für den neuen Job muss sie viel lernen. Verantwortung trägt viele Herausforderungen mit sich, besonders im sozialen Bereich.

Und das gerade in dieser schwierigen Zeit. Die Menschen haben gelernt, dass es keine Sicherheiten gibt, dass sich von heute auf morgen alles ändern kann. Aber umso mehr sind die meisten dankbar für Hilfe, Unterstützung, für ein offenes Ohr.

Für Jana ist es ein Balance-Akt. Sie möchte anderen helfen, sie möchte niemanden enttäuschen, aber sie will vor allem gesund und stark sein.

Und das spürt man. Jana strahlt tatsächlich diese Botschaft aus.

Ich denke sehr viel an meine kleine Schwester Jana.

Oftmals frage ich mich, was sie zu dem einen oder anderen Problem sagen würde. Manchmal frage ich sie auch konkret nach ihrer Meinung, nach dem Wissen, das sie dazu hat. Und auch Jana holt sich Rat bei mir.

Was ich aus Janas Geschichte gelernt habe, ist, dass es unerwartete Tiefen gibt, die überwunden werden müssen. Und es ist auch gut möglich, Tiefen zu überwinden. Wie eine Welle, die auf und abschwillt. Und nach der Tiefe gibt es die Höhe. Die Freude, das wahre, tiefe Glück.

Das Leben ist so kostbar, dass man es in jedem kleinen Augenblick schätzen muss!

Der nächste Geburtstag von Jana steht an. Nur noch ein paar Tage, dann ist sie wieder ein Jahr älter, reifer. Es ist der reguläre Geburtstag. Aber nur ein paar Monate, dann kommt das Datum des zweiten Geburtstags. Darauf freuen wir uns noch viel mehr. Wir werden ihn zusammen feiern, die gemeinsame Zeit genießen. Freude und Spaß haben.

Und schicken allen Menschen unsere Botschaft. Besonders denen, denen ein Leid widerfahren ist, die krank sind oder bei einem Unfall verletzt wurden. Und den Menschen, die in Not geraten sind, egal ob unverschuldet oder durch Fehler.

Richte dein Augenmerk auch auf das Gute im Leben.

Gib die Hoffnung auf Besserung nicht auf.

Halte den Schmerz aus und nimm Hilfe an.

Nicht jeder hat einen Seelenverwandten, der immer zu ihm steht. Aber es gibt Menschen, die ehrlich hilfsbereit sind.

Die Idee, einen zweiten „Geburtstag" zu feiern, kann man auch richtig gut auf ganz andere Tatsachen übertragen.

Lichtpunkte setzen. Glücksmomente wie Diamanten sammeln.

Also sei achtsam, nimm dein Leben so in die Hand, dass du deine Träume, Wünsche und Bedürfnisse erfüllst. Dass du ihnen Schritt für Schritt näher kommst.

Nicht jeder findet das im Minimalismus. Aber befreiend kann jeder Fortschritt sein, jede Erkenntnis, jede noch so kleine Veränderung.

Man muss nur alles bewusst für sich nutzen.

Jana hat es uns gezeigt und sie ist damit die kleine ganz große Schwester in meinem Herzen und in den Herzen aller Menschen, die sie kennen und lieben.

KREBSHILFE-TIPP

Die Diagnose Krebs löst auch beim Angehörigen einen Schock aus.
Es bedarf Zeit, sich zu sammeln.
Geben Sie sich diese Zeit.

Döhler, Christine

Meine liebe Schwester Ilse

In unserem Wohnzimmer hängt ein Bild. Ich habe es immer im Blick, wenn ich das Wohnzimmer betrete und wenn ich abends auf meinem Lieblingsplatz auf der Couch sitze. Oft ruht dann mein Blick auf ihm, rechts vorn, in meiner Ausruherichtung der Augen, so wie ich es früher gelernt habe. Vor fast zehn Jahren habe ich es selbst gemalt, Acryl auf Papier, abstrakt, mit Farben, Malmessern, Pinseln und mit den Fingern. Ich sehe eine Brücke, die von links hinten nach rechts vorn führt und sich verbreitert. Durch die Bögen in der untersten Etage könnten Schiffe fahren, auf der oberen Autos oder auch Menschen laufen. Sie erinnert mich an eine Brücke am Ufer des Gardasees. Der Hintergrund des Bildes ist grau, grün und blau in verschiedenen Abstufungen, auch schwarze unregelmäßige Striche sind zu finden. Die Brücke selbst ist orange-beige-gelb. Am Anfang, als die Sonne das Bild noch nicht ausgeblichen hatte, entdeckte ich in einem der oberen Brückenbögen in der Ferne eine winzige Figur, die in einem Boot stand und das Boot über einen schmalen Fluss stakte. Das Märchen vom Gevatter Tod, stellte ich fest. Wenn er jemanden findet, der das Stakholz übernimmt, ist er abgelöst und frei. Dieses Märchen hatte mich schon in meiner frühen Kindheit berührt. Damals, so kurz nach dem 2. Weltkrieg, wurde viel vom Tod, über Trauer und Verlust gesprochen. Zwei Söhne meiner Oma, mit der ich viel Zeit verbrachte, waren in den letzten Kriegstagen gefallen, und mein Opa 1951 verstorben. Tod war etwas Vertrautes für mich.

Der Tag, an dem ich dieses Bild malte, ist mir noch heute in klarer, detaillierter Erinnerung, Moment für Moment. Ich war frisch in Rente, frank und frei, guter Dinge und gut drauf. Ich fuhr mit meinem alten Fahrrad auf dem Wanderweg entlang der Wuhle. Die Sonne spiegelte sich durch die Baumkronen hindurch in dem schmalen trüben, grünschimmernden Flüsschen. Wenn ich schnell zutrat, konnte ich in 50 Minuten bei meinem Malunterricht in Friedrichshagen sein. Ich trödelte jedoch langsam vor mich hin, erfreute mich an dem Sonnenschein und dem leichten kühlen Wind. Es war angenehm warm. In meinem Rucksack auf dem Rücken hatte ich meine Malutensilien und mein innig geliebtes Handy. Plötzlich klingelte es, laut und schrill, ungewohnt. Meist stelle ich es stumm. In mir breitete sofort der Gedanke aus: „Es ist etwas passiert." Ich hielt an, stieg ab, nahm das Handy aus dem Rucksack und hörte. Es war meine Nichte Sylvia aus der Oberlausitz. Meine Schwester, gerade 80 geworden, musste ins Krankenhaus. Heute sei ihr Pflegebett nach Hause geliefert worden, aber es ginge nicht mehr ... tiefe schmerzhafte Traurigkeit stieg in mir hoch und schloss mir den Mund. Ich sagte ihr nur, dass sie alles richtig gemacht hätten und dass wir morgen ganz früh kommen würden. Durch den Kopf schoss mir der Gedanke: „Sie wird das Krankenhaus nicht mehr lebend verlassen." Ich stand mitten auf dem Weg, hielt den Lenker des Fahrrades fest, mein Blick ging starr nach vorn, aber ich schaute in mein Inneres. Meine Seele öffnete sich bis in ihre tiefsten Tiefen; ich spürte Gefühle von Liebe, Schmerz, Traurigkeit, Angst und alles in vielen Nuancen. Es war einer der wertvollsten Momente in meinem Leben. Als mehrere Radler links und rechts an mir vorbeifuhren, stieg ich fast mechanisch auf das Rad. Ich trat in die Pedale und radelte sehr schnell zum Malen. Koki, meine sehr empathische und versierte Mallehrerin, schaute mir ins Gesicht und wusste sofort, dass ich nicht reden, sondern nur malen wollte, ganz ruhig, von innen heraus und gefühlt ewig.

Zwei Jahre war es her, dass meine Schwester die Diagnose Brustkrebs erhalten hatte. Ihr Ehemann Werner drängte sie dazu, ihrer Hausärztin von der harten Stelle in der Brust zu berichten. Schon wenige Tage später wurde sie im nahen Krankenhaus operiert. Der Knoten hatte achteinhalb Zentimeter Durchmesser. Metastasen waren schon in der Lunge, nahe am Herz. Ohne Zweifel – es war Brustkrebs.

Ganze zehn Jahre hatte sie den Knoten in der Brust. Unvorstellbar. Ich habe mich oft gewundert, warum sie, die eigentlich fröhliche und aufgeschlossene Frau, manchmal so zugeknöpft und unnahbar war. Sie hat oft geschimpft, auch leise vor sich hin gemurmelt. Ihre Tochter, 27 Jahre jünger als sie und 14 Jahre jünger als ich, sei ihr keine gute Tochter. Heute verstehe ich es; auf ihre Mutter konnte sie nicht wütend sein, denn sie starb, als Ilse 11 Jahre war. Über ihre Stiefmutter, meine Mutter, die sie mit 12 Jahren kennenlernte, hatte sie sich nie beschwert, wenn ich dabei war. So blieb ihr nur ihre Tochter zum Ablassen der Wut, die oft nicht wusste, was sie getan hatte. Sie hatte auch nichts getan.

Keiner der Ärzte hat ihr vorgeworfen, dass sie so lange geschwiegen hat. Das hat ihr sehr geholfen. Von ihrer Oma (ihre Mutter war in der Lungenheilanstalt) hatte sie gehört, dass man als alte Frau nicht mehr zum Gynäkologen gehen muss. In ihrer Kindheit und Jugend war alles schamvoll und verschwiegen. Meine Mutter hätte ihr auch nicht helfen können, auch sie hatte viel Scham und sprach von „Seite" statt von Brust. Jüngeren, ihrer Tochter oder mir, hätte sie sich nicht anvertrauen können. So hatte sie die Last vollkommen allein getragen, ganze zehn Jahre lang. Mit einer für mich völlig erstaunlichen Offenheit stellte sie sich jetzt ihrer Situation, fragte die Ärzte nach Behandlungsmöglichkeiten, wie lange sie noch zu leben habe und sprach über sich.

In dieser Zeit gab es einen Besuch bei ihr, der ganz fest in meinem Herzen bleibt und mich tröstet. Es war noch vor der Operation. Sie zeigte mir den Knoten in der Brust. Ich sollte ihn anfassen. Zunächst zögerte ich, sicher aus Scham. Er war riesig, fest, glatt und rund, einer Billardkugel ähnlich. Er machte mir Kummer. An diesem Tag war Ilse froh, dass sie den Mut hatte, es der Ärztin gesagt zu haben. Ihre Augen strahlten, ihr Graublau schien nur blau zu sein. Ihre Fältchen im Gesicht hatten an Tiefe verloren und sie bewegte sich geschmeidig und schnell gleitend. Eine tiefe innere Verbundenheit mit ihrem Mann Werner schwebte durch den Raum, wie ich sie vorher noch nie erlebt hatte. Die Fotos von diesen wenigen Stunden sind ein Schatz für mich.

In die Operation ist sie voller Zuversicht gegangen. Nach der Operation erlebte ich sie als sehr offen und herzlich, sogar fröhlich und optimistisch, es waren so wunderbare Momente, als wir zusammen durch den Krankenhausflur liefen, sie im Nachthemd mit Strickjacke und ich im dicken Wintermantel. Ich kann noch heute ihr warmes herzliches Lachen hören und ihre frohen und glitzernden Augen sehen.

Wie liebte ich sie, sie, die sich viel um mich gekümmert hat, als ich ein kleines Mädchen gewesen war. Ich glaube, sie war mir oft näher als meine Mutter. Sie war lustiger, lebendiger und flotter. Zu ihren Besuchen bei ihrem Freund und späteren Ehemann hat sie mich mitgenommen, auf die lange gemütliche Eisenbahnfahrt, zu ausgedehnten Spaziergängen und den lustigen Essensrunden in seiner Familie. Als Schulkind habe ich meine Ferien bei ihr verbracht, bin durch den nahen Wald gestromert, war im örtlichen Freibad schwimmen und habe Schalen mit Moos und Pilzen gebastelt, für die sie mich gelobt hat. Auch, als ich schon verheiratet war und in Berlin lebte, hat sie mich, uns, besucht. Sie war sehr spendabel mit ihren Geschenken und noch heute zieren Eierbecher, Kerzen, Deckchen, Buchstützen und Salzstreuer mein Arbeitszimmer. Es ist so ganz mein Refugium. Mein erstes Geschirr stammte aus ihrer Aussteuer. Als sie heiratete, arbeitete sie als Verkäuferin in der Fleischerei meiner Eltern, war sehr beliebt und bekam wahnsinnig viele Geschenke – Geschirr für die nächsten 50 Jahre. So kam es auch mir zugute.

Unsere Beziehung war in diesen Augenblicken in den Fluren des Krankenhauses wie früher in meiner Kindheit, froh und scheinbar unbelastet. Beruhigt und zuversichtlich fuhr ich wieder nach Hause. Überstanden, dachte sie, dachte ich, dachten alle.

So blieb es nicht. Danach kamen schwere Zeiten; Bestrahlung, Chemotherapie, wieder Bestrahlung, wieder Chemotherapie. Sie litt unter Schmerzen im Rücken, sodass sie sich kaum bewegen konnte.

Eine Freundin von Sylvia, ihrer Tochter, die Palliativschwester war, half ihr. Auf Medikamente reagierte sie allergisch, war total rot im Gesicht und hatte kleine juckende Pickel. Einmal war ich zu Besuch und hörte im Nebenzimmer, dass sie sagte: „Ach, die noch ..." Ich war ihr zu viel, das verstand ich völlig. Sie tat mir unendlich leid. Ich war ohnmächtig, wollte, aber konnte ihr nicht helfen. Sehr hilflos kam ich mir mit meiner großen Keksdose in der Hand vor. Traurig, mit gebeugtem Rücken und kleinen Schritten ging ich weg.

Zwischen zwei Chemotherapien bewältigte sie im Oktober ihr großes Projekt – sie feierte ihren 80. Geburtstag vom Mai nach. Sie sah so schön, so festlich aus an diesem Tag, saß an der Stirnseite der u-förmig gestellten Tische, neben ihr mein Schwager, ihr Mann. Vor ihnen stand ein großer fünfarmiger silberfarbener Leuchter mit weißen brennenden Kerzen. Ihre Tochter und ihre Familie gestalteten das Fest. Es gab Musik und Gedichte und natürlich wunderbares Essen. Mein Bruder, meine Schwägerin, mein Neffe waren da und alle aus der Familie. Ein ganz besonderes Fest.

Danach wurde es zunehmend schwieriger. Die Schmerzen zwangen sie oft ins Krankenhaus. Anfang Dezember kam der Tag, an dem mein Bild entstand.

Als ich am nächsten Tag im Krankenhaus ankam, geschah etwas für mich Unerwartetes. Ich hatte extra im Warenhaus am Alexanderplatz kleine, kunstvoll gestaltete Törtchen gekauft und freute mich darauf, sie ihr zu schenken. Sie konnte sich so herzlich und überschwänglich freuen. Es kam anders. Sie lag im Bett, das Oberteil des Bettes höher gestellt, hatte die Augen geschlossen, schlief. Ohne Perücke sah sie meinem Vater sehr ähnlich, die kleine Stupsnase und der kahle runde Kopf. Mein Schwager und meine Nichte standen ebenso berührt, den Tränen nahe und liebevoll-ohnmächtig neben ihrem Bett wie ich. Langsam öffnete sie die Augen und sah mich an, warmherzig und tiefgründig, wie aus einer anderen Welt. Es ging mir durch und durch. Ich saugte ihren Blick auf, um ihn in mir festzuhalten, bewahren zu können. So ganz nebenbei war es mir peinlich, dass dieser Blick nur auf mich gerichtet war. Ihr Mann und ihre Tochter waren leicht irritiert. Diesen verbindenden Blick konnte sie eine gefühlte Ewigkeit aushalten. In mir schien alles zu verschmelzen. Ich wusste gar nicht, wie lieb sie mich hatte. Als sie ihre Augen wieder schloss, war ich voller Liebe und Dankbarkeit für sie, für meine liebe Schwester Ilse.

Sprechen konnte sie nicht mehr. Der Arzt versicherte mir, dass sie schmerzfrei sei; das konnte ich ihm glauben. Zwei Tage später war sie in den frühen Morgenstunden eingeschlafen und von dieser Welt gegangen.

Bei der Trauerfeier in der Kirche vergaß der Pfarrer, mich in seiner Rede zu erwähnen. Es störte mich nicht, denn ich hatte meine liebevollen Erinnerungen in mir. Sie fehlt mir sehr, meine liebe Schwester Ilse, sie, die mich am Telefon immer mit „meine liebe Christine" begrüßte. Wie gern würde ich das mal wieder hören ... Die Telefonnummer ist noch immer gespeichert ...

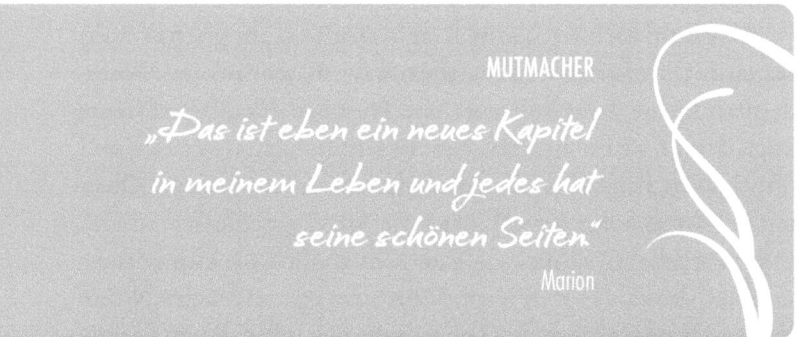

MUTMACHER

„Das ist eben ein neues Kapitel in meinem Leben und jedes hat seine schönen Seiten"

Marion

Edor Alina D.

Martina. Eine Liebeserklärung

„Hallo Birgit, schön, dass ich dich hier treffe." Ich steuerte auf meine mütterliche Freundin zu, die in den Regalen des Supermarktes stöberte und sich überrascht nach mir umdrehte. „Ich wollte übermorgen Früh wieder zu den Kätzchen der Tierauffangstation fahren, bist du wieder mit dabei?", fragte ich sie und bemerkte einen eher unsicheren Blick, der auf mich gerichtet war. Ich trat vorsichtig einen Schritt zurück und spürte sofort, dass etwas nicht stimmte. Birgit sah anders aus als sonst, sie schien zu zögern, wollte mir anscheinend gerade etwas mitteilen und brauchte doch einen Moment, um sich zu sammeln. Dann straffte sie plötzlich ihre Schultern und nahm mir gegenüber die für sie typische Haltung ein, mit der sie Stärke ausdrücken wollte. Sie machte sich groß und steif. Funktioniert bei vielen Menschen sicherlich ausgezeichnet, nur ich konnte schnell hinter ihre Fassade blicken und bemerkte, dass sie mir sogleich etwas erzählen wollte, etwas, was sie sehr mitzunehmen schien. „Ich habe einen Knoten in der rechten Brust", teilte sie mir mit einer leicht belegten Stimme mit. Angst und Unsicherheit konnte ich aus dem Gesagten gut heraushören. „Nein, nicht DAS!", schrie es in mir, „Warum?" Ich hatte für einen Moment das Gefühl, als würde ich in urplötzlicher Geschwindigkeit nach hinten fliegen und der Gang um uns herum immer größer werden. Ich gab mir große Mühe, nicht zusammenzusacken, und hielt mich an meinem Einkaufswagen fest. „Atme, Alina, atme!", hämmerten die Worte in meinem Kopf.

Da waren sie wieder, die Bilder meiner krebskranken Mutter. Unbewusst hatte Birgit mich zurückkatapultiert in die 90er – ich war gerade fünfzehn Jahre alt und auch selbst sehr krank – als meine Mutter einen Knoten in ihrer linken Brust ertastete. Man, das war jetzt über 30 Jahre her und in genau diesem Moment fühlte es sich an, als wäre das alles erst vorgestern passiert. „Warst du schon bei der Ärztin?", entfuhr es mir. „Super, Alina", musste ich mir eingestehen, „Etwas Besseres als Antwort darauf ist dir wohl nicht eingefallen." Birgit schlug die Augen nieder und holte tief Luft: „Ne, sie ist doch bis Mittwoch im Urlaub." „Und dann bist du sofort bei ihr, versprochen?" Und wieder fiel mir nichts anderes ein. „Ich bin doch gar nicht bei ihr Patientin, Alina", antwortete sie mir. „Egal, du gehst hin! Keine Widerrede!" Mit diesem Befehl von mir und dem Auflegen meiner rechten Hand auf ihren linken Oberarm stahl ich mich sogleich davon. Ich musste schleunigst heim, um meine Bestürzung über diesen Moment zu verstecken. Es bedeutet noch gar nichts, es kann alles Mögliche sein, versuchte ich mich im Auto zu beruhigen. Und doch beschlich mich ein ungutes Gefühl, welches ich mit nach Hause nahm und mich die nächsten Stunden nicht loslassen sollte.

Ich war gerade fünfzehn Jahre alt gewesen und kämpfte mich aus einer Magersucht wieder ins halbwegs normale Leben zurück. Ich kam, wie so oft, sehr zeitig von der Schule nach Hause und wollte mich mal wieder in mein Zimmer verdrücken. Kurz noch in die Küche, etwas zu trinken holen, als ich dort auf meine Mutter stieß. Wie abgesprochen platzte synchron derselbe Spruch aus uns heraus: „Du bist schon da?" Ich kam scheinbar mal wieder ungelegen, war wie so oft in eine Situation gestolpert und fühlte mich fehl am Platz. Ich bemerkte recht schnell eine Unruhe, die von meiner Mutter ausging. So kannte ich sie noch nicht. Sie schien etwas desorientiert, kramte mal hier und sortierte etwas da. Es lag eine andere Spannung in der Luft als sonst. Plötzlich stürmte meine Mutter an mir vorbei und murmelte mir noch zwischen Tür und Angel zu: „Ich habe einen Knoten in der linken Brust. Ich muss sofort meinen Arzt anrufen und das abklären lassen." Da war er, dieser Satz. Das erste Mal in meinem Leben. Es schwang große Besorgnis in ihm mit und ich habe damals natürlich nicht im Entferntesten geahnt, was für eine Bedeutung er für uns haben würde.

„Meine Mutter ist unsicher? Seit wann denn das? Was geht hier vor?" Martina, so war ihr Vorname, war immer braungebrannt, hatte ein souveränes, selbstsicheres Auftreten und war niemals aus dem Konzept zu bringen, so dachte ich damals. Das Verhältnis zu meiner Mutter war oft von Spannungen geprägt, ich fühlte mich unverstanden und nicht angenommen. Heute habe ich eine völlig andere Sicht auf die Dinge und weiß, dass ich durch meine Hochsensibilität alle Nuancen zwischen uns äußerst intensiv wahrgenommen habe. Auch war mir damals noch nicht bewusst, dass genau in diesem Moment ein gemeinsamer Weg begann, der von sehr vielen Höhen und Tiefen gekennzeichnet sein sollte. Und ich behaupte heute, wir beide haben zusammengehalten, bis zur letzten Minute. Und nur das alleine zählt. Ich möchte keine einzige davon missen und trage auch die für uns beide sehr schlimmen Momente tief in meinem Herzen. Über die Jahre legen sich eine gewisse Milde über das Erlebte sowie ein großer Stolz, für sie da gewesen zu sein.

Zurück zum anstehenden Termin bei unserem Frauenarzt. Ich mochte ihn nicht. Das war natürlich ein super Einstieg für ein junges Mädchen wie mich, aber das tut hier nichts zur Sache. Es geht ja schließlich um meine Mutter. Ich hatte damals nur mitbekommen, dass er nichts Endgültiges diagnostizieren konnte. Da der Knoten aber in einer beträchtlichen Geschwindigkeit wuchs, wurde Martina als Notfall behandelt und somit im zuständigen Krankenhaus eingeschoben. Eine OP, die den Knoten entfernen sollte, war geplant und wurde durchgeführt.

Es war nicht ungewohnt für mich, dass meine Mutter ein paar Tage nicht bei uns war. Durch ihre langjährige schwere Neurodermitis war sie schon mal im Krankenhaus oder auch über mehrere Wochen auf Kur. Und doch hatte ich eine gewisse Vorahnung, dass es diesmal eine ganz andere Nummer werden würde.

Es waren jetzt Sommerferien und ich machte mich alleine mit dem Zug auf den Weg zu meiner Mutter auf die Station. Ich fuhr gerne mit dem Zug, schaute aus dem Fenster und träumte mich mal eben weg. Ich genoss dann die Ruhe in mir, draußen zog die Welt an mir vorbei und ich konnte innehalten, andere Leute beobachten und mir Zeit nehmen. Es war für mich, als könnte ich die Zeit für diesen Moment anhalten. Kurzes Glück, die Ruhe vor dem Sturm.

Das Krankenhaus hatte ich schnell gefunden, holte tief Luft, zählte bis zehn und ging mutig hinein. Ich hasse Krankenhausluft, hatte ich doch bereits meine Erfahrungen sammeln dürfen. Ich fragte mich durch und stand schließlich vor der Tür, hinter der Mutti liegen musste. Beherzt und übertrieben fröhlich öffnete ich sie und blieb wie angewurzelt stehen. Das Bild, das sich mir bot, werde ich nie vergessen. Das Bett, in dem Mutti lag, schien den ganzen Raum einzunehmen und die sonst so braungebrannte, große, schlanke Martina versank in den weißen, sterilen Krankenhauskissen. Martina war mindestens genauso weiß, fast wächsern, und schien sehr klein und zerbrechlich zu sein. „Alina, reiß dich jetzt zusammen!", sprach ich im Inneren auf mich ein und trat einen großen Schritt auf sie zu. Über Muttis Gesicht huschte ein leichtes Lächeln, als sie mich bemerkte und schon fiel es mir um einiges leichter, sie zu begrüßen. Ich trat an ihr Bett, nahm sie ganz vorsichtig in die Arme und hauchte ihr einen leichten Kuss auf die Wange, obwohl mir nach Stirn war. Komisch, das war doch sonst genau anders rum? Als ich wieder im Zug nach Hause saß, war ich voller verschiedenster Eindrücke. Mir gingen diese für mich völlig neuen Bilder durch den Kopf und ich war mir sicher, dass ich noch sehr gebraucht werden würde. Ich schwor mir, ich würde da sein und durchhalten. Eine Einstellung, die mich mein ganzes Leben begleiten und genau darauf vorbereiten sollte.

„Ich fahre Mutti morgen Vormittag aus dem Krankenhaus nach Hause holen", rief mein Vater, „Möchtet ihr mit?" Dieter, so hieß er, war auch gerade mal vierzig Jahre alt, sportlich und sehr attraktiv, mein Papa eben. Er schaute zwischen meinem Bruder und mir hin und her und wartete auf eine Antwort von uns. Er sah sehr mitgenommen und müde aus, war aber sichtlich bemüht, uns gute Laune vorzuspielen, was ihm oft auch hervorragend gelang. Nur heute, am gemeinsamen Abendbrottisch, wollte es nicht so funktionieren wie sonst. Patrick, mein Bruder, schluckte den letzten

Bissen hinunter, hielt inne und machte eine eher leidende Miene. Er hatte Mutti ja lediglich vor der OP verabschiedet und wusste sicher überhaupt nicht, was ihn im Krankenhaus erwarten würde. Zuhause konnte er sich ja jederzeit verdrücken, dort aber wäre er in einer Situation gefangen, aus der er so schnell nicht hätte fliehen können. Auch ich zog mich so ganz in meinen Stuhl zurück und machte mich klein. Hatte ich doch noch die Bilder des riesengroßen Bettes vor Augen und meine schwache Mutter. „Wie bekommen wir sie eigentlich zurück?" Vati nahm Rücksicht auf uns und machte sich am späten Vormittag des nächsten Tages alleine mit dem Auto auf den Weg, während wir in der Zwischenzeit nicht wussten, wohin mit unserem Gefühlschaos.

Patrick und ich drückten uns die Nasen an der Fensterscheibe platt und konnten es natürlich nicht erwarten, bis unser Wartburg um die Ecke bog und uns unsere Mutti wiederbrachte. Die Sehnsucht nach ihr machte sich genau in dieser Sekunde deutlich in meinem Bauch bemerkbar, dieses tiefe, fast schmerzhafte Kribbeln im Bauch, war für mich schwer auszuhalten. Mein Gott, wie hatte sie mir bloß gefehlt. Wie auf Kommando schossen wir dann doch beide die Treppe zum Hof hinunter. Dahingehend waren mein Bruder und ich uns schnell einig, stritten dann aber doch noch darum, wer sie als Erstes begrüßen durfte. Sobald dann aber unser Auto direkt auf uns zurollte, trat eine erwartungsvolle Ruhe ein – bis es neben uns hielt und der Motor ausging. Patrick und ich warteten, bis sich die Fahrertür öffnete und mein Vater ausstieg. Er zwinkerte uns zu, setzte sein leicht schiefes Lächeln auf und signalisierte uns damit: „Ist alles okay soweit." Erstaunen breitete sich bei uns zwei Kindern aus, als sich die Beifahrertür wie von Geisterhand öffnete und sich zwei Füße sehen ließen. Dicht gefolgt von sehr schlanken Beinen unter dem Rock, den Mutti heute zur Feier des Tages trug. Etwas schwerfällig, aber mit genug Kraft, schwang sie sich jetzt vom Autositz und breitete ihre langen Arme für uns aus, in denen wir zusammen Platz hatten. Es war eine Ewigkeit her, dass wir uns alle so nahe waren und jeder von uns genoss es auf seine Weise. Ich sog ihren Duft tief ein und stellte fest, dass Mutti anders roch als vorher. Ich kannte verschiedene Düfte von ihr, oft eine Mischung aus Mama und irgendwelchen Salben, die sie oft benutze, um ihre starke Neurodermitis in den Griff zu bekommen. Ich vergrub trotzdem meine Nase in ihrer Bluse und sog alles auf, was ich von ihr bekommen konnte. Sie nahm daraufhin mein Gesicht in ihre großen, warmen, weichen Hände, schaute mir liebevoll in die Augen und bat mich, nur mit diesem Blick, ihr zu helfen.

Jetzt ging es hoch in den zweiten Stock in unsere Wohnung. Mutti ruhte sich einen Moment auf der Couch aus und wir ließen sie erst einmal ankommen. Wenig später schaute ich doch nach ihr und fragte sie: „Mutti, brauchst du was?" Ihre Antwort darauf folgte direkt: „Ja, jemanden der mir hilft, den Verband zu wechseln." Mutig kam ein „Aber klar doch", von mir zurück, „Zeig mir einfach, wie es geht! Das kriegen wir schon hin." Wie oft ich diesen Satz schon in meinem Leben wiederholt habe. Soweit, so gut: Verbandsmaterial, Desinfektion, Rollenpflaster und Schere lagen bereit. „Es kann losgehen", kam die Rückmeldung von mir. Nachdem Mutti ihre Bluse ausgezogen hatte und gleich darauf auch ihr Unterhemd, zeigte sich mir ein immer noch gut gebräunter Oberkörper, allerdings mit nur einer Brust. Da stand sie nun, Martina, meine Mama, entblößt bis zum Bauchnabel in einer leicht gebeugten Haltung. Anstelle ihrer linken Brust klebte eine viel zu große Mullkompresse und bemühte sich, alles Verwundbare abzudecken. Obwohl wir von Vati vorher erzählt bekommen hatten, dass nicht nur der Knoten, sondern die komplette linke Brust im OP zurückgeblieben war, forderte dieser Moment mir alles an Selbstbeherrschung ab, was ich geben konnte. Ich fühlte ihren Schmerz über den Verlust, aber auch ihren Mut mir gegenüber, sich so zu zeigen, wie sie jetzt eben aussah. Wir lösten beide ganz vorsichtig das weiße Rollenpflaster und zogen sachte die große Kompresse ab. Während dieser aufwendigen Prozedur muss ich meinen Atem angehalten haben und war gerade dabei Luft zu holen, als mein Blick auf die Narbe fiel. Erstaunlicherweise machte es mir gar nicht so viel aus, diese dünne lange Narbe länger zu betrachten und sogar mit meiner rechten Hand zärtlich über die gespannte Haut zu streichen. „Was bedeuten denn diese vielen roten Linien, Mutti?", hatte ich doch weitere Striche auf ihrer Haut sowohl auf dem linken Brustkorb als auch auf dem Rücken entdeckt. „Ist eine Art Kriegsbemalung", lachte sie und erklärte weiter, „Das sind die Vorbereitungen für die bald folgende Bestrahlung. Diese Markierungen zeigen den Schwestern im Krankenhaus genau die Bereiche an, ab wann das gesunde Gewebe geschützt werden muss. Eben, bis wohin bestrahlt werden soll. Ach, und waschen soll ich mich an diesen Stellen auch nicht. Na, das kann ja was werden." Darauf folgte ein Augenzwinkern von meiner Mutter und wir übten uns dann gemeinsam im Umgang mit den bereitgelegten Utensilien, bis wir Profis waren. Wir hielten in den kommenden Wochen und Monaten zusammen, übten uns in Absprachen und im Organisieren, schließlich musste so einiges umstrukturiert werden. Wir wurden ein Team.

Ich wurde ihre fast beste Freundin, wenn es um Fragen ging wie: „Welcher BH aus dem Sanitätshaus muss her?" oder „Kann ich dieses oder jenes Oberteil noch tragen?" Dann war meine Meinung immer bedeutsam für sie. Aus Martina war wieder Mutti geworden und unser Verhältnis zueinander hatte sich deutlich verbessert. Sie konnte mir auf einmal zeigen, wie wichtig ich ihr doch war. Ich fühlte mich angenommen und akzeptiert, genauso wie ich eben war. Wir lernten, auf einer für uns komplett neuen Ebene miteinander zu kommunizieren. Auf Augenhöhe mit uns umzugehen, dem anderen zuzuhören und ihn ernst zunehmen war elementar in dieser neuen Situation für uns beide. Ich war sehr gerne für sie da und kümmerte mich, dafür nahm Mutti mich zu dem ein oder anderen ihrer Arzttermine einfach mit und entschuldigte mein Fehlen tageweise in der Schule. Das wäre vorher für sie als Lehrerin undenkbar gewesen. Wir nutzten diese kostbare Zeit ganz für uns. Ich schwänzte in dieser Zeit auch sehr oft die letzte Stunde, um mich dann nach Hause schleichen zu können und mich in meinem Zimmer zu verstecken. Ich wollte ihr sicherlich nur nahe sein. Heute bin ich mir ganz sicher, dass sie davon wusste und mich einfach nur ließ.

Martina wurde immer ehrgeiziger, wenn es darum ging, wieder ganz gesund zu werden. Ich platze nach der Schule wieder mal in das Elternschlafzimmer und überraschte sie gerade in Sportsachen und bei leichter Musik. „Hallo Mama, was genau machst du da?", fragte ich und schaute ungläubig auf den langen Stab, den sie in beiden Händen über den Kopf mit ausgestreckten Armen hielt. „Alleine die Lymphdrainage reicht für meinen linken Arm nicht aus. Ich bin jeden Morgen dabei, durch diese Dehnungsübungen und Bewegungen nach Musik meine Beweglichkeit zu verbessern. Außerdem tut mir das tägliche Training richtig gut. Heute Morgen bin ich nicht dazugekommen. Hast du Lust, mitzumachen?" Jetzt hatte sie mich. Ich liebte rhythmische Klänge und bin noch heute eine absolute Tanzmaus. Ich schnappte mir einen Besen, schraubte einfach den Stiel ab, hatte somit mein eigenes Sportgerät und war bereit. Die Kassette wurde nochmal vorgespult und wir übten an unserer Choreographie. Die Lockerheit in diesem Moment war nicht so ganz echt. Mutti fiel es schwer, sie hatte Schmerzen und musste mit vielen Einschränkungen zurechtkommen.

„Ich habe einen Job, ich habe einen Job", rief mir Martina zu, als ich in die Küche trat. Die Küche war für uns oft so eine Art Treffpunkt der Familie gewesen. Es spielte sich in ihr bald mehr ab als in unserem Wohnzimmer. Wichtige Entscheidungen, Mitteilungen und Gespräche fanden in der Küche statt. Sie lag direkt unterm Dach, die Balken waren freigelegt und es gab einen angenehm großen Küchenbereich mit einem Tresen, der den Raum teilte und somit den Platz für unseren großen Esstisch hinter sich abgrenzte. Wir hatten damals schon die gemütliche Wohnküche von heute. Sobald es regnete, trommelten die Tropfen auf die Dachfenster und es hatte etwas von Zelt und Camping. Meine Mutter war gerade am Kuchenbacken und begrüßte mich freudig mit dieser neuen Mitteilung. Bis zu ihrer Erkrankung war sie mit Leib und Seele Lehrerin an unserem Gymnasium gewesen. Sie liebte diese Aufgabe und ihre Schüler, auf die ich richtig oft eifersüchtig war. „Ich kann im Schulamt für ein paar Stunden arbeiten, ist das nicht toll?" „Toll?" Meine Mutter, mit einer Ausstrahlung von Souveränität und Selbstsicherheit, einem Händchen für den Umgang mit Jugendlichen, will ins Amt? Mein Bauch zeigte mir eindeutig, dass das überhaupt nicht zusammenpasste. „Mama, bist du dir da sicher?", war meine Antwort darauf. „Ja, nicht mehr so viel stehen, keine Aufregung. Das bisschen Papierkram schaffe ich doch locker", entgegnete sie mir. „Na, wenn das mal gutgeht." Sicher, sie hatte eine Aufgabe, aber mehr nicht. Ich mochte sie nur ungern bremsen und mir entschlüpfte nicht mehr als: „Na dann mal los." Ich war natürlich sehr neugierig zu beobachten, wie es ihr dort gefiel. Es war ein völlig neuer Weg, den sie einschlug. Den Mut dazu hatte sie, das Durchhaltevermögen auch und sie musste raus, definitiv unter Leute und weg von den gesundheitlichen Problemen. Ihr fiel die Decke langsam auf den Kopf. Das war alles völlig verständlich und nachvollziehbar, aber ins Schulamt?

Martina hatte sich gerade im Büro eingearbeitet, da hielt ich es nicht mehr aus und musste sie unbedingt dort besuchen. Es war ein altes Gebäude mitten in unserer Kleinstadt, das wie viele andere neben ihm auch für behördliche Zwecke genutzt wurde. Als ich eintrat, schlug mir kühle, leicht modrige Luft entgegen und das Bohnerwachs trieb mir fast die Tränen in die Augen. Hier waren lange Gänge und unwahrscheinlich viele Türen, hinter denen sich meist sehr beschäftigte Menschen mit Brille auf der Nase und ernsten Blicken verbargen. Das Bild ließ sich nur schlecht mit meiner Mutter in Verbindung bringen und schon gar nicht mochte ich diese Atmosphäre. Ich liebte eher Lebendiges, Buntes, Rhythmisches und nicht irgendwelche verstaubten Akten aus Papier. Außer alte Bücher, die zogen mich jedes Mal magisch in ihren Bann und ich konnte mich stundenlang zwischen ihnen aufhalten, ohne müde zu werden. So, über die knarzende Treppe in den zweiten Stock, links und dann die dritte Tür rechts. Kurz bis drei zählen und schon hatte ich geklopft, keine Reaktion. Ich hämmerte mit fast geschlossener Faust nochmal an die alte Tür. „Herein!", schrie jemand von der anderen Seite, sodass ich mich traute ganz vorsichtig die Tür zu öffnen. Zurückhaltend schielte ich um die Ecke und sofort fiel mein Blick auf zwei in der Mitte stehende Schreibtische, die sich mit dem Rücken berührten. Am linken entdeckte ich meine Mutti, die Unmengen an Papier vor sich hatte und nicht so recht glücklich auf mich wirkte. Martina hatte Sorgenfalten auf der Stirn und schaute dann meist superernst und hochkonzentriert. Ihre Anspannung zeigte sich auch in der rechten Hand, mit der sie Kinn und Mund abzustützen versuchte. Der linke Arm war vor ihr auf dem Tisch abgelegt, wie der eines braven Mädchens in der Schule. Mutti schaute auf, die krause Stirn war im Nu verschwunden, ihre rechte Hand wanderte in meine Richtung und ihr entfuhr ein „Schön, dass du mich abholst, lass uns gleich ein Eis essen gehen. Diese Hitze hier ist ja kaum zum Aushalten." Und wieder überspielte sie gekonnt ihr Unbehagen und wollte mich partout nicht spüren lassen, dass das Schulamt eigentlich so gar nicht ihr Ding war. Dabei wusste ich es doch von Anfang an. Vielleicht sollten die Erwachsenen hier und da doch auch mal auf das feine Gespür ihrer Kinder hören.

Die nächste Erinnerung ist die an viele feine, schwarze Haare auf der Nackenstütze des Beifahrersitzes vor mir. Die nächste Chemo tat dann doch, was wir befürchtet hatten. Mutti gingen die Haare aus. So deutlich wie auf dieser Autofahrt hatte ich es dann doch noch nicht wahrgenommen. Wir diskutierten über Haarnetze, bunte Tücher und Perücken. Ich hatte mich ein wenig zurückgezogen, um etwas Abstand zu gewinnen. War das doch alles mittlerweile mehr als befremdlich für mich und sicherlich auch einfach oft zu viel. Ohne Brust ja, aber meine Mama ohne Haare? Das war für mich ein Anblick, an den ich mich zwar gewöhnen wollte, mich aber sehr schwer dabei tat.

Kurze Zeit später, ich trat gerade in unseren Flur, stutze ich und war zu keiner Reaktion fähig. „Und Alina, wie findest du die hier?", meine Mutter stand dort vor dem großen Spiegel und drehte sich zu allen Seiten. Eine Perücke bedeckte ihren mittlerweile kahlen Kopf und sie schien sichtlich zufrieden mit dem Ergebnis. Wie das so ist, wenn man so gar nicht wegschauen kann, starrte ich auf das pelzige Etwas auf ihr. DAS ging ja gar nicht. Ich gab mir wirklich große Mühe, hätte ihr dieses Ding aber am liebsten vom Kopf gerissen. Nein, Alina hielt sich an die Spielregeln, nickte einfühlsam und gab somit das Okay. Heute würde ich den Mut aufbringen und ihr lieber tausend Tücher um den Kopf binden, als sie mit diesem unnatürlichen Haarersatz herumlaufen zu lassen.

Es waren Ferien, ich hatte schön ausgeschlafen und war von meinem Zimmer direkt in die gegenüberliegende Wohnung meiner im Haus lebenden Großeltern gegangen. Noch leicht verschlafen öffnete ich die große Tür zur Küche und platzte mal wieder in einen Moment, der so nicht geplant gewesen war. Meine Mutter saß völlig aufgelöst dort am runden Esstisch, hielt einen großen braunen Umschlag in der Hand und zitterte. Dicke Tränen perlten aus ihren schönen dunkelbraunen Augen, über die hohen Wangen, den wohlgeformten weichen Mund und landeten auf der Tischdecke ihrer Schwiegereltern. Oma hatte sich neben sie gesetzt und berührte vorsichtig Muttis rechten Arm. Opa brachte sein Mitgefühl eher durch sich ablenkende Geschäftigkeit zum Ausdruck und wollte seine Schwiegertochter durch Angebote von Essen und Trinken beruhigen. Beides brachte nicht so richtig den gewünschten Erfolg und so zog ich mir einen Stuhl zu Mutti ran und wartete einfach ab. Keine Bemerkung von mir wäre jetzt nicht die Richtige gewesen, zumal ich ja auch noch gar nicht wusste, was Mutti dermaßen zusammenbrechen hatte lassen. Nach einer gefühlten Ewigkeit versiegten die Tränen und Mutti wurde ruhiger und gefasster. Sie holte tief Luft, sah mich mit festem Blick an und erzählte mir „Alina, das sind die Röntgenbilder von meiner Lunge. Es sind überall Metastasen. Die Chemo hat wieder einmal nicht angeschlagen." So, nun war es raus. Ich konnte das mit gerade achtzehn Jahren nicht wirklich für mich einordnen. Was heißt denn das jetzt genau? Wie sollte ich mit dieser neuen Tatsache umgehen?

Mit einem gewissen Abstand beobachte ich, wie meine Eltern einen Urlaub planten. Ein letzter Urlaub gemeinsam mit den Eltern meiner Mutter. In unseren Sommerferien sollte es für die Vier eine Woche in ein Ferienhaus gehen. Wir blieben zu Hause und freuten uns über die sturmfreie Bude.

Mitten in dieser Woche schreckte ich plötzlich aus dem Schlaf hoch und war wie angeknipst. Ich hatte über Nacht anscheinend Verbindung zu meiner weit entfernten Mutter aufgenommen und fühlte, dass es ihr sehr schlecht ging. Sofort stellte sich mir DIE Frage: „Was ist eigentlich, wenn Mutti nicht mehr da ist?" An Weiterschlafen war nicht mehr zu denken und bevor ich weitergrübelte, stand ich auf und machte für mich und meinen kleinen Bruder Frühstück. Ich war gerade dabei, für uns Brötchen aufzubacken, da riss das schrille Klingeln unseres Telefons mich aus meiner Ruhe. Ich nahm ab und alles Gesprochene aus weiter Entfernung irgendwie auf und legte den Hörer wieder ab. Patrick trat genau in diesem Moment in die Küche und fragte natürlich: „Und, Alina, wer war dran?" „Papa wollte uns nur mitteilen, dass es Mutti nicht gut geht und sie auf dem Heimweg und gegen Nachmittag zu Hause sind", antwortete ich mit einem dicken Kloß im Hals.

Von diesem Moment an verschlechterte sich Muttis Gesundheitszustand von Tag zu Tag und genau eine Woche später schloss sie für immer ihre wunderschönen großen Augen. Ich bin in diesen letzten Tagen nicht einmal von ihrer Seite gewichen und habe alle folgenden schweren Momente mit ihr zusammen durchlebt. Es waren große emotionale Augenblicke und ich fühlte, wie sie mir ihre Stärke und Energie übertrug. In mir lodert bis heute ein helles Feuer, ich spüre eine Zielstrebigkeit und erfüllende Wärme, die vielen anderen Menschen fremd sein dürfte. Es erfüllt mich mit einem wahnsinnigen Stolz, solch eine Mama meine nennen zu dürfen. Sie hat gekämpft bis ganz zum Schluss, Aufgeben zählte nicht. Auf körperlicher Ebene hatte sie verloren, aber alles Geistige und Menschliche lebt bis heute in mir und meinem Bruder weiter. Danke Mutti!

Es liegt mir heute sehr am Herzen, allen da draußen, die Ähnliches erleben, Mut zuzusprechen, da zu sein und sich diesen

Lebensumständen zu stellen. Denn nur das alleine zählt. Geben dürfen und auch annehmen können, rufen in einem selbst eine tiefe Zufriedenheit und Dankbarkeit hervor. Offenheit auch im Umgang mit sehr schmerzvollen Erfahrungen schaffen ein Gefühl von Sicherheit.

Da fällt mir ein, ich muss unbedingt gleich Birgit anrufen.

KREBSHILFE-TIPP

Information bringt Wissen.
Überlegen Sie gemeinsam
mit dem Erkrankten, ob Sie
bei Arztgesprächen dabei sein
sollen und fragen Sie sich selbst,
inwieweit Sie das möchten.

Gartenmair Martha

Ein Gel-Busen zum Spielen

Im schönen Kleid ins Spital

Na super! Jetzt habe ich bei der Hitze wieder einen Gips an der Hand. Ist aber auch nicht das erste Mal. Zwei habe ich schon gehabt. Den ersten habe ich bekommen, als ich beim Inlineskaten im Sitzen gestürzt und den zweiten, weil ich mit einem Sessel umgefallen bin. Damals hat meine Volksschullehrerin mich Huckepack genommen und mit mir beim Schultor auf Mutti gewartet. Damals war Mutti noch gesund. Zumindest glaube ich, dass sie da noch gesund war. Sie hat noch all ihre Haare gehabt. Die hat sie jetzt nicht mehr.

Alle sagen, dass Mutti schwer krank ist. Aber ich weiß nicht so genau, was sie damit meinen. Sie hustet nicht. Sie hat keinen Schnupfen. Sie bekommt keine Essigwickel, weil sie hohes Fieber hat. Mir haben sie erzählt, dass Mutti Krebs hat. Jetzt muss sie oft ins Spital nach Wien und dort bekommt sie eine Chemotherapie. Keine Ahnung, was das ist, aber deswegen sind die Haare weg. Sie hat auch nur mehr einen Busen. Den anderen haben sie ihr abgenommen. Da war der Krebs drinnen.

Aber heute besuchen wir wieder Mutti im Spital. Und ich habe ein ganz besonders schönes Kleid an. Dasselbe Kleid, das ich auch bei der Hochzeit meiner großen Schwester angezogen hatte.

Behandelt wird Mutti im Wilhelminen-Spital in Wien. Der Krebs ist wohl von ihrem Busen auch in die Leber gewandert. Jetzt wird sie immer noch dagegen behandelt. Keine Ahnung, wie das geht,

dass der Krebs in der Leber ist, obwohl doch der Busen weggeschnitten wurde, wo der Krebs zuerst war.

Wir müssen zwar immer weit fahren, um sie zu besuchen, aber
mein Papa, meine Schwestern, mein Schwager und meine Omas
nehmen mich mit, so oft es geht. Ich weiß auch schon, mit welcher
U-Bahn wir fahren müssen, damit wir zu Mutti ins Spital kommen. Wir steigen immer am Westbahnhof aus und dann fahren
wir mit der U6 weiter. Überhaupt kenne ich mich beim Zugfah-
ren schon voll gut aus. Ich habe auch schon oft meinen Papa in der
Arbeit in St. Pölten besucht und dann sind wir weiter zu Mutti
nach Wien gefahren.

Heute sind wir mal mit dem Auto unterwegs. Mutti liegt in einem
Zimmer, wo mehrere Leute drin sind. Ihr Bett steht vor einem
großen Fenster, so wirkt das Zimmer richtig hell und freundlich.

Sobald wir zu Mutti ins Zimmer kommen, setze ich mich auch
schon aufs Bett und halte ihr meinen eingegipsten Arm hin, damit sie darauf unterschreiben kann.

Ein Gel-Busen zum Spielen und sonstige Hilfen

Das Teil gibt sich Mutti jetzt in den BH oder auch in einen Badeanzug rein. Eine Brust wurde ihr weggeschnitten, weil der
Krebs dort angefangen hat. Aber die zweite Brust hat sie noch.
Damit ein Badeanzug oder auch ein BH aber trotzdem gleich-
mäßig aussehen, hat sie jetzt eben dieses Gel-Ding da. Erinnert
mich an einen Pudding. Zugegeben ein großer Pudding. Aber
trotzdem wie ein Pudding. Wenn ich in den Gel-Busen reindrü-
cke, schwabbelt das auch immer so hin und her. Ich weiß auch
noch, als ich mal zu Mutti gesagt habe, dass ich auch mal einen
Schwabbelbusen haben will, wenn ich groß bin. Sie hat das sehr
lustig gefunden.

Jetzt bin ich dreiunddreißig und mein Wunsch ist in Erfüllung gegangen. Manchmal sollte man mit seinen Wünschen eben aufpassen.

Ein anderes Teil, das sie jetzt oft verwendet, ist so ein Korsett. Davon hat sie zwei. Ein kürzeres und ein langes, das auf dem Rücken eine zusätzliche Stütze bis rauf zum Kopf hat. Mir haben sie erzählt, dass Mutti das braucht, weil ihr Rücken nicht mehr in Ordnung ist wegen des Krebses. Die kurze Stütze erinnert mich an die Kleider aus den Sissi-Filmen. All diese Kleider sind so festgeschnürt, dass die Frauen im Film aufrecht sitzen und stehen müssen. Sie können auch gar nicht anders. Ich stelle mir das echt ungemütlich vor. Und im Sommer ist das doch sicher voll heiß.

Dann ist da noch etwas, das Mutti jetzt immer verwendet. Sie hat wegen des Krebses keine Haare mehr auf dem Kopf und daheim setzt sie sich oft einen Turban aus Frottee auf. Wenn sie aber ins Geschäft oder sonst wohin geht, hat sie eine Perücke auf. Die hat dieselbe Frisur, wie sie Mutti auch früher hatte und wenn sie noch Augenbrauen hätte, würde man gar nicht so sehr erkennen, dass sie eine Perücke trägt. Zumindest hat mir das eine Freundin gesagt. Sobald Mutti die Perücke abnimmt, hängt sie diese über eine Styroporpuppe, die neben Muttis Bett steht.

So einen Greifarm haben wir jetzt auch daheim. Damit kann man Sachen aufheben, wenn man sich nicht mehr bücken kann. Und bei Mutti geht das nicht mehr, weil ihr Rücken kaputt ist.

Ein überraschender Besuch

Jetzt am Wochenende besuchen wir Mutti mal wieder in Wien im Spital. Ich sehe sie mindestens zweimal pro Woche, wenn sie im Spital ist. Einmal am Samstag und einmal am Sonntag. Unter der Woche fahre ich öfter mit Papa hin. Wenn Papa und ich mit dem Auto zu Mutti unterwegs sind und an einer Tankstelle stehen bleiben müssen, bekomme ich manchmal so ein kleines Matchbox-Auto geschenkt. Die finde ich echt cool und mit denen spiele ich dann auch im Spital. Laut darf ich natürlich nicht sein, das ist klar, aber wenn wir bei einem Tisch sitzen, dann fahre ich mit dem Auto darauf herum.

Heute sind wir jedenfalls wieder bei Mutti in Wien. Wir gehen wie immer rein zu ihr ins Zimmer und tratschen mit ihr. Aber dieses Mal ist etwas anders. Auf einmal geht die Tür auf und es kommen zwei Leute aus unserem Heimatort rein. Die beiden freuen sich, dass sie Mutti mal wieder sehen und haben ihr auch etwas mitgebracht. Es ist ein kleines Büchlein, in dem verschiedene Sprüche und solche Sachen drinnen stehen. Schöne Bilder sind wohl auch drinnen.

Aber irgendetwas stimmt nicht. Mutti sieht die beiden und obwohl sie die zwei kennt, ist irgendetwas nicht in Ordnung. Sie fängt auf einmal zu zittern an. Ich verstehe das nicht. Warum zittert sie denn so? Sie kennt die beiden, aber ich glaube nicht, dass sie sich über den Besuch freut. So wie Mutti zittert, sieht das für mich nicht nach Freude aus. Wenn das auch der Krebs ist, warum sie so zittert, dann muss das was ganz Arges sein.

Ein Tumor im Kopf

Jetzt hat mir meine Familie gerade erzählt, dass Mutti einen Tumor im Kopf hat. Warum? Warum wandert der Krebs in ihren Kopf? Der Busen, wo der Krebs zuerst war, ist schon lange weg. Warum geht der Krebs in die Leber, in den Rücken und jetzt auch in den Kopf? Der ist überall in ihrem Körper. Sie können Mutti nicht alles wegnehmen, wo der hingeht. Dann ist Mutti auch weg. Sie soll aber nicht weggehen. Sie soll gesund sein. Mittlerweile verstehe ich, dass man auch krank sein kann, wenn man nicht hustet und keine Essigwickel hat.

Kann der Krebs nicht aufhören zu wandern? Kann man da nichts dagegen tun?

Meine Familie erklärt mir aber nicht nur, dass Mutti jetzt diesen Tumor im Kopf hat, sondern auch, was sie dagegen tun. Da gibt es so ein spezielles Gerät. Sieht ein bisschen aus wie ein Hut. In Österreich gäbe es das nur in Wien und in Innsbruck. Das setzen die Ärzte Mutti auf den Kopf und dann strahlt das Gerät von rundherum den Krebs im Kopf von Mutti an. Das hört sich gut an. Dann wird das sicher weggehen und Mutti geht es wieder gut.

Vier Tage vorher

Heute ist der erste August und wir fahren zu dritt wieder mal nach Wien zu Mutti. Das helle Spitalsgewand, das sie jetzt immer anhat, kenne ich schon. Aber heute ist der Besuch anders.

Schon als wir reingehen zu Mutti merke ich, dass was nicht stimmt. Mutti geht es offenbar sehr schlecht. Sie kann sich nur sehr schwer aufsetzen und wenn sie reden möchte, verstehe ich sie nicht. Und dauernd dieses Zittern. Sobald sie versucht, sich aufzusetzen, zittert sie. Einmal möchte ich sie umarmen, aber sie sagt „Aua". Warum tut es ihr denn weh, wenn ich sie umarme? Hat sie so arge Schmerzen?

Zu zweit gehen wir an diesem Nachmittag auch auf ein Eis. Dieser Besuch heute ist vollkommen anders.

Als wir später wieder zurück ins Spital kommen, darf ich mich ans Fußende von Muttis Bett setzen. Eine meiner Schwestern und ihr Mann sind heute mit mir hergefahren. Da sehe ich den Ehering von meiner Schwester und frage sie, ob ich ihn probieren darf. Sie gibt mir den Ring und ich stecke ihn mir an den Finger. Ich verstehe Mutti zwar nicht mehr beim Reden, aber dass sie mir gerade sagt, dass ich ja aufpassen soll, den Ehering meiner Schwester nicht zu verlieren – das verstehe ich. Schimpfen kann sie noch mit mir. Sie passt eben immer noch auf, dass ich alles richtig mache.

Als wir an diesem Tag aus dem Spital rausgehen, steht die Sonne immer noch ganz oben am Himmel. Wir gehen bei ganz hohen Häusern vorbei. Zumindest sehen die alle so hoch aus. Heute ist jedenfalls sehr schönes Wetter in Wien.

Ich weiß, dass für Mutti daheim ein Bett bestellt worden ist und ich glaube, dass sie auch Sauerstoffflaschen daheim haben wird. So genau weiß ich das jetzt nicht. Mutti soll heimkommen. Aber wenn ich daran denke, wie es ihr heute gegangen ist, weiß ich nicht, ob sie nochmal nachhause kommt.

Halb sechs Uhr abends

Heute bin ich mal wieder bei meiner Schwester und meinem Schwager daheim. Das machen wir in diesem Sommer oft so. Ich darf nämlich in St. Pölten bei der Ferienbetreuung dabei sein. Mein Papa und meine Schwester arbeiten beide in St. Pölten und können mich deswegen immer mitnehmen mit dem Zug. Die Ferienbetreuung finde ich ziemlich cool. Da waren wir sogar mal in einem Dinosaurierpark.

Wir sitzen gerade in der Küche, als das Telefon um halb sechs am Abend läutet. Das weiß ich, weil ich in dem Moment auf die Uhr sehe, die über der Küchentür hängt. Meine Schwester geht ins Nebenzimmer, um abzuheben, und kommt ein paar Minuten später zurück. Ich weiß, dass sie uns was Schlechtes erzählen wird. Das sehe ich an ihrem Gesichtsausdruck. Dann fängt sie an zu erzählen: „Du weißt ja, dass Mutti sehr krank war." Da weiß ich, dass sie uns jetzt gleich sagen wird, dass Mutti gestorben ist.

Wir fahren sofort nachhause.

Zuhause haben wir eine Haustüre mit Glas. Aber ich hämmere die Tür fast ein, als wir ankommen. Dann nimmt mich Papa in den Arm und sagt mir, dass sie Mutti leider nicht mehr helfen konnten. Ich höre fast gar nicht mehr auf zu weinen. Mein Onkel und meine Tante sitzen in der Küche gegenüber von Papa und mir. Meine zweite Oma – also die Mama meines Papas – ist auch da.

Später an diesem Abend gehe ich mit meiner zweiten Schwester raus vor die Tür. Während meine Schwester eine Zigarette raucht, sitze ich nur auf der Bank und sehe vor mir einen Lebensmittelwagen. Der kommt immer am Donnerstag und verkauft Grillhühner. Jetzt sind gerade zwei Leute da, die den Wagen wieder abholen. Meine Schwester redet sehr lieb mit mir. Sie will mir helfen. Sie meint, dass ich jetzt gerne zu diesen beiden Leuten hingehen und ihnen erzählen kann, dass Mutti gestorben ist.

Jetzt mag ich gerade nicht reden.

Aber vielleicht ein anderes Mal.

KREBSHILFE-TIPP
Betrachten Sie die Ärzte als gleichwertige Gesprächspartner und nehmen Sie aktiv am Entscheidungsprozess teil.

Rückblick als Erwachsene

Auf den vorhergehenden Seiten habe ich meine Erinnerungen aus Sicht der Sieben- bis Neunjährigen beschrieben, die ich war, als Mutti Krebs hatte. Da diese Erlebnisse zum Teil mehr als fünfundzwanzig Jahre vergangen sind, fällt mir die zeitliche Einordnung manchmal schwer.

Die einzigen beiden Erlebnisse, die ich zeitlich auf alle Fälle richtig einordnen kann, sind der Tag, an dem ich Mutti zum letzten Mal gesehen habe, und ihr Sterbetag. Gewisse andere Erlebnisse sind zeitlich etwas verschwommen.

Woran ich mich allgemein sehr gut erinnern kann, ist, dass ich als Kind viele Dinge völlig anders wahrgenommen habe. „Krank" war man für mich damals, wenn man eben Fieber hatte, husten musste oder sich ständig schnäuzte. Da das bei Mutti damals alles gefehlt hat, soweit ich mich erinnern kann, war sie für meine Begriffe lange Zeit nicht krank. Erst als ich beispielsweise gesehen habe, dass sie keine Überraschungen mehr verträgt, wurde mir langsam bewusst, dass sie krank ist.

Ich habe keine psychologische oder medizinische Ausbildung und kann daher keine Fachexpertise vorweisen. Meine Schlussfolgerungen auf den folgenden Seiten basieren rein auf meinen eigenen Erfahrungen.

Im Laufe der Zeit hat mir meine Familie erzählt, dass sie mich nur dann zu Mutti gelassen haben, wenn sie wussten, dass es ihr einigermaßen gut geht. Rückblickend sage ich, dass es meine Familie nicht besser hätte machen können. Auf der einen Seite haben sie mich beschützt, aber gleichzeitig habe ich auch gesehen, wie es meiner Mutti wirklich gegangen ist.

Niemand hätte mich davor beschützen können, die Erfahrung zu machen, dass meine Mutti sterben wird und ich sie an irgendeinem Tag zum letzten Mal sehen werde. Als es damals so weit war, wusste ich es, dass Mutti wahrscheinlich nicht mehr nachhause kommen wird. Zu-hause habe ich anscheinend genau das meiner Oma (der Mama meiner Mutti) erzählt. Meine Oma sagte später zu einer meiner Schwestern, dass ich die Einzige war, die es in dieser Klarheit ausgesprochen hat.

Ich könnte mir denken, dass ich als Kind einfach noch nicht wusste, wie man etwas verdrängt und es einfach unverstellt so gesehen habe, wie es war. Aus diesem Verhalten habe ich für mich als Erwachsene mitgenommen, dass ich mich immer der Realität stellen muss. Auch wenn sie mir Angst macht und wehtun wird. Gewisse Erlebnisse lassen sich nicht vermeiden. Für mich habe ich mitgenommen, dass es immer das Beste ist, wenn ich Situationen so annehme, wie sie sind. Dann finde ich auch einen Weg, damit umzugehen.

Jetzt als Erwachsene bin ich froh, dass ich gesehen habe, wie schlecht es Mutti gegangen ist. Den Tag, an dem ich sie zum letzten Mal gesehen habe, werde ich mein Leben lang nicht vergessen. Aber es war notwendig und wichtig für mich, weil ich dadurch im Nachhinein verstehe, warum Mutti sterben hat müssen. Für mich ist das Verstehen sehr wichtig, weil ich mir dadurch nie die Frage nach dem „Warum?" gestellt habe. Mir diese Frage zu stellen hätte mich nur davon abgehalten, mich auf das Leben im Hier und Jetzt zu konzentrieren. Deswegen bin ich dankbar dafür, dass ich damit konfrontiert war, wie es Mutti wirklich gegangen ist.

Eine der Auswirkungen, die der Krebs von Mutti auf mein Leben hatte, habe ich allerdings erst im Laufe der Zeit kennengelernt. Ich denke, dass ich durch den frühen Verlust meiner Mutti lange Zeit unbewusst versucht habe, diese Lücke zu schließen. Eine unmögliche Aufgabe, weil eine solche Lücke nicht zu schließen ist. Mittlerweile versuche ich nicht mehr, sie zu schließen. Ich sehe diesen Platz in meinem Herzen auf immer für meine Mutti reserviert und das finde ich schön.

Unbewusst habe ich versucht, dieses Loch zu schließen, in dem ich einen Freund suchte. Die Betonung lege ich auf „unbewusst", weil selbstverständlich klar ist, dass jede Beziehung, die man unter diesem Aspekt beginnen möchte, zum Scheitern verurteilt ist. Ich wurde richtig anhänglich und habe geklammert, was nicht nur für mich furchtbar war, sondern auch immer für denjenigen, an den ich mich geklammert hatte und dem ich nachgerannt bin. Richtig peinlich, wenn ich jetzt im Nachhinein daran denke. Ich hatte immer richtig schlimmen Liebeskummer, wenn ein Kennenlernen in die Brüche gegangen ist. Erst durch einen Online-Kurs bei einem Therapeuten habe ich den Grund dafür herausgefunden. Ich dachte mir: „Ich bin intelligent, also werde ich auch einen Weg finden, wie ich dieses ungesunde Muster auflösen kann."

Er hat es folgendermaßen beschrieben: „Wenn man Schicksalsschläge zu verkraften hat, entsteht eine Wunde und später eine Narbe. Ein neues Kennenlernen kann wie ein Pflaster wirken, das man darüber klebt. Und wenn das Kennenlernen nicht funktioniert und man dieses Pflaster runterreißt, reißt man auch die ursprüngliche Wunde wieder auf." Das war ein richtiges Aha-Erlebnis für mich. Ab diesem Zeitpunkt habe ich nie wieder versucht, ein Pflaster darüber zu kleben und mich darauf konzentriert, mir selbst zu helfen. Dadurch wurde ich auch emotional selbstständig und habe mein Glück in mir drinnen und nicht mehr im Außen gesucht.

Ich wurde nicht nur finanziell, sondern auch emotional unabhängig, was sehr erleichternd für mich war.

Es war für mich schlicht nicht mehr notwendig, zu klammern oder mich unbewusst abhängig zu machen.

Seitdem fühle ich mich wohl in meiner Haut.

Ich kann jedem nur empfehlen, sich die Hilfe eines Professionisten zu holen, wenn man das Gefühl hat, Hilfe zu brauchen.

Wenn man stürzt und sich den Fuß bricht, ist es das Normalste und Logischste auf der Welt, zum Arzt zu gehen.

Und wenn man das Gefühl hat, dass die Seele schmerzt oder krank ist, sollte man genauso leichtfertig Hilfe in Anspruch nehmen können. Ich habe das selbst schon gemacht und es hat mir sehr gutgetan. Darüber hinaus habe ich das große Glück, eine tolle Familie und die besten Freunde zu haben, die ich mir denken kann.

Eine große Hilfe beim Schreiben dieser Zeilen ist mir auch mein Partner. Auch als Erwachsene ist es nicht immer einfach, gedanklich an die Orte zurückzugehen, die mein Leben am meisten geprägt haben und die schmerzvollsten für mich waren. Sobald er mich in den Arm nimmt und ich mich bei ihm anlehnen kann, habe ich das Gefühl, dass alles leichter ist. Er ist mir eine sehr große Stütze.

Der Krebs meiner Mutti, und dass sie gestorben ist, haben mich so sehr geprägt, wie es wahrscheinlich nur wenige Erlebnisse können. Gleichzeitig ist es mir dadurch ein Anliegen geworden, die Krebsforschung finanziell zu unterstützen. Ich möchte selbst meinen Beitrag dazu leisten, dass man stetig bessere Medikamente und Behandlungsmethoden findet.

Gleichzeitig möchte ich mit dem Erzählen meiner persönlichen Erlebnisse und deren Auswirkungen Hoffnung machen, dass man auch schwierige Zeiten gut überstehen kann.

Dass man immer weiter machen muss, weil es gar nicht anders sein kann, als dass irgendwann wieder alles gut wird.

Egal wie schlimm eine Situation oder ein Schicksalsschlag auch ist, man kann alles schaffen, wenn man einfach immer weitergeht. Selbst der schlimmste Tag hat nur 24 Stunden. Auch wenn man manchmal nicht positiv denken kann – es gibt Situationen, in denen einem der Spruch, „Du musst positiv denken", wie reiner Zynismus vorkommt. Ich finde es besser zu sagen: „Ich sehe, dass du am Boden liegst. Ich lege mich jetzt erstmal zu dir und wir rasten gemeinsam. Wir rasten so lange, bis du die Kraft hast, aufzustehen und weiterzugehen.

Ein Schritt nach dem anderen.
Eine Stunde nach der anderen.
Ein Tag nach dem anderen.
Dann wird alles wieder gut."
So wie bei mir.

MUTMACHER

„Ich habe beschlossen: Es wird gut"

Birgit

Graefe Sandra

Brustkrebs: Eine Welt zerbricht – Mama, wie kann ich nur ohne dich

Das Leben verläuft nicht immer in geraden Bahnen, sondern stellt uns oft vor unerwartete Wendungen und Herausforderungen. In einem schicksalhaften Moment im März 2022 wurde die Welt einer 31-jährigen Tochter auf den Kopf gestellt, als ihre geliebte Mama die niederschmetternde Diagnose Brustkrebs erhielt. Ein Moment, der die Zeit stillstehen und das Herz der Tochter in tausend Teile zerspringen ließ.

Brustkrebs – eine Diagnose, die weltweit Millionen von Frauen betrifft. Laut aktuellen Daten der Weltgesundheitsorganisation (WHO) ist Brustkrebs die häufigste Krebsart bei Frauen und die zweithäufigste Krebsart insgesamt. Jedes Jahr werden mehr als zwei Millionen neue Fälle diagnostiziert, und über eine halbe Million Frauen verlieren den Kampf gegen diese heimtückische Krankheit. Doch hinter all den Zahlen verbergen sich individuelle Geschichten, Tränen, Ängste und Hoffnungen.

Dies ist meine Geschichte und ich erzähle euch, wie ich in den Wirbelsturm aus Emotionen und Unsicherheit gerissen wurde, als meine Mutter den Kampf gegen den Brustkrebs aufnahm. Es ist eine Geschichte, die von Angst und Verzweiflung, aber auch von Stärke und Mut erzählt. Eine Geschichte, die von einem starken Band der Liebe zwischen Mama und Tochter geprägt ist, das sich als unzerstörbar herausstellt, selbst in den dunkelsten Stunden.

Auf den kommenden Seiten werde ich euch einen Einblick in das Leben einer Familie geben, die mit der Diagnose Brustkrebs konfrontiert wurde. Es werden sowohl die ängstlichen Momente beschrieben, in denen ich als Tochter verzweifelt an meiner Mutter festhalte und mich stets frage: „Mutti, wie kann ich ohne dich weiterleben?" Aber ich werde euch auch die beeindruckende Stärke und Entschlossenheit meiner Mutter zeigen, die den Krebs nicht als Niederlage ansieht, sondern als Herausforderung, der sie sich stellen wird. Es ist eine Geschichte über die Bedeutung der Familie und der bedingungslosen Liebe, die als Anker diente, als die Welt um sie herum in Trümmern lag. Es ist eine Geschichte über die Macht der Hoffnung, die als Licht am Ende des Tunnels leuchtete und uns den Mut gab, weiterzukämpfen.

Ich werde nicht nur von Schmerz und Leid erzählen, sondern auch von triumphalen Momenten, von kleinen Siegen und großen Hürden, die überwunden wurden. Mein Beitrag soll zeigen, dass, wenn eine Welt zerbricht, eine neue, stärkere Welt entstehen kann.

Ich als Tochter folge meiner Mutter in den Abgrund und gemeinsam mit ihr finden wir das Licht am Ende des Tunnels. Eine Geschichte, die die Bedeutung von Liebe, Familie und Hoffnung zelebriert und uns daran erinnert, dass es immer Möglichkeiten gibt, das Unvorstellbare zu überwinden.

Taucht mit mir ein in diese emotionale Achterbahnfahrt und begleitet uns auf den Weg, der erzählt, wie eine Tochter und ihre Mutter gemeinsam den Mut finden, dem Brustkrebs die Stirn zu bieten. Eine Welt zerbricht – doch aus den Scherben entsteht eine neue Welt, gestärkt durch die unzerstörbare Liebe zweier Herzen, die für immer miteinander verbunden sein werden.

Die Geschichte meiner Mama: Wie sie gegen den Brustkrebs kämpft

Anfang März 2022: Ein ganz gewöhnlicher Tag in meinem Leben, als meine Welt plötzlich in tausend Stücke zu zerfallen schien. Eine große Verzweiflung machte sich in mir breit, als meine Mutti mir von ihrer Diagnose – Brustkrebs – erzählte.

In diesem Moment durchzuckten mich Ängste, Gefühle und Sorgen, die ich zuvor nie gekannt hatte. Gedanken schießen durch den Kopf: „Wie kann das sein, meine Mama? Wie wird sich unser Leben nun verändern?" Sorgen lassen mich seitdem nicht mehr los.

Der Boden schien mir unter den Füßen wegzubrechen, als ich meiner Mutter gegenüberstand. Gemeinsam mit unserer Familie wurden wir in einen Strudel aus Ungewissheit gezogen. Hilflosigkeit und Verzweiflung: unfähig, die Kontrolle über die Situation zu erlangen. Die Gedanken rasten in meinem Kopf, während ich versuchte, meine eigenen Ängste zu verbergen und stark zu bleiben. Denn die Frage, was wohl meine Mutter in diesem Moment für Ängste, Sorgen und Gefühle durchlebte, war ungewiss. Doch mit Sicherheit waren sie stärker als meine eigenen Gedanken.

Die größte Angst in mir war die Vorstellung von einem Leben ohne meine geliebte Mutti.

Die Tage und Nächte wurden von Sorgen und Ängsten beherrscht. Ich fragte mich, wie schwer die Krankheit sein und wie sie unser Leben verändern würde. Jede Ungewissheit war wie ein Stich in mein Herz. Die Gedanken an mögliche Komplikationen, die Unsicherheit über die Behandlungsergebnisse und die Angst vor dem Verlust meiner Mutter schlichen sich in jede Minute meines Tages ein. Ich fühlte mich machtlos und gleichzeitig verantwortlich dafür, sie zu beschützen.

22. März 2022: Alles begann mit der Routineuntersuchung der Mammografie (Februar 2022). Ganz ohne Vorgedanken ging meine Mutter zu der Untersuchung. Eine Woche später erhielt sie einen Anruf, dass etwas nicht stimmt. So machte sie sich auf den Weg in ein Screening Center, um ein dreidimensionales Foto und eine Biopsie durchführen zu lassen. Das Gefühl dabei war beschwerend und ein paar Tage später kam der positive Zufallsbefund: Es ist Brustkrebs.

Das positive Ergebnis ließ meine heile Welt zerbrechen. Eins war von Anfang an klar: Eine Operation mit Risiken wird kommen. Zum Glück stand von Anfang an fest, dass bei der Operation die Brust nicht abgenommen werden muss.

Jede Operation birgt ein Risiko und es war ungewiss, wie groß der Eingriff sein würde. Vor der Operation hatten wir noch viele Fragezeichen, die erst während der Operation beantwortet werden konnten. „Wie schwerwiegend ist der Krebs?"; „Hat der Brustkrebs gestreut?"

Die Wächterlymphknoten sind die ersten Lymphknoten, die von Krebszellen betroffen sein könnten, da sie auf dem Weg von der Brust zum restlichen Lymphsystem liegen. Auch diese wurden bei meiner Mama entfernt, um festzustellen, ob sich der Krebs auf andere Teile des Körpers ausgebreitet hat.

Die Operation war ein schmerzhafter Eingriff in die körperliche Integrität meiner Mutter, aber sie bewies eine außergewöhnliche Tapferkeit. Ich bin zutiefst beeindruckt von ihrer Stärke und Entschlossenheit, den Krebs zu besiegen.

Nach der Abheilung der OP-Wunde stand meiner Mama eine weitere schwere Zeit bevor: die Bestrahlung.

Mai und Juni 2022: Die Bestrahlung ist ein wichtiger Schritt auf dem Weg zur Genesung. Montag bis Freitag musste meine Mama jeden Tag zur Bestrahlung, und ich weiß noch genau, wie ängstlich wir als Familie waren, denn eine Bestrahlung kann auch viele Nebenwirkungen mit sich bringen. Doch schnell wurde uns klar, dass die Bestrahlung ein großer Fortschritt in der Behandlung von Brustkrebs ist. Die Strahlen wirken gezielt und präzise auf die betroffene Stelle im Körper, um Krebszellen abzutöten und das Wachstum zu hemmen. Die Anstrengungen und Nebenwirkungen waren zu erkennen. Meine Mama fühlte sich abgeschlagen, müde und erschöpft. Sie hatte auch Hautreaktionen an der betroffenen Stelle.

Doch im Großen und Ganzen hat meine Mama die Bestrahlung gut vertragen und große Nebenwirkungen wie Haarausfall, Übelkeit und Appetitveränderungen blieben aus. Auch die regelmäßigen Kontrolluntersuchungen brachten positive Ergebnisse – der Krebs scheint besiegt zu sein.

Ich bin dankbar für diese Therapiemöglichkeit und möchte allen Betroffenen Mut machen, sich nicht von Ängsten überwältigen zu lassen. Denn mit einer positiven Einstellung und professioneller Unterstützung kann man dem Brustkrebs trotzen. Doch das ist noch nicht das Ende der Geschichte, meine Mutter beantragte eine Reha-Maßnahme, eine sogenannte Anschluss-Reha, um mit den Beeinträchtigungen, welche sich auch im Alltag ergeben, klarzukommen.

Juli 2022: Nach den intensiven Behandlungen, Operationen und Bestrahlungen war es an der Zeit, den Blick nach vorne zu richten und den Körper sowie die Seele zu stärken. Die Reha-Maßnahme spielte eine entscheidende Rolle, um den Weg zurück in ein aktives und erfülltes Leben zu finden. Inmitten einer Gruppe von Frauen, die ähnliche Erfahrungen gemacht hatten, begann eine Zeit der Heilung, des Lernens und der persönlichen Entwicklung. Die Reha-Einrichtung bot meiner Mama einen Ort voller Möglichkeiten und inspirierender Vorträge. Experten aus verschiedenen Bereichen, darunter Onkologen, Psychologen und Physiotherapeuten, hielten Vorträge über Brustkrebs, die Diagnose, die Behandlungsmöglichkeiten und die potenziellen Auswirkungen auf das Leben. Jeder Vortrag gab ihr wertvolles Wissen an die Hand, um ihre eigene Situation besser zu verstehen.

Ein Leben mit Brustkrebs zu akzeptieren und damit umzugehen, ist, denke ich, eine große Herausforderung, der sich alle, auch Angehörige stellen müssen. Die größte Hürde muss dabei die Betroffene nehmen, trotz psychischer Belastungen einen positiven Blick in die Zukunft zu wagen. Hierbei kann der Austausch mit anderen Betroffenen sich als wertvolle Quelle der Unterstützung und des gegenseitigen Verständnisses erweisen.

Besonders beeindruckt an der Reha meiner Mama hat mich die Kosmetikbehandlung, bei der sich meine Mama verwöhnen lassen konnte, um sich selbst wieder in ihrer Haut wohlzufühlen. Make-up-Beratungen, Anwendungen und Massagen waren Balsam für die Seele und halfen dabei, das Selbstwertgefühl wiederherzustellen. Ein Moment des Wohlfühlens und der Selbstfürsorge, der ihr zeigte, dass sie auch nach Brustkrebs schön und stark sein kann.

Eine Reha-Maßnahme kann eine Zeit der Neuausrichtung und der Hoffnung sein. Jeder Schritt auf dem Weg einer Frau mit Brustkrebs kann dabei helfen, neue Stärken zu gewinnen, um so mit Selbstvertrauen und innerer Zufriedenheit ein erfülltes Leben zu haben. Jedes Leben, ob Kind, Frau oder Mann, mit Beeinträchtigung oder ohne, ist lebenswert und kann voller Möglichkeiten sein.

Juli 2023: Kraftlos und abgeschlagen fühlt sie sich immer noch. Kaum Energie und immer noch Schmerzen in der Brust. Der Leidensweg hat noch kein Ende, dennoch kämpft sie weiter. Momentan befindet sich meine Mama, die Kämpferin, in der zweiten Reha-Maßnahme. Auch wenn sie noch nicht als krebsfrei gilt, stärken wir uns als Familie gegenseitig und glauben an das Gute.

Die Kraft der Liebe: Unsere gemeinsamen Erinnerungen und Momente des Glücks
Trotz der schweren Krankheit versuchen wir als Familie das Leben in vollen Zügen zu genießen. Wir haben uns bewusst Zeit füreinander genommen und uns an den kleinen Dingen erfreut. Mama hat immer gesagt, dass es diese besonderen Momente sind, die das Leben lebenswert machen. Wir haben zusammen gelacht, geweint und uns gegenseitig gestärkt. Ich erinnere mich noch an den Tag, als wir gemeinsam auf dem Konzert von Andrea Berg („30 Jahre Andrea Berg") waren. Das Geschenk meiner Eltern für uns Kinder zum Geburtstag, wir hatten einen wundervollen Abend. Wir schätzen immer mehr die gemeinsame Zeit, denn niemand weiß, wann der Tag des Abschiedes kommt.

Auch unsere gemeinsamen Reisen waren und sind immer etwas Besonderes. Wir haben zusammen die Welt entdeckt und uns von neuen Kulturen inspirieren lassen. Mama und Papa haben mir beigebracht, dass man nicht nur durch Bücher lernen kann, sondern auch durch das Erleben vor Ort. Wir haben zusammen die schönsten Sonnenuntergänge gesehen und das Meer rauschen gehört.

Ob Spanien oder Kroatien – ich habe die Urlaube noch immer vor meinem inneren Auge und sie werden immer ein Teil von uns sein.

Diese kleinen und großen Erinnerungen, Momente der Freude und Trauer sowie die gemeinsame Zeit, die wir haben, werden für immer in meinem Herzen bleiben und mich auch in Zukunft begleiten. Sie geben mir die Kraft weiterzumachen und nicht aufzugeben. Denn ich weiß, irgendwann wird der Abschied kommen, aber Mama wird immer bei mir sein – in Gedanken, in Erinnerungen sowie in meinem Herzen.

Hilfe, meine Mama ist an Brustkrebs erkrankt: Ängste, Sorgen, Gefühle und Gedanken einer Tochter

Als Tochter einer an Brustkrebs erkrankten Mutter wird man in einen tiefen Strudel aus Emotionen gezogen. Die Angst, die man empfindet, wenn man sieht, wie die eigene Mutter gegen den Krebs kämpft, ist unbeschreiblich. Man fühlt sich hilflos und ohnmächtig. Man macht sich Gedanken darüber, wie das Leben ohne sie aussehen wird und wie man ohne sie zurechtkommen soll. Doch trotz all dieser Ängste gibt es auch Momente des Glücks und der Hoffnung. Man erinnert sich an gemeinsame Erlebnisse und spürt die Kraft der Liebe, die einen trägt und stärkt.

Der schicksalhafte Moment, als die Diagnose Brustkrebs über meine geliebte Mama hereinbrach, markierte den Beginn einer Achterbahn der Gefühle, die mich tief in meinem Inneren erschütterte. Die Unwissenheit und Unsicherheit über die Zukunft waren wie eine dunkle Wolke, die sich bedrohlich über uns zusammenzog. Ängste, die ich nie zuvor gekannt hatte, drängten sich gnadenlos in mein Bewusstsein und lassen mein Herz schneller schlagen.

Die Gedanken rasten durch meinen Kopf und fanden keinen Halt. Wie konnte das passieren? Meine Mama, die immer so stark und unerschütterlich schien, wurde nun mit einer unsichtbaren, aber umso gefährlicheren Krankheit konfrontiert. Das Fundament meiner Welt zerbrach in dem Moment, als ich begriff, dass ich sie vielleicht verlieren könnte.

Die Angst vor dem Verlust drückte auf meine Brust und nahm mir fast den Atem.

Die Sorge um ihre Gesundheit ist zu einem beherrschenden Gefühl, das mich Tag und Nacht begleitet, geworden. Ich kann mir nicht einmal vorstellen, wie es ist, ohne ihre liebevolle Präsenz in meinem Leben weiterzumachen. Die Vorstellung, dass sie leiden könnte, schmerzt in mir wie tausend Messerstiche. Jeder Blick in ihre Augen, jede zärtliche Berührung ist ein kostbarer Moment, den ich mit ganzer Kraft festhalten werde – solange sie noch bei uns ist.

Die Sorgen um die Auswirkungen der Krankheit auf ihr Leben durchdrangen meine Gedanken: „Wie würde sie die Behandlung verkraften? Würden ihre Kräfte ausreichen, um gegen den Krebs anzukämpfen?" Die Ungewissheit fraß an mir und machte mich hilflos. Ich wünschte mir, ich könnte ihren Schmerz auf mich nehmen, ihre Ängste vertreiben und ihr die Last abnehmen.

In den dunkelsten Stunden der Nacht, wenn der Schlaf mich nicht finden wollte, schlichen sich düstere Gedanken in meine Seele: „Was wäre, wenn die Behandlung nicht anschlagen würde? Was, wenn der Krebs stärker wäre als ihre Tapferkeit?" Die Vorstellung, ohne meine Mama weiterleben zu müssen, fühlte sich an wie ein Abgrund, der mich in die Tiefe ziehen wollte.

Meine eigenen Ängste und Sorgen vermischten sich mit der Verantwortung, die ich für ihre Unterstützung und Fürsorge hatte. Ich wollte stark sein, ihr eine Stütze sein, aber oft fühlte ich mich überfordert. Der Spagat zwischen meinen eigenen Bedürfnissen und denen meiner Mama war schwierig zu bewältigen. Ich wollte für sie da sein, ihr Trost und Mut schenken, aber ich musste auch auf meine eigene emotionale Stabilität achten.

Jeder Fortschritt in der Behandlung, jeder kleine Hoffnungsschimmer, der sich am Horizont abzeichnete, gab mir neuen Mut. Doch die Angst vor einem Rückfall bleibt immer präsent, wie ein Schatten, der mich verfolgt und mich daran erinnert, dass die Zukunft immer ungewiss sein wird.

Inmitten all dieser Ängste und Sorgen fand ich jedoch auch eine innere Stärke. Die Liebe zu meiner Mama gab mir die Kraft, mich den Herausforderungen zu stellen und für sie da zu sein. Ich spürte den unerschütterlichen Glauben an ihre Fähigkeit, den Krebs zu besiegen, und diese Zuversicht half mir, meine eigenen Zweifel zu überwinden.

Es ist eine Zeit voller Aufs und Abs, Hoffnung und Verzweiflung, Tränen und Lachen. Doch die Liebe zwischen uns ist wie ein Anker, der uns festhält und uns dabei hilft die Stürme zu überstehen.

Noch hat meine Mutter nicht alles überstanden. Gefühle, Gedanken, Sorgen und Ängste bleiben, aber auf der anderen Seite gibt es ein kleines Licht.

Ich durfte erleben, dass am Ende des Tunnels noch ein Licht brennt, denn meine Mama ist noch bei uns und wird es auch immer sein – in Gedanken, Erinnerungen und im Herzen. In solchen schwierigen Momenten lernt man auch dankbar zu sein für jeden Tag, den man mit ihr verbringen darf. Es ist wichtig, positiv zu bleiben und gemeinsam als Familie gegen den Krebs anzukämpfen. Denn nur so kann man diese schwere Zeit überstehen und gestärkt daraus hervorgehen.

Wir alle sollten das Leben genießen und jeden kostbaren Moment schätzen. Ängste sind immer da, aber gemeinsam haben wir auch die Kraft, ihnen ins Auge zu blicken. Die Liebe, die uns verbindet, hat uns gezeigt, dass wir alles überwinden können, solange wir uns haben. Und so gehen wir, Hand in Hand, durch das Leben und erinnern uns immer daran, dass Liebe und Hoffnung stärker sind als jede Krankheit.

Danke Gott: Mama, du bist noch bei mir – Ein kleines Licht am Ende des Tunnels

Es gibt Momente im Leben, in denen man sich fragt, wie man ohne seine geliebten Menschen weitermachen soll. Als meine Mama die Diagnose Brustkrebs erhielt, zerbrach eine Welt für uns alle. Doch sie kämpft mit aller Kraft und gibt nicht auf. Wir haben gemeinsam viele Erinnerungen und Momente des Glücks erlebt, die uns zusammenschweißen und uns die Kraft geben, weiterzumachen.

Ich kann mir immer noch nicht vorstellen, wie es ohne meine Mama sein würde. Doch sie erinnert mich immer wieder daran, dass wir zusammenhalten müssen und das Leben weitergeht.

Ich weiß nun auch, dass das Leben wertvoll ist und wir jeden Moment genießen sollten. Denn das Leben kann uns jederzeit überraschen und uns vor Herausforderungen stellen. Aber wenn wir zusammenhalten und aneinander glauben, können wir alles schaffen. Meine Mama hat mir gezeigt, dass Liebe und Hoffnung stärker sind als alle Dunkelheit in dieser Welt.

Heute sehe ich alles mit anderen Augen. Eines habe ich gelernt: Schätze und würdige deine Liebsten und verwende die Worte „Ich liebe dich" so oft, wie du kannst. Niemand weiß, was uns noch bevorsteht und manchmal geht es schneller, als man denkt, dass man einen geliebten Menschen verliert.

Liebe – Hoffnung – Zuversicht sind starke Elemente, die einander Zusammenhalt geben.

Ich bin so stolz auf meine Mama und ich danke ihr von Herzen für alles, was sie für mich getan hat. Sie ist mein Vorbild und meine Heldin – immer und überall.

Mutti, du hast einen ganz besonderen Platz in meinem Herzen!

Lasst uns aus dieser bewegenden Geschichte die wichtige Botschaft mitnehmen, unsere liebsten Menschen zu würdigen und zu ehren. Jede gemeinsame Stunde sollte kostbar sein, denn das Leben ist fragil und unvorhersehbar. Lasst uns die Momente der Freude und des Glücks in vollen Zügen genießen und uns gegenseitig in schweren Zeiten unterstützen. Und vor allem lasst uns niemals aufgeben, selbst wenn der schlimmste Fall eintritt und uns der Tod von unseren Lieben trennt. Denn in der Erinnerung und der Liebe, die wir ihnen entgegenbringen, leben sie in unseren Herzen weiter und geben uns die Kraft, unsere eigene Welt zu gestalten und sie mit bedingungsloser Liebe zu füllen.

KREBSHILFE-TIPP

Das Einholen von Zweitmeinungen und komplementär-medizinischer Beratung ist in Ordnung. Wenden Sie sich an kompetente Fachleute.

Herzig Elisa Mariélle

„Dann werde ich doch nicht alt"

1999

Konzentriert hüpft Elisa den Gehweg entlang, ein Sprung hierhin, einer nach rechts und einen wieder zurück. Hat sie eine Platte übersehen? Ist sie auf eine Ritze getreten? Sie kräuselt die Nase und überlegt. Ihr Bauch tut weh. Keine Ahnung, lieber wieder zurück, nochmal von vorne. Ein Sprung nach vorne, einer nach rechts, einer nach vorne, einer nach rechts. Ihr Bauch fühlt sich schon ein bisschen besser an. Noch ein Sprung nach vorne und sie kann die Ampel sehen, an der Anna wartet. Einer nach rechts. Sie kann jetzt fast frei atmen, gleich ist es geschafft. Einer noch zur Seite. Heute wird ein guter Tag.

Sie pustet sich den Pony aus der Stirn und bleibt neben Anna stehen. Heute schreiben sie eine Mathearbeit. Elisa und Anna haben den ganzen letzten Tag dafür gelernt. Anna ist besser in Mathe als Elisa, und Anna hat nie Bauchschmerzen, außer wenn sie etwas gegessen hat, das ihr Vater gekocht hat. Aber das kommt nicht so oft vor. „Jeder hat andere Talente!", sagt Annas Vater dann immer und lacht. Wenn Elisas Vater das Essen macht, wird immer alles mit Käse überbacken oder sie hat Nutellabrote in ihrer Brotdose. Er dürfte ruhig öfter Schulbrote machen, findet sie, aber ihre Mutter sagt, dann würden sie bald alle durch die Gegend rollen.

„Na, alles klar?", fragt Anna und schultert ihren pinken Ranzen, den sie beim Warten auf den Fußboden gestellt hat. Elisa hat denselben in Blau. „Jap", sagt Elisa und hört zur Vorsicht nochmal kurz in ihren Bauch hinein. Dem geht's gut. Einer nach vorne, einer nach rechts, alles ist gut.

„Elisa ist sehr ängstlich", sagt ihre Lehrerin. „Quatsch", sagt ihr Papa. „Jedes Kind ist anders", sagt ihre Mama. „Wir sollten das im

Auge behalten", sagt der Direktor. Elisa möchte sich die Ohren zuhalten, aber das würde blöd aussehen. Alle reden über sie. Irgendwas ist nicht in Ordnung. In ihren Ohren rauscht es. „Das ist dein Blut, was du da hörst", hat Anna gesagt. „Hört sich an wie eine Achterbahn im Kopf. Und wenn du die Augen ganz fest zukneifst, dann siehst du alle Farben, die es gibt." Elisa kneift die Augen ganz fest zusammen, aber sie sieht nur Sterne, wo andere Farben sehen.

„Elisa, hast du Angst vor der Schule?", fragt ihre Mutter, als sie beim Abendbrot sitzen. Elisa sitzt zwischen ihren Eltern. Beide schauen sie an.

„Nö", nuschelt sie und knabbert an ihrem Brötchen. Es ist eins mit Sesam, die mag sie am liebsten.

„Siehst du. Hab ich ja gesagt", die Mutter nickt zufrieden und isst weiter. Ihr Vater hat wieder seine Falte auf der Stirn. Elisa mag sie nicht leiden. Er bekommt sie nur, wenn er sich Sorgen macht oder ganz wütend ist. Manchmal kann sie beides nicht auseinanderhalten. „Spatz, wenn etwas ist, dann musst du es uns sagen. Ärgert dich jemand?"

Elisa schüttelt den Kopf. Niemand würde sie ärgern.

„Hast du Ärger mit Anna?"

„Nö", sagt Elisa noch einmal.

„Herr Meißner hat gesagt, du hast in der Mathearbeit geweint. Ist sie so schlecht gelaufen?" Elisa bekommt einen Kloß im Hals. Gleich muss sie weinen und das passt ihr gar nicht. Beide schauen sie an. Wartend. Besorgt. Anna weint nie und Elisa beneidet sie darum, denn sie weint ziemlich oft und kann es nie runterschlucken, wenn die Tränen ihr erstmal auf der Zunge liegen – so wie jetzt. Sie spürt schon das Brennen in den Augen.

„Ach Mäuschen, ist doch nicht so schlimm, es ist nur eine Arbeit!", schon spürt sie die Hand ihres Papas an ihrer Wange.

„Ich war auch nie gut in Mathe", sagt ihre Mama und lächelt sie aufmunternd an.

„Es wird bestimmt nicht so schlimm, wie du denkst. Du hast doch eigentlich immer gute Noten." Beide sehen plötzlich stolz aus und Elisa fühlt sich gleichzeitig gut und schlecht.

„Ein Mammakarzinom ist die häufigste Krebserkrankung der Frau. Jede siebte Frau erkrankt im Laufe ihres Lebens. Die Heilungschancen sind im Allgemeinen gut. Aber es kommt ganz darauf an, wie früh man die Krankheit erkennt. In Ihrem Fall haben wir Glück im Unglück gehabt ..."
Die Patientin hustet. Der Arzt stockt und blickt das erste Mal von seinem Krankenblatt auf, als wäre er überrascht, einen Menschen vor sich sitzen zu sehen. Sie schauen sich kurz an, Arzt und Patientin. „Haben Sie bis hierhin Fragen, Frau ▆▆▆▆▆?", seine Stimme ist angenehm ruhig. Ärzte sollten ihr Fachgebiet nach ihrer Stimme auswählen, denkt Elisa später. Menschen mit hellen, fröhlichen Stimmen könnten auf die Kinderstation gehen und alle, die eine sehr laute Stimme haben, in die Notaufnahme oder auf die Komastation. Und nur besonders ruhig sprechende Menschen wie dieser Arzt sollten in der Onkologie arbeiten. Das Wort ist neu. Sie hat es aber nicht in ihre Liste aufgenommen, weil es kein gutes Wort ist. Es bringt Unglück, es aufzuschreiben. In den letzten Wochen hat Elisa eine Menge neuer Wörter gelernt, aber keines hat es auf ihre Liste geschafft: „Mamma" bedeutet nun etwas anderes als „Mama". Es ist gemein, dass diese Wörter gleich klingen, obwohl das eine fast dafür gesorgt hätte, dass das andere verschwindet. „Karzinom" steht auch nicht auf ihrer Liste, genauso wenig wie „in situ" oder „Tumor". Elisa hat alle Wörter nachgeschlagen und wenn sie sich jetzt die Ohren zuhält, hört sie nicht mehr das Blut in ihrem Kopf rauschen, sondern die Abschnitte aus den Wörterbüchern.
*„Das Mammakarzinom ist die **maligne** Entartung von **Zellen** der Brustdrüse."*
*„**Maligne** bedeutet **bösartig**."*
*„Der Begriff Tumor stammt aus dem **Lateinischen** und bedeutet ‚Geschwulst‘ oder ‚**Anschwellung**‘. Ganz allgemein bezeichnet das Wort Tumor eine Zunahme des Volumens eines Gewebes – unabhängig davon wie es zustande gekommen ist."*
Alles ist jetzt anders. Abends gehen die Eltern nun immer alleine spazieren und kommen lange nicht wieder; sie hören auf zu reden, wenn Elisa einen Raum betritt. Wenn sie draußen ihre Runde

drehen, sitzt sie mit ihrer kleinen Schwester im Wohnzimmer und lauscht auf die Tür. Sie dürfen gucken, was sie wollen. Das war sonst nie so, aber nun macht es gar keinen Spaß. Ihre Schwester versteht noch nicht, was los ist. Elisa auch nicht. Die Eltern finden, dass man Kinder nicht belasten sollte, und deshalb erzählt niemand etwas Genaues. Elisa lebt von Wortfetzen aus Gesprächen, die sie nicht hören dürfte. Alles fühlt sich heimlich und verboten an. Die Gespräche, leise geflüstert, nie laut gesprochen, dringen in die Wände und bevölkern das Haus. Es gibt plötzlich viele Mitbewohner: Angst, Gefahr und Unsicherheit haben sich, ohne zu fragen, bei ihnen eingenistet. Manchmal hat sie ein schlechtes Gewissen, weil sie weiß, dass man Erwachsene nicht belauschen soll. Aber sie kann nicht anders. Sie will wissen, was das alles zu bedeuten hat, was los ist. Es ist eine Spurensuche.

Einmal hat sie ihren Opa gefragt, aber er hat so getan, als wüsste er von nichts. In letzter Zeit waren Elisa und ihre Schwester oft bei Oma und Opa. Da läuft zwar alles ganz normal, aber es fühlt sich ganz falsch an. Manchmal fragt sich Elisa, ob alle ein Theaterstück proben, von dem ihr niemand etwas gesagt hat. Vielleicht hat jemand vergessen, ihr ihre neue Rolle zu erklären. Dieses Jahr hatten sie sogar Ostern bei Oma und Opa verbracht. Das hat Elisa ziemlich geärgert, weil Ostern ihr liebster Feiertag ist. Aber Mama musste ins Krankenhaus, weil sie am Arm operiert werden sollte.

„Tut mir leid, Mäuschen, das konnten wir leider nicht verschieben", hat Papa gesagt. „Wir holen Ostern einfach nach, ja?"

Das ist nun ein paar Monate her und Elisa nimmt an, dass ihre Eltern wohl vergessen haben, Ostern noch einmal zu feiern. Gefragt hat sie aber lieber nicht. Mamas Arm heilt ziemlich langsam. Sie kann jetzt nicht mehr viel heben und muss sich oft schonen. Wenn man sie drückt, zuckt sie zusammen.

„Ein carcinoma in situ, wie Sie es haben, ist eine Vorstufe von Brustkrebs. Es bedeutet, dass die Zellen noch schlafen, noch nicht gestreut haben, so ein Fall kann gut behandelt werden! Sie sind noch sehr jung, Frau ▇▇▇▇, erst 35? Sie haben viel Kraft. Es wird keine Chemotherapie nötig sein."

Der Arzt lächelt, er verkündet gute Nachrichten. Auf seinem Fachgebiet kommt das selten genug vor, man möchte sich fast für ihn freuen. Für Elisas Eltern fühlen sie sich nicht gut an. „Das ist der Schock", erklärt Papa später. „In solchen Momenten denkst du, das passiert dir alles gerade gar nicht, das ist ein Film. Wieso wir, wieso meine Frau? Es ergibt alles keinen Sinn. Das Leben geht weiter, es rast sogar, hat an Tempo zugenommen, aber du bist ausgestiegen, dein Leben steht still. Es ist 25 Jahre her ... und für mich ist die Zeit nie weitergegangen. Ich sitze immer noch dort im Sprechzimmer und kann es nicht fassen."

2000

Elisa ist glücklich. Sie hat einen Glücksstein von ihrem Vater bekommen, den sie immer nur auf eine ganz bestimmte Weise drehen muss und schon wird alles gut. Es ist ein Tigerauge, ihr Papa hat auch einen. „Wenn du mal Angst hast oder dir Sorgen machst, dann nimmst du den Stein in die Hand und denkst ganz fest daran, dass dir gar nichts passieren kann, solange du ihn hast."

Und anderen kann auch nichts passieren, denkt Elisa und das ist das Beste daran. Sie kann jetzt etwas tun. In der Schule hat sie ihn bei den Arbeiten auf dem Tisch liegen und wenn Mama nun eine Untersuchung hat, muss sie nur die richtige Zauberformel sagen, damit alles gut wird. Es hat ein bisschen gedauert, bis sie genau die Formel gefunden hat, die ihren Bauch warm macht und ihr so zeigt, dass sie alles richtig macht. Das ist wichtig, sonst funktioniert es vielleicht nicht.

„Lieber Gott, bitte mach, dass alles gut wird. Bitte beschütze meine Mama und mach, dass alles gut wird. Bitte mach, dass alles gut wird. Amen."

Gott hat sie lieber mit reingenommen, denn vielleicht wäre er sonst wütend oder beleidigt, wenn man ihn nicht mit einbezieht. Kann ja nicht schaden, denkt Elisa. Sicher ist sicher. Die Krankheit ihrer Mama ist schon eine Weile her, aber sie muss trotzdem immer wieder zum Arzt, weil der Krebs vielleicht wiederkommt, wenn gerade keiner hinguckt. Elisa ist jetzt ein bisschen älter, ihre Eltern haben versucht, ihr zu erklären, was Mama hatte. Elisa hat nur verstanden, dass die Krankheit sich in einem verstecken kann, um zuzuschlagen, sobald man ihr den Rücken zudreht. Deshalb denkt sie oft an ihn, damit der Krebs bloß nicht auf die Idee kommt, dass er nicht auch beobachtet wird. In ihrer Klasse hat jemand auch eine Mutter mit Krebs gehabt. Sie ist daran gestorben. Anscheinend muss Elisa sich gut wappnen, damit ihrer Familie nicht dasselbe passiert.

„Keine Sorge, Mama“, denkt sie, *„Ich pass auf.“*

2011

Es ist geschafft! Elisa geht nun auf die Uni und wohnt ziemlich weit weg von zu Hause. Keine Mathearbeiten mehr, stattdessen neue Stadt und neue Menschen. Den Glücksstein hat mittlerweile ein Glücksring ersetzt. Aber den braucht sie kaum. In den letzten Jahren hat sie sehr gut aufgepasst, ihre Mutter ist gesund, ihrer Familie geht es gut. Zuversicht hat sich eingestellt. Und ein bisschen Heimweh.

Elisa ist bei einem Sportkurs von der Uni. Anna und Elisas andere Freunde sind nicht zusammen mit ihr in dieselbe Stadt gezogen, und so muss sie sich neue Freunde suchen. Nicht, dass sie damit Probleme hätte, Menschen kennenzulernen, aber sie fühlt sich nicht gerne fremd. Heute soll sich das ändern, die Leute sind sehr nett, der Kurs ist vorbei, sie wollen alle zusammen etwas trinken gehen. Elisas Herz hüpft, sie fühlt sich voller Leben, Aufbruchsstimmung. Noch kurz aufs Handy gucken, dann auf in die neue Welt. *Zehn verpasste Anrufe von zu Hause.* Nachrichten von Papa: *„Mäuschen, ruf bitte zurück, wenn du das liest. Papa.“*

Ihr Herz bleibt stehen. Das Blut sackt in die Beine, hinter ihr rauschen die Bäume. Oder ist es ihr Blut, das sie hört? Wie war das nochmal? Sie kann sich nicht erinnern, die Nummer gewählt zu haben. Nur Wortfetzen, Schnappschüsse. Ihr Vater am Telefon. Seine Stimme. Sie weiß es sofort. Etwas Schlimmes ist passiert. Sie kann gar nicht zuhören. Er ist ruhig, sie hysterisch, weint. Wo sind die anderen in dem Moment? Sie steht in einem Feld, das Rauschen der Bäume über sich.

„Willst du kurz mit Mama reden?" Ihre Mutter kommt ans Telefon, gibt es aber wieder zurück. „Sie weint, ich kann nicht." Aber Elisa kann nicht aufhören. Das kann nicht wahr sein! Wie konnte das nach all den Jahren passieren? Und wo ist überhaupt der Ring?! Sie hat ihn zum Sport abgenommen, er saß ein wenig eng. Ihre Schuld! Kein Ring, keine Vorsicht, nicht an den Termin gedacht. Das erste Mal in etlichen Jahren! Der Krebs hat darauf gewartet. Sie hat die Deckung fallen lassen.

Nun ist alles vorbei.

Ihr Vater ruft aus der Klinik an. Die Diagnose ist bestätigt, das Gespräch mit dem Krankenhaus lief gut. Die OP ist für nächste Woche angesetzt, sie müssen schnell sein. In letzter Zeit ging ohnehin alles ganz schnell. Statt Uni und Hausarbeiten, statt neuen Freunden und Studentenleben geht es nun um Diagnosen, Klinikauswahl, OP-Termine. Es gibt jede Menge neuer Worte, für immer ins Gehirn eingebrannt. Mit 20 Jahren sollte man nicht wissen, was der Unterschied zwischen „lobulär" und „duktal" bedeutet, man sollte sich nicht mit Tumorklassifikationen beschäftigen. Aber sie kann nicht anders, sie will verstehen, was da mit ihrer Familie, mit ihrer Mutter passiert. Ob sie etwas tun kann. Ihr Vater sitzt nachts am Computer und googelt dasselbe wie sie, vielleicht finden sie gemeinsam die Lösung für alles.

Das Wetter ist wunderschön, es ist Mai. Ihr Lieblingsmonat. Die Sonne lacht vom Himmel, sie stehen alle zusammen vor dem Krankenhaus und essen Eis. Er ist fast schön, dieser Moment, ein neuer Schnappschuss für später. Sie wird ihn aufbewahren. Ihre Mutter wirkt stark, zuversichtlich. Ihr Vater hält ihre Hand. Elisa hält die Hand ihrer Schwester. Sie alle sind ein Team, bereit für das, was kommen mag, obwohl doch keiner weiß, was das sein wird. Trotzdem ist es schön, dieses Gefühl: sie alle zusammen gegen den Rest der Welt.

Morgen ist es so weit, morgen wird ihre Mutter operiert. Das kann lange dauern, hat man ihnen gesagt. Da hilft nur Geduld. In letzter Zeit scheinen alle Geduld zu erwarten. Sie ist nicht Elisas Stärke. Das Sitzen in Wartezimmern mit weißen Wänden lässt die Zeit ohnehin stillstehen. Die Gedanken laufen in alle Richtungen, das beliebteste Spiel in ihrem Kopf lautet: „Was ist, wenn ...?" Sie hat zu viel gelesen, zu viele Geschichten von Menschen und Schicksalen, die schlecht ausgingen. Hätte sie doch bloß nichts gegoogelt. Wieso schreibt eigentlich nie jemand etwas Gutes?

„*Lieber Gott*", denkt sie und dreht ihren Ring an ihrem Finger. „*Bitte mach, dass Mama wieder gesund wird. Wenn alles wieder gut wird, vergesse ich auch nie wieder einen Termin. Amen.*"

Das letzte Wort muss sie jetzt immer flüstern, dann wird der Wunsch eher wahr. Sie hat aus ihren Fehlern gelernt. Hoffentlich ist es nicht zu spät.

Ihr Vater ist voll nervöser Energie, sie halten es nicht mehr aus im Krankenhaus. In der Stadt setzen sie sich ins nächste Café, Elisa lauscht der Stimme ihrer Schwester und wünscht sich, sie könnte so zuversichtlich klingen wie sie. Bevor ihre Mutter in den OP gerollt wurde, haben sie alle kleine Zettelchen mit Wünschen (obwohl es nur einen gibt) geschrieben und ihn in die kleinen Löcher im Gebetsraum der Klinik gesteckt. Trotzdem kommt sie sich seltsam verlassen vor, nun wird es ernst. Die OP wird zeigen, was wirklich ist. Lobuläre Tumore sind in der Mammografie schlecht zu sehen. Sie will so etwas gar nicht wissen. Die Stunden vergehen, große Stücke von Zeit scheinen sich erst gar nicht zu bewegen und dann einfach abzufallen. Als die den Anruf aus der Klinik bekommen, ist der Weg weit, obwohl sie um die Ecke saßen. „Einstein hatte wohl recht", denkt Elisa, „Zeit ist relativ. Gilt das auch für den Raum?"

„*Der Tumor war schon recht groß, aber er hat nicht gestreut. Das ist hervorragend! Wir können operieren. Dann werden wir Sie mit einer Chemotherapie und einer anschließenden Strahlentherapie weiterbehandeln, um sicherzugehen, dass auch eventuell verbliebene Tumorzellen vernichtet werden.*" Kriegssprache.

Er hat still gehalten, nicht gestreut. Das ist die beste Nachricht, auf die man hoffen konnte. Elisa und ihre Schwester umarmen die Mutter, glücklich, aufatmend. Der Vater verlässt das Zimmer und schließt die Balkontür hinter sich. Diesen Anblick wird Elisa nie vergessen. Er weint nicht, er ist schwer vor Erschöpfung. Als sie an der Tür klopft, dreht er sich nicht um.

Elisa erinnert sich noch viele Jahre später an das Gespräch mit ihrem Vater, ein Gespräch, in das sie mit hellem Herzen gegangen ist. Alles würde wieder gut werden! Reine Freude, Erleichterung. Nochmal davongekommen! Warum fühlt ihr Vater nicht dasselbe?

„Es ist vorbei", sagt Elisa und umarmt ihn.

„Mäuschen. Es fängt gerade erst an", sagt ihr Vater.

Noch versteht Elisa nicht, was er damit meint.

2011 bis 2013

Von der Chemotherapie bekommt Elisa nicht viel mit, sie ist wieder an der Uni. Gott sei Dank. Zwangsabstand. Hausarbeiten wollen geschrieben, Seminare besucht werden. Arbeit kann heilsam sein. Wenn sie nichts zu tun hat, ertrinkt sie in Gedanken, die schon lange unkontrollierbar geworden sind. Angst hat sich in ihr eingenistet wie ein Feind in ihrem Inneren. Es ist anders diesmal. Das letzte Mal hat sie nicht verstanden, was genau diese Krankheit bedeutet, diesmal ist der Krebs nicht nur sichtbar, nein, auch das letzte bisschen Sicherheitsgefühl ist verschwunden. Es ist zweimal passiert. Einmal verschmerzt man, zweimal grenzt an Verfolgung. Und so ist es für sie tatsächlich: Ihre Familie wird verfolgt. Der Krebs wartet, lauert. Wie soll sie sich je wieder darauf verlassen, dass es nicht noch einmal passiert?

Das normale Leben beginnt an Bedeutung zu verlieren. Wie können eine Hausarbeit, ein Job, Freunde, Freizeit wichtig sein, wenn die Mutter vielleicht bald nicht mehr da ist? Wer kann ihr versichern, versprechen, dass das nicht passieren wird? Niemand kann das.

Es gibt keine Sicherheit.

Trotzdem versucht sie es, sucht nach diesem Gefühl. Bei den Untersuchungen ist sie jetzt immer dabei, vielleicht kann sie etwas bewirken, wenn sie vor Ort ist. Vielleicht muss sie nur das Aufpassen verstärken oder eine neue Formel finden?

Da sein für ihre Mutter, so oft sie sie braucht. Zuhören, einschreiten, wenn etwas sein sollte. Elisa und ihre Mutter telefonieren beinahe täglich. Sie stehen sich nah. Und obwohl das auch vorher so war, ist auch diese Beziehung nun anders. Es ist schwer, die eigene Mutter so zu erleben. Ihre Ängste, die auch Elisas Ängste sind, ausgesprochen zu hören. Zwei Spiegel. Niemand will die Angst der eigenen Eltern hören. Eltern sollen einem sagen, dass alles wieder gut wird. Aber so ist es nicht mehr. Das Leben läuft falsch herum. Elisa ist diejenige, die sagt, dass alles bestimmt wieder gut wird. Sie googelt noch immer, aber erzählt der Mutter gezielt nur das Positive, Geschichten, die Mut machen. Dass sie dafür erst einmal an den unendlich vielen vorbeimuss, die schlecht sind, behält sie für sich. Sie ist für ihre Mutter der Filter, den sie sich selbst wünschen würde.

Aber es hilft. Der Mutter.

Sie tankt Kraft aus diesen Mutmachgeschichten. Die Zuversicht ist wieder da. Nur manchmal, an schlechten Tagen, da ist sie klein. Elisa kann das kaum ertragen, diese Ohnmacht. Zur Untätigkeit verdammt. Sie kann nur zuhören und neue Schnappschüsse sammeln.

„Was macht Papa, wenn ich mal nicht mehr bin?" „Keine Sorge, Mama, wir sind auch noch da. Wir kümmern uns um Papa."

„Wenn das alles jetzt schon so anfängt ... dann werde ich doch nicht alt."

Was soll man dazu sagen?

2023

Die zweite Erkrankung ist mittlerweile 12 Jahre her, die erste 24. Geschenkte Zeit. Erkämpfte Zeit. Ein Teenager und ein Erwachsener. Es passt so viel Leben in diese Jahre hinein. Nächstes Jahr feiert die Mutter ihren 60. Geburtstag – gesund.

Vielleicht sind wir die Mutmachgeschichte, denkt Elisa manchmal. Der Weg bis hierhin war lang. Aber er hat auch viel Gutes bewirkt. Er hat die richtigen Fragen gestellt.

Sie stehen jetzt an Elisas Schreibtisch:

Was ist dir in deinem Leben wirklich wichtig?

Wie willst du deine Zeit verbringen?

Mit welchen Menschen willst du diese Zeit teilen?

Sicherheit, die gibt es nicht. Aber Möglichkeiten, Chancen.

Zauberformeln, die nichts mit Angst und Aberglauben zu tun haben: Freunde, Familie, Vertrauen darauf, dass alles kommen wird, wie es kommen soll.

Und das Wichtigste: Nicht zu vergessen, wie stark man sein kann, wenn man es sein muss.

Dass man solche Zeiten überleben kann.

Und dass man trotz allem leben kann.

KREBSHILFE-TIPP

Nehmen Sie Ihre eigenen Gefühle ernst, auch negativ getönte Gefühle wie Wut, Zorn, Schuld und Ohnmacht können auftauchen. Diese Gefühle sind ganz „normal" und dürfen sein.

Ibadulina Kseniya

Das Schicksal der Generationen

„Wahre Worte sind nicht immer schön. Schöne Worte sind nicht immer wahr.“

Lao Tse

Ich war noch ein Baby, als meine Mutter Alla von der Brustkrebs-Diagnose ihrer Tante Larisa erfuhr. Erst Jahre später erzählte sie mir ihre Geschichte. Das Thema Krebs zieht sich wie ein roter Faden durch mein Leben und durch mehrere Generationen. Als Journalistin berichtete ich oft über Geschichten und Schicksale anderer Menschen und konnte nicht glauben, wie schwer es ist, seine eigene Geschichte zu veröffentlichen ... Das Einzige, was ich habe, sind meine Worte. Darüber zu reden ist nicht immer leicht, denn wahre Geschichten haben nicht immer ein Happy End. Aber diese geben anderen Personen die Kraft, um zu überleben.

Um solche Geschichten zu schreiben, braucht man selbst die Kraft dazu. Ich gebe dir meine ganze Energie und inspiriere dich nicht nur, mit deinen Angehörigen zusammen zu kämpfen, sondern dieser schrecklichen Krankheit möglichst zu widerstehen.

„Wilde" 1990er-Jahre ...

Meine Familie kommt ursprünglich aus dem Aserbaidschan. Genauso wie meine Eltern bin ich in Baku geboren. Die Familie meiner Mutter musste während des Zweiten Weltkrieges aus Weißrussland in den Aserbaidschan evakuiert werden, da ihre Territorien von Nationalsozialisten okkupiert wurden. Sie erlebten viel.

Meine Uroma Olga und ihr Mann Meyer Schur mussten fliehen. Sie hatten ihre Töchter dabei: Klara, Maja, Larisa und Svetlana. Seitdem lebten sie in Baku.

In den 1980er-Jahren, insbesondere während der Perestroika-Ära unter Gorbatschow, verschärfte sich die wirtschaftliche Krise in der ganzen Sowjetunion. Aserbaidschan war eine der sozialistischen Sowjetrepubliken und war für seine Erdölindustrie sehr bekannt. Erst am 18. Oktober 1991 rief Aserbaidschan nach dem Zusammenbruch der Sowjetunion seine Unabhängigkeit aus. Zu diesem Zeitpunkt herrschte eine sehr schwere Lage im Land. Es herrschte die Epoche der Unberechenbarkeit und Chaos, die sogenannten „wilden" 1990er-Jahre.

Die Wirtschaft war zusammengebrochen und auch die politische Krise verschärfte sich. Die ganze aserbaidschanische Bevölkerung wurde mit der Lebensmittelknappheit konfrontiert. Meine Mutter erzählte mir, wie sie sich mit ihrem Babybauch durch die Menge vordrängen musste, um ein Brot für die ganze Familie zu erhalten. Es gab lange Schlangen vor den Lebensmittelgeschäften und Produkte wie Mehl, Zucker, Salz, Eier, Milchprodukte und Öl konnte man nicht einfach kaufen. Um eine „gerechte" Verteilung von Grundnahrungsmitteln zu organisieren, wurden sogenannte Lebensmittelkarten an die Bevölkerung verteilt. Es erinnerte viele wieder an die Kriegs- und Nachkriegszeiten. Mittels solcher Karten versuchte man ein bestimmtes Lebensmittel in einer bestimmten Menge zu erhalten. Die Stimmung im Volk war deprimierend.

Neben der politischen und wirtschaftlichen Krise erlebte meine Familie eine Tragödie. Larisa, die Tante meiner Mutter, hatte ein Lipom in der Brust entdeckt. Es war nicht zufällig, da sie bereits an starken Schmerzen an der linken Brust litt. Sie dachte, dass es nur ein komischer Pickel sei. Das Lipom begann zu eitern.

Als Oberkrankenschwester versuchte meine Oma Klara, ihr medizinische Hilfe zu leisten und sorgte unter anderem für frische Verbände. Larisa ging es trotzdem nicht gut. Der Brustkrebs wurde bei ihr leider erst sehr spät diagnostiziert. Trotz der starken Schmerzen und des Leidens wollte sie darüber nicht sprechen. Nicht einmal mit ihrer Angehörigen. Ihre kleine Tochter Samira wusste nicht ganz genau, was mit ihrer Mutter geschah. Sie beobachtete ihre Ausblühung und konnte nichts dagegen unternehmen. Larisa wollte ihre Tochter nicht damit beschäftigen. Sie steckte ihren Kopf in den Sand und versuchte, all ihre Ängste und Probleme dort zu vergraben. Man kann nur spekulieren, was sie in diesen Momenten dachte.

In kommunistischen Zeiten ereignete sich vieles im Zentrum der Sowjetunion – Moskau. Viele medizinische Fachkräfte reisten aus und es gab kaum Spezialisten vor Ort. In Baku herrschte zusätzlich Medikamentenmangel. Nach der durchgeführten Operation hatte Larisa trotzdem starke Schmerzen. Sie dachte, dass die Schmerzen nach der Operation sehr schnell vergehen würden. Aber sie bekam Komplikationen – eine Narbenentzündung und musste dringend noch einmal operiert werden. Bei der ersten Operation wurden bei ihr im Körper medizinische Verbandsfetzen vergessen ...

Meine Oma glaubte nicht an Wunder, sie glaubte an die Medizin. Das Gesundheitssystem war zu diesem Zeitpunkt im Niedergang. Es blieb die einzige Hoffnung an Gott. Sie hatten nichts. Aber die Hoffnung hat sie nie aufgegeben ... die Hoffnung auf ein Wunder. Es gab kaum etwas zum Essen. Meine Mutter und Oma bereiteten für die ganze Familie Maisfladen vor und legten ein paar frischgefangene Sprotten darauf. Es gab kein Geld für teure Schmerzmittel. Larisas Ehemann und ihre Schwester Klara pflegten Larisa gemeinsam. Vor starken Schmerzen konnte Larisa nicht mehr liegen und es gab keine richtige Therapie. Die ganze Zeit saß sie in ihrem Sessel und verbrachte auch ihre Nächte im Sitzen.

„Sitzen Sie bequem? Haben Sie alles parat? Öle und Wasser?" Mit solchen oder ähnlichen Sätzen begannen die „Heilsitzungen" von Alan Tschumak und Anatoli Kaschpirowski. Sie waren russische Psychotherapeuten und Hypnotiseure, sogenannte „Wunderheiler". In den 1990er-Jahren wurden sie durch Fernsehauftritte in den Sowjetrepubliken sehr bekannt.

Vor dem alten Fernseher stellte meine Oma regelmäßig einen großen Ballon mit Wasser und wartete während solcher „Hypnose-Sessions", dass das Wasser hypnotisiert wird ... Larisa sollte es anschließend trinken in der Hoffnung, dass alles wieder gut werden würde ... „Wilde" 1990er-Jahre ...

Man sagt oft, dass das Wunder immer dann geschieht, wenn man die Hoffnung aufgegeben hat. Das Wunder geschah jedoch nicht. Larisa starb im Alter von 40 Jahren. Ihre einzige Tochter Samira wusste zu diesem Zeitpunkt nicht, ob sie diese schreckliche Krebsdiagnose vererbt hatte.

Samira erlitt während ihrer zweiten Schwangerschaft ebenfalls eine schwere Erkrankung, eine sogenannte Eklampsie. Es war ihr Schicksal. Bei der Geburt ihres Kindes starb sie ebenfalls im Alter von 40 Jahren.

Die Kraft der zwei Zangen

Mit seinen Tentakeln fängt der Krebs ganze Generationen. Die andere Cousine meiner Mutter bekam damals ebenfalls Brustkrebs und wurde operiert. Ihre Brust wurde entfernt und die Diagnose hat sie überstanden. Jetzt ist sie wieder gesund und wohnt in Deutschland mir ihrer Familie.

In den 1990er-Jahren wurde meine Mutter jedoch noch mit einer weiteren großen Tragödie konfrontiert. Im Alter von 27 Jahren verlor sie ihren Vater. Er starb ebenfalls an Krebs. Es gab zum damaligen Zeitpunkt keine Heilung und vor allem keine finanziellen Mittel dafür.

Ironie des Schicksals ... Jahre später erkrankte meine Oma Sonia väterlicherseits ebenfalls an Krebs. Dieses Mal war es Darmkrebs. Zum Glück konnte mein Vater Samir eine sehr gute Arbeitsstelle finden und unseren finanziellen Zustand dadurch verbessern. Ohne Chemotherapie wurde Sonia gleich operiert. Damals war ich noch zu klein, um mit ihr über dieses Thema zu sprechen. Sie wurde zwar wieder gesund, jedoch hat der Krebs meine Familie Jahre lang nicht in Ruhe gelassen.

Auf der Suche nach neuen Herausforderungen und Gesellschaft für meinen Bruder, der Trisomie 21 hat, entschieden meine Eltern nach Deutschland auszuwandern. Meine Oma Klara begleitete uns. Uns erwartete noch ein langer Prozess der Integration. Eine neue Sprache, eine neue Kultur und neue Inspirationen. Trotz Schwierigkeiten dachten wir, dass es nicht so schlecht läuft. Ich hatte meinen Bachelorabschluss in der Tasche, konnte und wollte mich weiterentwickeln und mein Bruder Emil besuchte eine spezielle Schule. Meine Mutter fing an, Deutsch zu lernen und wollte sich beruflich ebenfalls weiterentwickeln. Mein Vater hingegen, Ingenieur von Beruf, wollte sein eigenes Unternehmen gründen. Er hatte Hoffnungen. Er hatte Pläne.

Der Krebs hatte aber seine eigenen Pläne. Im Winter 2009 kamen wir nach Deutschland und im Sommer 2010 bekam mein Vater, er war damals 47 Jahre alt, die überraschende Diagnose – Darmkrebs im vorletzten Stadium. Von einen auf den anderen Tag kam eine neue Tragödie in unser Leben. Von einen auf den anderen Tag war Alarm in meinem Leben, in unserem Leben.

Es war eine Schock-Diagnose für meine ganze Familie. Es belasteten uns viele Fragen: „Bedeutet der Krebs gleich Tod? Wann geht das Leben zu Ende? Was sollen wir tun?" Ich erlaubte mir keinen Pessimismus, aber trotzdem war es schwer zu akzeptieren. Man stellte sich immer wieder die gleichen Fragen: „Warum ich? Warum wir?!" Hat unsere Familie damit gerechnet, dass sein Leben durch diese schreckliche Diagnose kürzer wird? Es war ein Schlag, nicht nur für meinen Vater, sondern für alle Angehörigen. Diese Diagnose veränderte nämlich unsere Lebensplanung und unseren Alltag.

Ich war gerade einmal 22 Jahre alt, als ich meinem Vater seine Diagnose übersetzen und erläutern musste. Ich war die erste Person, die davon erfuhr, da ich für ihn das Gespräch übersetzt habe. Ich habe mich entschieden, stärker zu sein, als ich es jemals war. Ich habe versucht, nicht zu weinen. Nach mehreren Jahren versteht man, wie stark man sein kann oder wie stark man sein muss. Das waren die ersten Tränen und vielleicht die letzten, die ich bei meinem Vater je gesehen habe.

Eine Krebserkrankung ist immer eine starke Belastung für die ganze Familie und für die Beziehung. Die Angst umeinander, die

Angst vor dem Leid und den Veränderungen. Meine Mutter verbrachte sehr viel Zeit damit, meinen Vater zu pflegen. Sie hat ihre Energie und ihre Lebenszeit investiert, um die Lebensqualität meines Vaters zu verbessern.

Während andere junge Frauen in meinem Alter andere Gedanken und Sorgen im Kopf hatten, hatte ich unendliche Besuche bei Ärzten und jedes Mal mit neuen Sorgen, um meinen Vater zu kämpfen. Jedes Mal einen neuen emotionalen Schlag ins Gesicht. Reife kommt oft nicht mit dem Alter, sondern durch Erfahrungen. Manchmal auch durch Leid.

Auch für meinen behinderten Bruder war es nicht einfach. Vor allem der Umgang mit dem ganzen Thema. Ihm fiel es sehr schwer, sich auszudrücken und seine Gefühle zu erklären.

Man sagt, dass die Töchter ihren Vätern oft sehr nahestehen. Die Verbundenheit zu meinem Vater fühle ich immer noch. Fünf harte Jahre kämpfte die ganze Familie für ihn. Vielleicht mehr als er selbst. Das ist das Schicksal aller Angehörigen. Für Patienten da zu sein. Sie an der Hand zu nehmen und zu sagen, dass man es schafft. Gemeinsam. Wir gingen Hand in Hand mit der Diagnose wie auf einem dünnen Eis. Er hat diese Krankheit leider nicht überstanden. Er musste viel zu früh von uns gehen. Er war gerade einmal 51 Jahre alt. Ich verlor ihn genau in dem Alter, als meine Mutter ihren verlor, mit gerade einmal 27 Jahren. Was für eine Ironie.

Es traf immer die Frauen unserer Familie

Tatsächlich. Viele Krebsbetroffene sind Frauen in unserer Familie. Oftmals verleugnen vor allem Angehörige die neue Realität. Auch für den Betroffenen ist es schwer, über seine Erkrankung zu sprechen. Probleme scheinen unlösbar. Man konzentriert sich auf den Kampf und nicht auf den Widerstand. Im Kampf verliert man viele Kräfte und neue Kräfte zu schöpfen ist sehr schwer. Man versucht solche Tabu-Themen zu vermeiden und tut so, als ob alles beim Alten und in Ordnung sei. Es können Monate und Jahre vergehen, bevor man bereit ist, ein offenes Gespräch darüber führen zu können. Oftmals ist es auch einfach zu spät dafür ... Die Angst einen geliebten Menschen zu verlieren, ist zu groß. Man versucht, die Situation zu überwältigen, sucht neue Methoden und Therapien und die Informationen überfluten einen. Manchmal tut auch Schweigen gut. Bei uns ist es nicht üblich, zu Psychologen zu gehen. Mein Vater sagte immer: „Ich brauche keine Psychologen. Wenn ihr einen braucht, dann geht.“ Das ist ein typisches kulturelles Stigma. Wir wurden so erzogen, dass wir keine psychologische Beratung brauchen. Dass es reinste Zeitverschwendung sei. Es ist sogar peinlich. Aber auch Mitgefühl ist in einer solchen Situation wichtig. Während an Krebs erkrankte Menschen laufend in diagnostische und therapeutische Abläufe eingebunden sind, kommen sich Angehörige oft überflüssig vor. Der Umgang mit eigenen Gefühlen ist dabei sehr wichtig.

In diesen turbulenten Zeiten versuchen meine Familie und ich, sowohl an unsere psychische als auch physische Gesundheit zu denken. Ich stelle mir oft die Frage, wie ich meine Chancen verbessern kann, um länger zu leben, um meine zukünftigen Kinder aufwachsen zu sehen und vielleicht noch meine Enkelkinder kennenzulernen. Wie kann ich diesem Schicksal vorbeugen? Wie kann ich den Krebs-Fluch besiegen?
Die wissenschaftliche Fachrichtung Psychoonkologie erforscht die seelischen Auswirkungen von Krebs auf Betroffene. Auch die Angehörigen brauchen solche psychologischen Beratungen. Erst Jahre später fing ich an, mich mit dem Thema Resilienz zu beschäftigen.
Rechtzeitige Fürsorge und die Unterstützung der Angehörigen sind dabei ein sehr entscheidender Faktor. Meine Familie macht seitdem regelmäßige Untersuchungen. Liegt das Problem in den genetischen Wurzeln von Brustkrebs? Aktuelle Forschungsmethoden ermöglichen es, sich genetisch testen zu lassen, sodass ein Risiko-Gen identifiziert werden könnte. Ob man solche Untersuchungen machen möchte oder nicht, muss jede Person individuell entscheiden. Auch ich kann mich noch nicht dafür oder dagegen

entscheiden. Das Blut der Generationen fließt weiter in mir. Das kann ich nicht ändern, will es aber auch nicht.

Das Einzige, was ich jetzt habe, sind meine Worte. Diese Worte sind der Duft meines Herzens. Manchmal riecht es nach Blut und Leid, manchmal nach einem blühenden Rosengarten. Man muss immer im Herzen einen Platz für schöne Erinnerungen haben. Ich denke immer daran, dass ich heute, hier und jetzt habe. Ich erinnere mich an wunderbare und lustige Momente mit meiner Familie und bin dankbar dafür, dass ich sie erleben durfte.

Man sagt: „Die Zeit heilt alle Wunden." Die schlimmsten Wunden, die wir tragen, sind die unsichtbaren Wunden unserer Gedanken. Die Narben, die uns an unseren Kampf erinnern. Die Narben, die meine Familie trotz vieler Verluste überwinden konnte.

Als ich diese Geschichte für dich schrieb, versuchte ich nicht zu weinen. Aber mit allen Tränen, die ich bereits vergossen habe und die ich noch vergießen werde, könnte ich einen ganzen Garten gießen. Sobald du lebst, leben deine Angehörigen in dir. Die Situation kannst du nicht immer ändern. Aber du kannst deine Sichtweise verändern.

Vor ein paar Jahren hat auch meine Oma Klara eine schlimme Krebs-Diagnose erhalten. Der Teufelskreis dreht sich weiter. Aber auch der Kampf geht weiter. Ich stehe es wieder durch. Und du auch ...

MUTMACHER

„Es ist wie es ist, aber es wird, was ich draus mache."

Brigitte

Komarek Anita

„Mama hat ein ‚gesundheitliches Thema'"
Die Geschichte einer Familie aus Wien

Einleitung

Wie sollen kleine Kinder das, was sie in den letzten eineinhalb
Jahren erlebt haben, erzählen, geschweige denn niederschreiben?
Natürlich geht das nicht. Dennoch ist es meiner Meinung nach
schön und erstrebenswert, wenn sie und ihre Erlebnisse eine Stim-
me bekommen und durch meine Hilfe niedergeschrieben werden.
Glücklicherweise teilt diese Meinung auch der novum Verlag und
so tue ich mein Bestes, um ihre Sichtweise so gut wie möglich zu
Papier zu bringen.

Um das Interview verständlich zu gestalten, möchte ich ein wenig
ausholen und über mich, mein „gesundheitliches Thema" und über
meine „Bewusst-Werdung" erzählen. Ich verwende absichtlich das
Wort „Erkrankung" nicht, denn dies ist eine der ersten Erkennt-
nisse der letzten eineinhalb Jahre gewesen: Gedanken und Wörter,
die wir verwenden, haben eine unglaublich große Macht. So achten wir auf die manchmal leisen und manchmal lauten Stimmen
in unserem Kopf und fangen wir als Erstes damit an diese zu verändern, um dann auch die gesprochenen Wörter bewusst positiv
zu formulieren.

Daher fasste ich den Entschluss, nach dem ersten Schock aufgrund
meiner Diagnose am 8. März 2022 (wie passend – am Frauentag)
mit nicht einmal 40 Lebensjahren, dass ich darauf achten werde,
welche Gedanken durch meinen Kopf gehen und welche Wörter
ich verwende, um meine Situation zu beschreiben.

Einerseits hat der Ausdruck „gesundheitliches Thema" für mich ein „offenes Ende" bzw. stellt eine Ermächtigung dar, mein Schicksal selbst in die Hand zu nehmen. Gewissermaßen klingt er auch viel positiver als „Erkrankung" und gab mir von Anfang an die Hoffnung, meine Situation nicht negativ, sondern als eine Chance wahrzunehmen.

Die Termini »Krebs«, »Tumor«, »Geschwulst« und Sonstiges haben alle eine allzu negative Schwingung, die ich von Anfang vermeiden wollte. Nicht nur wegen der Kinder, sondern auch meinetwegen. Dazu kam mir ein sehr positives und aufbauendes Buch in die Hände. Das Buch von Dr. Kelly A. Turner: „9 Wege in ein krebsfreies Leben: Wahre Geschichten von geheilten Menschen" gab mir in der ersten Zeit nach der Diagnose sehr viel Kraft und Hoffnung. Vielleicht auch eine kleine Portion „zu viel des Guten".

Wie wahrscheinlich für die meisten von uns war es für mich unerklärlich, wieso ich eine Krebsdiagnose bekommen habe. In der materiellen Welt schien alles mehr als in Ordnung zu sein. Ich lebte den wahrgewordenen Traum vieler Menschen: erfolgreicher Mann, schönes Haus in Wien, guter Job im Familienunternehmen und drei Kinder. Viele würden sagen: Was will Frau mehr? Ist doch alles da zum Glücklichwerden. Aber ich war alles andere als glücklich. Ich war am Ende meiner Kräfte, ich war gestresst und unglücklich. Hinzu kamen die SARS-CoV-2-Pandemie und die Tatsache, dass mein Vater Ende 2020 mit Corona an metastasiertem Lungenkrebs gestorben war. Es war einfach alles viel zu viel und die Energie in meinem Körper konnte nicht mehr frei fließen, es kam zu einem Energiestau, der sich in Form eines Tumors in der rechten Brust geäußert hat. Ich war zu dem Zeitpunkt in einem Dauer-Überlebensmodus und meine Lebensenergie (Chi) konnte nicht mehr frei fließen. Das sind klare Worte und eine sehr wertvolle Erkenntnis, die ich in den letzten einundeinhalb Jahren nach der Lektüre etlicher Bücher, Meditationen und Reisen ins Innere gewinnen durfte. Eine recht einfache Erklärung meines „gesundheitlichen Themas",

die reine Schulmediziner so nicht beantworten können/dürfen/
wollen. Auf die Frage „Woher kommt der Krebs eigentlich? Wieso habe ich dieses ‚gesundheitliche Thema'?", bekommt der Patient, die Patientin immer noch in den meisten Fällen die Antwort:
„Das wissen wir nicht." Für mich war das keine zufriedenstellende
Antwort und ich begab mich auf die Suche. Ich wurde in anderen
Kulturen fündig. Die Traditionelle Chinesische Medizin, der Scha-
manismus, sowohl der Ureinwohner Amerikas, Afrikas als auch
des alten Europas, die Ayurvedische Medizin und letzten Endes
auch die Quantenmedizin und Epigenetik haben eine Antwort
auf meine Frage. Ein Tumor ist die Stauung der (Lebens-)Energie,
des Chi. Eine Disharmonie, eine Störung der Balance im Körper
zwischen Yin und Yang. Letzten Endes ist alles im Universum reine Energie und ich war überzeugt, meinen Weg gefunden und die
Antwort auf meine Fragen bekommen zu haben. Meine Gedanken nach der Erstdiagnose waren: „Alles easy, ich schaffe das, ich
muss wieder mehr auf mich achten, in Balance kommen und das
wird schon. Machen wir die OP, entfernen wir den Übeltäter und
dann ist die Sache erledigt. Ich brauche weder eine Chemotherapie, noch eine Antihormontherapie, ich schaffe es, mich mit dieser
neuen Erkenntnis selbst zu heilen."

Doch das Leben lehrte mich eines Besseren, denn der Tumor kam
nach nicht einmal sechs Monaten nach der OP wieder zurück. Ich
verlor wieder einmal den Boden unter meinen Füßen und durfte
erneut eine Lehre des Universums empfangen: Die Kraft der Selbst-
heilung ist etwas Besonderes, etwas Göttliches, etwas Wundervol-
les, die ich zu dem Zeitpunkt und unter den gegebenen Umständen einfach nicht besaß.

Meine geistige und spirituelle Entwicklung waren einfach noch
nicht soweit. Mag sein, dass sich jemand, der sich nach der Diagnose
einhundert Prozent auf die Heilung konzentriert, vielleicht in ein
Schweigekloster oder zur Meditation in den Dschungel zu einem
Schamanen begibt, nach einiger Zeit die Heilung aus eigener Kraft

herbeiführen kann. Jedoch war es in meinem Fall mit drei kleinen Kindern einfach nicht möglich. Ich durfte zur Erkenntnis gelangen, dass ich mit der Betrachtung der Beziehung zwischen der Schulmedizin und der sogenannten Komplementärmedizin (im Sinne von ergänzend zur westlichen Schulmedizin) in die weit verbreitete Denkfalle des Ausschlusses geraten bin. Doch die Ausgrenzung und der Ausschluss sind niemals die Lösung. Auch bei meinem gesundheitlichen Thema nicht. So beschritt ich, ganz im Sinne von „Namasté", „alles Eins", oder einfach wie das Wort im ungarischen für Gesundheit, „egészség", wortwörtlich übersetzt „Ganzheit" bedeutet, einen neuen Heilungsweg der Inklusion, Geduld und Liebe.

Interessant war auch, dass mich wider Erwarten gerade ein ayurvedischer Arzt dazu bewog, die Chemotherapie anzunehmen. Er meinte, der Wirkstoff der Chemotherapie Paclitaxel sei ein pflanzlicher Wirkstoff, der aus der Rinde der pazifischen Eibe gewonnen wird. Dies hat mich doch sehr überrascht und so folgte ich dem Ruf meines Herzens und habe meinen behandelnden Arzt gewechselt.

Dieser begleitet mich seitdem mit viel Empathie und Fürsorge. Wir haben gemeinsam mit einem tollen Team acht Chemotherapien und die beidseitige Entfernung der Brust mit Rekonstruktion erfolgreich gemeistert. Meinen Heilungsweg sehe ich als Geschenk Gottes für ein bewusstes Leben. Im gewissen Sinne ein Erwachen, ein Schärfen der Sinne für das Wichtige im Leben, für mehr Ausgeglichenheit und Balance. Seitdem lautet mein tägliches Mantra „Ich bin gesund und ich bleibe gesund" und was am Wichtigsten ist: Ich bin nun bereit, einiges dafür zu tun, auf mich und auf die Signale zu hören.

Ein Interview wurde zu drei Interviews

Geplant war ursprünglich ein Interview mit unserer Tochter Katharina, doch wie das Leben so spielt in einer Familie mit drei Kindern, wurden es drei Interviews mit allen drei Kindern. Wer mehrere Kinder hat, weiß, dass alle gleich behandelt werden wollen und wenn ein Kind ein Interview gibt, dann wollen natürlich alle drei ein Interview geben. So dachte ich: Wieso denn nicht? Dies macht die Geschichte sogar runder.

Ich habe die Interviews zu zwei verschiedenen Gelegenheiten geführt. Einmal im Auto mit unserer Tochter, Katharina, und unserem kleinen Sohn, Matthias, und bei einer anderen Gelegenheit in einem Restaurant mit unserem großen Sohn, Maximilian. Um die Interviews besser zu verstehen, werde ich einleitend zu den Transkriptionen ein paar Wörter zu den Kindern sagen und nach dem Interview auch ein paar Anmerkungen dazu geben. Schließlich sind sie Kinder und so mögen ihre Antworten für Außenstehende wenig Sinn ergeben, bzw. können erst in einem Kontext verstanden werden. Außerdem bin auch keine Psychologin. Dennoch bin ich mir sicher, dass ihre Antworten jede Menge über ihren seelischen Zustand verraten. Das fühle ich einfach.

Maximilian, der Größte

Maximilian ist, wie sein Name schon sagt, das Größte unserer Kinder. Er war als erstes Kind das größte Geschenk des Universums an meinen Mann und mich. Wie ich schon vorhin angedeutet habe, glaube ich fest daran, dass Namen keine Zufälle sind, so wie nichts im Universum ein Zufall ist. Alles hat seine Ordnung. Nachdem sich unser Junge seinen Papa als primäre Bezugsperson ausgesucht hat, bekam er als Taufnamen den Vornamen meines Mannes, Alexander. Das war für mich im Hintergrund meiner eigenen Traumata schwer zu verstehen und es hat mich einige Zeit gekostet, es zu akzeptieren. Doch die Zeit und die Geburt unseres Mädchens haben mir sehr geholfen. Sie hat bei der Geburt den Namen Katharina bekommen und den Namen Anita bei der Taufe. Auch die Bedeutung meines Namens Anita, „die Begnadete", ist sicher kein Zufall. So wie einige Daten im Laufe der letzten eineinhalb Jahre.

Die Diagnose Brustkrebs habe ich am Internationalen Frauentag, am 8. März 2022, bekommen und an meinem Namenstag, am 2. Juni 2023 (Namenstag in Ungarn), wurden mir beide Brüste entfernt und mein neues Leben begann.

Doch zurück zu Maximilian: Nachdem er unser erstes Kind ist, durften wir alle unsere Erfahrungen erstmalig an ihm sammeln. Das ist sicher kein leichtes Schicksal für ihn und ich würde mit meinem heutigen Wissen vieles anders machen, als ich es bei ihm in manchen Situationen getan habe. Es gab einfach zu viele Stimmen um mich herum, ich war verunsichert, wollte alles richtig machen und letztendlich habe ich in der Zeit zwischen meiner Kindheit und dem ersten Kind verlernt, auf mein Herz beziehungsweise auf meine Intuition zu hören. So tat ich einiges mit einem blutenden Herzen und Gewissensbissen, es zerriss mich innerlich und dennoch dachte ich, sei dies das Richtige. Heute weiß ich, das war es nicht. Als er zweieinhalb Jahre alt wurde, fasste ich den Entschluss dies nicht mehr zu tun und habe mich auf die Suche nach neuen Wegen der beziehungsorientierten Begleitung eines jungen Menschen ins Erwachsenenalter gemacht. Die Suche ist ein laufender Prozess und dauert heute auch noch an.

(Anita): Wie war es für dich, als du von meinem gesundheitlichen Thema erfahren hast?
(MAXIMILIAN): ICH HABE MICH TRAURIG GEFÜHLT. (Anm. es ist der Schmerz in seiner Stimme zu hören. Aber er versucht es mit seiner Art „cool zu sein" zu überspielen).
Wieso?
WEIL DU KRANK WURDEST.
Kannst du dich daran erinnern, wie ich dir das gesagt habe?
MMH, NEIN.
Mhm … und welche anderen Gefühle hattest du außer der Trauer? Oder Gedanken?
EINSAM UND ICH HATTE MITGEFÜHL.

Aber wieso einsam?

WEIL DU IM SPITAL WARST.

Mhm. Nun begleitet mich dieses gesundheitliche Thema seit einundeinhalb Jahren, woran kannst du dich in dieser Zeit am meisten erinnern? Welcher Moment hat dich am meisten berührt? Oder?

ÄHHM, KANN ICH NICHT SAGEN.

Du kannst mir alles sagen.

ICH MAG NICHT MEHR, MAMA.

OK.

Wie sein Papa mag Maximilian auch nicht über seine Gefühle reden. Doch es ist eindeutig zu merken, dass ihm das Thema „Mama hat ein gesundheitliches Thema" sehr nahe geht. Vor allem vor dem Hintergrund, dass er den Tod meines Vaters im Dezember 2020 bewusst miterlebt hat und weiß, wie eine Krankheit ausgehen kann. Dies ist eine nicht zu unterschätzende Tatsache. Da jedoch die Behandlungen nun vorüber sind und ich wieder zu Hause bin, bin ich mir sicher, dass auch Maximilian bald wieder zur Ruhe finden wird.

Katharina, die Reine

Katharina ist die reine göttliche Seele, die auf diese Erde gekommen ist, um uns ihre unendliche Liebe zu zeigen und zu lehren. Sie hat gerade die erste Klasse der Schule hinter sich, sie singt und malt sehr gerne. Da sie ein sehr offenes Mädchen ist, das überall gleich Freunde findet, hat sie sich auch in der Schule schnell eingelebt. Nicht nur äußerlich, sondern auch in ihrem Charakter, ist mir Katharina sehr ähnlich. Recht oft ist sie so in ihre Fantasiewelt versunken, dass sie alles um sich herum vergisst. Nicht nur die Zeit, sondern auch das Essen oder was immer auch sie gerade machen wollte. Als Erwachsene ist es mit ihr nicht immer einfach. In unserer „erwachsenen" Welt gibt es eben Termine, wo wir rechtzeitig hinsollten und jede Menge Verpflichtungen sowie Verantwortung.

Dennoch kann ich sie gut verstehen, weil ich als Kind genauso war, und ich kann mich erinnern, dass damals mein oberstes Ziel gewesen ist, niemals so wie die gestressten Erwachsenen zu werden und immer ein Kind zu bleiben. Meine Bibeln diesbezüglich waren „Der Fänger im Roggen" von J. D. Salinger und „Sophies Welt" von Jostein Gaarder.

Im Nachhinein betrachtet scheint mir das nicht gelungen zu sein, sonst wäre ich nicht dort, wo ich jetzt bin. Aber dies ist mein Lebensweg, wofür ich sehr dankbar bin. Katharina ist zu meinem Lehrer und unerschütterlichen Wegbegleiter auf dem Weg zurück zu meiner Seele und meinem inneren Kind geworden. Die Wieder-Beschäftigung mit diesen Teilen meines Seins haben mir unglaublich zu meiner Heilung verholfen. Leider haben wir im Laufe der letzten Jahrhunderte die Beziehungen zu unserer Seele, zu unserem vergangenen Leben und zu unserem inneren Kind verlernt. Doch Gott/das Universum/die Spirits, senden uns immer wieder Hinweise und Hilfsmittel. So sind Kinder bekanntlich Spiegel unserer Seele. Wenn wir hinschauen, uns die Kraft und die Zeit nehmen, uns mit den Themen zu beschäftigen, die sie uns aufzeigen, dann finden wir den Weg zur Heilung. Mag es noch so lange dauern, mag unser Körper noch so viele Zeichen schicken – wie etwa in Form von körperlichen Symptomen, Migräne, Schlaflosigkeit und letztendlich Tumoren. Die Kraft der Entscheidung, ob wir hinschauen oder nicht, liegt bei uns. So auch die Kraft der Heilung.
Doch nun zurück zum Interview. Wie schon erwähnt, habe ich dieses während einer Autofahrt gemacht. Katharina und unser kleiner Sohn, Matthias waren beide im Auto. Als ich die Fragen an Katharina stellte, wollte Matthias auch mitreden. Ich dachte mir, wieso nicht, so hat er auch die Gelegenheit in seinen kindlichen Worten etwas zu sagen.

(Anita): *Kathi, ich stelle dir jetzt ein paar Fragen zu meinem gesundheitlichen Thema, geht das in Ordnung?*
(Katharina): Ja.

(Anita): *Wie war es für dich, als du von meinem gesundheit-*
lichen Thema erfahren hast?
(Katharina): Hmm, ich denke einmal nach ... gut.
Gut war es für dich?
Nicht so gut.
Wie war es?
Es war schon schlecht, aber nicht so gut.
Wieso war es schlecht?
Ja, weil ich wollte, dass du immer bei mir bleibst. Nicht ein
paar Monate weg bist und im Krankenhaus bist.
Wie hat sich das für dich angefühlt, wie ich weg war?
Halt so traurig.
(Matthias): Ich auch. Mama hat Freundin gehabt und
ich habe geweint, ich habe ein Lager gemacht und ich
habe geweint ... Bäääh.
Welche Gedanken hattest du?
Gedanken hatte ich ... halt solche traurigen Gedanken.
Wie traurig? Beschreibe einmal ...
So traurig, dass halt ich schon ein bisserl geweint habe. Das
hat man gar nicht mal gesehen, aber ich war schon traurig.
Wieso warst du traurig?
Ja, weil du weg warst.
(Matthias): MAMA, MAMAAA: Ich habe eine Freun-
din gehabt, ein Lager gemacht, aber ich habe, ich darf
nicht jetzt schauen, ich habe geweint.
Ja, weil du weg warst, deswegen.
Ich habe so viel geschrien.
Nun begleitet mich dieses gesundheitliche Thema seit einein-
halb Jahren, das ist eine ziemlich lange Zeit. Woran kannst
du dich in dieser Zeit am meisten erinnern, was war für dich
das Eindrucksvollste? Oder was hat dich besonders berührt?
Das Schönste, was ich mit dir erlebt habe, das war das Aller-
schönste, was ich in meinem Herzen drinnen habe: Und das
ist, wie wir so einen schönen Blumen-Tag gemeinsam erlebt
haben. Das habe ich auch schon im Auto bei der Rückfahrt

gesagt: Das war der schönste Tag, den ich je in meinem Leben erlebt habe.

Ach, du meinst, als wir gemeinsam bei der Blumenausstellung waren?

Ja.

Oh, das ist schön.

Mama, da bin ich nicht mitgefahren.

Nein, da bist du leider nicht mitgefahren.

Ja, wir machen immer wieder getrennte Nachmittage, einmal Kathi, einmal Maxi und einmal Matthias. Jetzt haben wir lange keine Zeit mehr gehabt, aber nun fangen wir wieder damit an, OK?

Jetzt ich, OK?

Ja, wir überlegen uns, wer als Nächster wieder drankommt. Ich muss das einplanen, weil jetzt wieder die Ferien kommen, aber wir machen das wieder regelmäßig. OK? Gut.

Wie war es für dich, Kathi, als mein Busen entfernt werden musste bzw. ich einen neuen Busen bekommen habe?

Das war schon traurig, ich wollte, dass dein Busen so bleibt, wie er war.

Wieso, was hat dir an dem alten Busen so gut gefallen?

Als ich ein kleines Baby war, da hat es mir ganz gefallen, dass du den Babys immer Milch geben konntest. Aber wenn noch ein Baby kommt, dann wäre es echt traurig, wenn es nicht von deinem Busen trinken könnte.

Na gut, aber du hast ja daraus trinken können.

Ja, aber es wäre echt schade, wenn bei anderen Leuten der Busen weg ist, der alte Busen, der war halt das Beste für jedes Kind. Wenn noch ein neues Baby kommt und halt der Busen für ein Kind, ein Kleinkind, nicht da ist, das ist schon echt traurig.

Wie gefällt dir der neue Busen, Kathi? Ich meine, jetzt sind sie noch ein bisschen beleidigt und viel Aua ...

Nicht so.

Nicht so gut? Wieso?

Weil es nicht so gut ist. Ich mag deinen alten Busen.
Ja, die sind jetzt leider weg, aber die Neuen wirst du vielleicht auch irgendwann einmal mögen, oder?
Ja, aber ich mag nicht deine Schnitte.
Die Wunden magst du nicht?
Ja. Die Schnitte schauen nicht so gut aus.
Ja, das wird ja verschwinden.
Ja, ich mag sie nicht. Die sollen verschwinden.
Was sagst du zu meinen Haaren?
Die Haare sind gut, wenn sie noch wachsen.
Und wie war es für dich, als sie wegmussten?
Echt nicht gut. Ich konnte fast nicht hinschauen. Wie? Ein Mädchen ohne Haare! Meine Mama! Ich wollte das gar nicht mal! Ich habe noch nie eine Mutter ohne Haare gesehen und deswegen, als ich es das erste Mal gesehen habe, hat es wirklich schirch ausgeschaut.
Wirklich? OK.
Ja!
Dann die letzte Frage: Wie wünschst du dir unsere Zukunft mit mir?
Dass du immer bei mir bist, in meinem Herzen. In meinem Leben, für immer bis zu meinem Tod. Dass du immer bei mir bleibst. Aber ich will nicht, dass du tot bist, wenn ich nicht tot werde.
Nein, Kathi, das werde ich nicht! „Ich bin gesund und ich bleibe gesund!" OK?
Mama, kannst du bis 100 Jahre hierbleiben?
Ja, ich werde es versuchen!
Jucha! Aber nicht vor mir sterben, dann mag ich es nicht so gut.
Du wirst auch mehr als hundert und dann werden wir glücklich und zufrieden sein bis ins hohe Alter. Oder Kathi?
Mmmh.
Ich liebe dich!
Ich dich auch!
Danke, Kathi!

Bemerkenswert an Kathis Antworten ist ihre emotionale Intelligenz. Sie kann sich ausgezeichnet in die Gefühlswelt anderer hineinversetzen. Dies ist gleich am Anfang des Interviews zu erkennen als sie auf die Frage, wie es für sie war, als sie von meinem gesundheitlichen Thema erfahren hat, mit einem knappen „gut" antwortet. Das macht sie wahrscheinlich nur, damit ich mich besser fühle. Bei näherem Nachfragen relativiert sie ihre Antwort und spricht davon, dass es für sie am schlimmsten war, dass ich immer wieder im Spital war und nicht bei ihr zu Hause sein konnte. Dies hat zwischendurch auch Matthias auf seine Art bestätigt. Gott sei Dank habe ich auf mein Herz gehört und folgte letztes Jahr im September meiner Intuition und mache regelmäßig mit den Kindern exklusive Nachmittage. Dabei verbringe ich einen Nachmittag pro Woche nur mit einem Kind und mache mit ihnen etwas, was ihnen gefällt. Spannend ist, dass sie meine Frage an ihre Erinnerungen an die vergangenen eineinhalb Jahre mit dem gemeinsam erlebten Nachmittag beantwortet hat. Ehrlich gesagt dachte ich, dass sie etwas Negatives sagen wird, wie den Verlust der Haare, oder des Busens. Nein, für Kathi war das Eindrucksvollste bzw. Bemerkenswerteste der gemeinsame Nachmittag. Es mag sein, dass sie mit diesen beiden Begriffen automatisch etwas Positives verbindet, aber dennoch hat es mich überrascht. Die letzten beiden Themen, die Haare und der Busen lassen ebenso ihren Wunsch nach der „gewohnten" Mama erkennen, die so ist, wie sie war, und ihren Erinnerungen entspricht. Die Sorge um ein ungeborenes Baby, welches nicht mehr mit Muttermilch genährt werden könnte, lässt wiederum ihr unendliches Mitgefühl und Liebe erkennen, die sich sogar über ungeborene Wesen erstreckt.

Matthias, das Geschenk Gottes

Matthias ist drei Jahre alt und besucht den Kindergarten. Er ist eine absolute Frohnatur. Sogar als er gerade erst auf die Welt gekommen war, waren seine Augen sofort weit geöffnet und er hat seine Mitmenschen mit einem Lächeln begrüßt. Kaum zu glauben, aber auch in diesem Punkt sind alle drei unserer Kinder unterschiedlich, das erste Kind, Maximilian, schlief nach der Geburt sehr viel und hatte die Augen zu, Kathi tat sowohl, als auch. Matthias war wiederum sehr aufmerksam in seinem Wesen und recht unkompliziert. Das mag auch an der Tatsache liegen, dass er das dritte Kind ist und ich schon genügend Erfahrung hatte, um das ganze Baby-Thema gelassen anzugehen. Nachdem unsere Kinder mit drei Sprachen aufwachsen, brauchen sie bei der sprachlichen Entwicklung etwas länger. Dennoch mindert diese Tatsache nichts an Matthias Mitteilungsbedürfnis und so durfte ich ihn auch interviewen.

(Anita): *Also Matthias, du musst jetzt auch laut reden, OK?*
(Matthias): Ja.
Also, wie war es für dich, als du von meinem gesundheitlichen Thema erfahren hast?
Ich weiß nicht ...
Du weißt nicht?
Ich weiß nicht ...
OK, na passt. Kannst du dich daran erinnern?
Ich weiß nicht ...
Das weißt du auch nicht mehr? Ist schwierig, ich weiß. Weißt du, welche Gefühle du damals hattest?
Ja.
Welche denn?
Blau und Gelb.
Aha, OK.
Blau und Gelb.
Deine Lieblingsfarben?

Blau.
Wie war es für dich, als die Busen wegmussten?
Ich weiß nicht ...
Das weißt du auch nicht? Gefallen dir meine neuen Busen?
Ja.
Ja, na schau! Na bitte, sehr gut. Letzte Frage Matthias: Wie siehst du unsere Zukunft?
Ich weiß nicht ...
Das weißt du auch nicht? Na dann werden wir das gemeinsam rausfinden, OK? Gemeinsam, du und ich, OK? Danke für das Interview, Matthias.
(Kathi): Mama?
Ja?
(Kathi): Der Matthias ist klein, er weiß nicht, was du redest. Deswegen hat er gesagt Blau und Gelb.
Ich weiß, Kathi, trotzdem wollte er ein Interview machen.
(Kathi): Ich würde das nie machen.
Ich finde das süß.
(Kathi): Ja, ich würde das nie machen, wenn ich ganz klein wäre. Ich weiß nicht, ich weiß nicht, ich weiß nicht ... Blau und Gelb.

Ich denke, da gibt es nicht viel dazu zu sagen. Er scheint froh zu sein, dass ich wieder da bin, und alles andere scheint keine Rolle zu spielen. Im Großen und Ganzen denke ich, dass wir diese Zeit gut überstanden haben. Wir haben als Familie zusammengehalten und konnten die vergangenen eineinhalb Jahre, trotz aller Einschnitte, als eine Zeit der Veränderung und Transformation erleben. Selbstverständlich tut es weh und ist schmerzhaft, wenn etwas Altes, Gewohntes sich verändert, aber das Leben ist Veränderung und wenn sich eine Tür schließt, dann öffnet sich eine andere. Das ist der Lauf des Universums und so sind auch wir. Ich denke, es ist wichtig, dass wir das erkennen und gemeinsam mit unseren Kindern und Partnern diesen Weg gehen lernen. An dieser Stelle möchte ich meinem Mann, Alexander, danken. Er hat sich bereit erklärt, diesen Weg mit mir zu gehen, und unterstützt mich mit allen ihm zur Verfügung stehenden Mitteln. Vielen Dank dafür! Mein unendlicher Dank gilt ebenso allen Menschen, die an mich gedacht haben und mir im Laufe der Zeit ihre positiven Heilungs-Gedanken geschickt haben. Ich habe die Energie tatsächlich gespürt und spüre sie noch immer!

Namasté,
Alles Liebe,
eure Anita

KREBSHILFE-TIPP

Respektieren Sie die Grenzen des Erkrankten, und lernen Sie Ihre eigenen Grenzen kennen.

Luksch Laura

Wochenbett und Bestrahlung

Nahezu reflexartig drücke ich auf den Knopf mit dem Symbol einer Kaffeetasse, als wäre mir diese Handlung mittlerweile fest programmiert worden. Die Maschine fängt mit kurzem Verzug an zu zappeln. Die Kaffeebohnen tanzen und springen auf ihrem Weg in den Schacht des Vollautomaten, wo sie tatsächlich vollautomatisch gemahlen werden. Mit einem lauten Zischen strömt der tiefbraune Genuss aus den zwei Düsen geradewegs in meine liebste Tasse. So bequem, so einfach. Eigentlich schon zu einfach, sodass uns oft der Wert dieser Luxusgüter verloren geht. Sind sie schließlich Alltag für uns geworden. Ich möchte mir vornehmen, diese vermeintlichen Kleinigkeiten öfter als das wahrzunehmen, was sie schlichtweg sind. Ein Privileg.

Mein Blick wendet sich von der Maschine hinaus aus der Balkontür. Dabei lehne ich mich an den Tresen unserer Einbauküche. Seit mein Bauch so groß geworden ist, lehne ich mich öfter irgendwo an und bilde mir ein, mein Körper fühlt sich dadurch leichter an. Das neue Gewicht lässt sich so besser ertragen.

Mein Körper baut aktuell ein neues Leben. Vollautomatisch. Ich muss schmunzeln und streichle dabei mit meiner linken Hand seelig über meine Murmel. Das ist auch schon zu einem Reflex geworden. Dieser hat sich direkt mit der befruchteten Eizelle eingenistet.

Ich halte noch einen weiteren Moment inne. Dieser herrliche Duft, der aus dem ratternden Vollautomaten steigt, bringt mich noch tiefer in meine Gedanken.

Eigentlich sind es nicht nur diese kleinen, alltäglichen Dinge. Wenn ich ehrlich bin, ist mein ganzes bisheriges Leben privilegiert verlaufen.

Aufgewachsen in einem geschützten und mit Liebe erfüllten Umfeld im eigenen Haus mit großem Garten, guter Erziehung, der besten Schulbildung, Geschwistern und glücklich verheirateten Eltern. Ich tausche die Tassen und drücke erneut auf den Knopf.

Kurz. Meine Kindheit war schön und frei von Sorgen. Es ist also nicht verwunderlich, dass ich bereits als Kind den Entschluss fasste, dieses Leben so weiterzuführen. In mir wuchs der Wunsch, mir im Erwachsenenalter auch so ein Leben aufzubauen, wie es meine Eltern vorgemacht haben. Die zwei gehen nun seit über 34 Jahren als ein Team durch ihr Leben. In guten wie in schlechten Zeiten, wie man so schön sagt. Sie waren mir immer ein Vorbild.

Ich gehörte zu den kleinen Mädchen, die vom Prinzen, der Hochzeit samt goldener, gemeinsamen Kindern, einem Eigenheim und dem „Bis dass der Tod euch scheidet" träumten. Wahrscheinlich, weil ich es als Kind nur so erlebt habe. Keine Scheidungen oder Schicksalsschläge um mich herum.

Ebenfalls lebte ich tatsächlich in dem Glauben, dass alle Familien mit Kindern ganz selbstverständlich in eigenen Häusern wohnen. So wie alle Familien in unserer Straße. Wie eine Art Beförderung. Sobald man heiratet und Kinder bekommt, darf man in sein eigenes Haus einziehen. Als gehöre das untrennbar zusammen. Bis ich das erste Mal bei einer Schulfreundin übernachten durfte, deren Familie in einer Mietwohnung wohnte. Da habe ich begriffen, dass das nicht automatisch mit dem Gründen einer Familie in dein Körbchen fällt, wie eine Prämie. Im Gegenteil. Du musst viel dafür geben. Die Wertschätzung meinen Eltern gegenüber wuchs damit noch weiter.

Ein weiteres Mal stelle ich eine leere Tasse unter die Düsen und lasse sie befüllen.

Ich frage mich oft, womit ich das verdient habe, dass sich meine Kindheitsträume so schnell erfüllten. Bin ich doch letzten Monat erst 27 Jahre alt geworden. Meinen Seelenverwandten durfte ich bereits kennenlernen, da war ich zwölf Jahre jung. Weitere zwölf

Jahre später haben wir geheiratet und in wenigen Tagen erwarten wir unser erstes Kind. Seit zwölf Jahren gehen wir bereits als ein Team durch unser Leben. Ich denke, wir haben unsere Beziehung genug erprobt, um sie nun vor diese neue Aufgabe zu stellen. Uns als Eltern zu erleben, wird sicherlich die wundervollste und zugleich herausforderndste Erfahrung in unserer Beziehung sein.

Der größte meiner Lebensträume geht damit in Erfüllung. Ich darf eine Mama sein. Und nicht nur das. Ich darf auch eine Schwangerschaft und eine Geburt selbst erleben. Das empfinde ich wohl als das größte Privileg meines Lebens. Männer dürfen sich gar nicht die Frage stellen, ob sie einmal ein Kind austragen wollen. Sie haben nicht die Wahl und dürfen nie erfahren, was das mit einem macht.

Auch wenn es in vielen Bereichen und Teilen dieser Welt leider noch nicht angekommen ist. Für mich ist es ein Privileg, eine Frau zu sein.

„Sag mal, träumst du? Kannst du bitte weiter machen?", zischt mir der besagte Göttergatte zu und huscht durch mein verschwommenes Sichtfeld.

Erst da wird mir bewusst, wie sehr ich in meinen Tagträumen versunken bin. Seit der Schwangerschaft reflektiere ich mehr denn je. Wie wurde ich erzogen? Wie wurde mein Mann erzogen? Was davon wollen wir übernehmen; was lieber nicht? Was für eine Mama möchte ich sein? Vermutlich sollte ich nicht zu viel grübeln, aber so funktioniere ich.

Ganz klar wünsche ich mir, dass mich mein Sohn später auch als sein Vorbild sieht. Dafür muss ich mir vor allem selbst ein Vorbild sein.

Ein viertes und letztes Mal erteile ich dem Kaffeevollautomaten den Auftrag, eine Tasse vollautomatisch mit Kaffee zu füllen. Das laute Zischen der Maschine verschluckt fast die Klingel unserer Wohnungstür. Ich löse mich vom Tresen, mache einen Schritt auf unseren Esstisch zu und rücke noch kurz die Servietten und kleinen Kuchengabeln zurecht. Zeitgleich eilt mein Mann in den Flur, um meinen Eltern den Hauseingang per Freisprechanlage zu öffnen.

Nach herzlichen Umarmungen und dem Bestaunen meines erneut gewachsenen Bauches begeben wir uns zu Tisch und jeder findet seinen Platz. Direkt sind wir bei dem präsentesten Thema der letzten Monate. Euphorisch berichten wir von den jüngsten Terminen mit meiner Gynäkologin und den Hebammen; davon, wie wunderbar sich unser kleiner Junge entwickelt und unseren Gedanken zu der bevorstehenden Geburt. Meine Eltern lauschen aufmerksam unseren Worten. Blanke Vorfreude aller auf das neue Familienmitglied liegt in der Luft.

Nebenher genießen wir den Kuchen aus der Konditorei um die Ecke; der Kaffee rundet das Ganze ab.

Mir fällt ein, wir haben noch gar nicht von unserer Reise in das Erzgebirge erzählt. Anlässlich meines Geburtstages haben wir das letzte Wochenende vom November dort verbracht. In einem schicken Hotel mit gutem Essen, Entspannung in einer Therme und dem täglichen Schlendern über verschiedene Weihnachtsmärkte, haben wir nochmal richtig unsere Zweisamkeit genossen. Unser Babymoon, wenn man so will.

Ich hole aus und gebe den Ball an meinen Mann weiter. Ausführlich beschreiben wir all die wertvollen Erlebnisse und geben zwischendrin auch die lustigen Momente zum Besten. Wir haben immer viel Spaß auf unseren Reisen.

Mein Papa greift das Thema Urlaub auf und erklärt, dass sie ihren Plan, ein neues Wohnmobil zu kaufen, jetzt konkret angehen wollen. Das ist ihr letzter großer materieller Wunsch und den haben sie schon lange. Im Grunde hören wir bei jedem Treffen davon.

„Man weiß nie, wie lange man noch hat. Ich hatte Kollegen, die vor der Rente verstorben sind. Ich habe immer meine Mutter im Kopf. Vielleicht werde ich auch nicht älter", meint Papa und stockt.

Es dauert etwas länger, bis diese Information zu mir durchdringt. Mein Papa ist gerade 61 geworden. Meine Oma wurde leider nur 67 Jahre alt. Nur noch sechs Jahre für meinen Papa? Dann würde er ja nicht einmal die Einschulung unseres Sohnes erleben. Schnell schiebe ich diesen Gedanken beiseite. Ich sehe meinem Papa direkt in die Augen. Mir scheint, als reflektiert er in letzter Zeit auch öfter. Vermutlich, weil er jetzt über 60 ist und kurz vor der Rente steht. Die passende Zeit für ein modernes und komfortables Wohnmobil. Meine Mama hingegen ist 54 Jahre alt. Ich wünsche es den beiden, dass sie trotz Altersunterschied einen Weg finden, relativ zeitgleich in den Ruhestand zu gehen. Das richtige Wohnmobil wartet auch schon in irgendeiner Garage. Da bin ich mir sicher. Und wenn es so weit ist, sollen sie bitte nur noch an sich denken. Sie haben lange genug geleistet und verzichtet.

Mein Papa schaut mich an, senkt dann seinen Blick auf das Stück Bienenstich vor ihm, holt Luft und redet weiter.

„Wir wollten es jetzt eigentlich noch nicht sagen, aber es muss auch langsam mal raus. Es ist alles gut, macht euch keine Sorgen. Bei Mama wurde ein bösartiger Knoten entdeckt. In der linken Brust. Der wurde aber schon entfernt."

„Warte mal! Was? Wann? Nochmal von Anfang", höre ich meine Stimme sagen, bevor ich überhaupt wirklich denken kann.

Eine schwarze Wand baut sich vor meinem inneren Auge auf. Dieses Gefühl kenne ich. Ich befinde mich in einem Déjà-vu. Nur das eine Wort ist neu. Bösartig.

Vor ungefähr sechs Jahren bekam ich einen Anruf meiner Eltern über die Freisprechanlage ihres Autos. Das Telefonat begann, wie das Gespräch heute, mit den unbeschwerten Themen unseres Alltags. Ab einem gewissen Punkt änderte sich die Tonlage meines Papas und er formulierte ganz ähnliche Sätze.

„Wir wollten euch etwas mitteilen. Wir haben jetzt die Ergebnisse. Alles ist gut, macht euch keine Sorgen. Die Mutti hat vor ein paar Wochen einen Knoten in ihrer Brust entdeckt. Vor drei Wochen wurde eine Stanzbiopsie durchgeführt. Der Knoten ist gutartig und sie kann bald operiert werden. Wir wollten niemanden verrückt machen, bevor wir nichts Genaueres wissen. Der Knoten wird entfernt und dann müssen wir uns darüber keine Gedanken mehr machen." Kurz und schmerzlos ratterte mein Papa die Informationen herunter.

Ganz so schmerzlos war es dann doch nicht. Damals war ich wenig begeistert, dass sie mich auf diesem Weg nicht mitgenommen haben.

Ich weiß, sie hatten keine böswilligen Absichten. Im Gegenteil. Sie wollten uns nicht vorschnell verunsichern oder gar ängstigen. Die zwei hatten die Hoffnung, uns dieses Thema mit einem Happy End offenbaren zu können. Das gute Ende gleich zu Beginn, damit der Rest leichter über die Lippen geht. Dieser Plan ist nur halb gelungen. Natürlich war ich über allen Maßen dankbar für den Ausgang dieser Hiobsbotschaft. Dennoch fiel es mir schwer, damit umzugehen. Mehrere Wochen ließen mich meine Eltern in dem Glauben, sie vollziehen ihren gewöhnlichen Alltag. Die üblichen Dinge. In Wahrheit hat sich meine Mama drei lange Wochen damit auseinandersetzen müssen, ob sie möglicherweise todkrank ist. Ich kann mir kaum vorstellen, welche Gedanken sie geplagt haben. Ich hätte meiner Mama beistehen wollen. Das wurde mir vorenthalten. Ich fühlte mich ausgeschlossen. Viele Tränen habe ich vergossen.

Mittlerweile bin ich älter geworden, und weiser. Ich verstehe jetzt, mein Verhalten war egoistisch. Nur der Betroffene selbst hat das Recht zu entscheiden, wie und mit wem er diesen Weg geht. Je mehr Leute davon wissen, umso mehr wollen ein regelmäßiges Update. Man wird ständig damit konfrontiert, obwohl man noch gar nichts zu berichten hat. Weder gut noch schlecht. Das Warten auf eventuell lebensverändernde Untersuchungsergebnisse zieht sich wie Kaugummi. Ich kann nachvollziehen, dass man da nicht dauernd gefragt werden möchte, ob es etwas Neues gibt. Wartet man doch selbst jeden Tag auf die erlösende Antwort.

Die Antwort war positiv, da negativer Stanzbiopsie. Der Knoten wurde entfernt, untersucht und es wurde nichts weiter gefunden. Wir durften alle aufatmen.

Heute führen wir dieses Gespräch nicht über das Telefon. Ich sitze meinen Eltern gegenüber und kann ihre gesamte Körpersprache wahrnehmen. Ich höre heraus und kann sehen, dass natürlich nicht alles so gut ist, wie sie sagen. Da ist diese Diagnose, vor der wir uns vor sechs Jahren bereits gefürchtet haben. Meine Mama hat Brustkrebs. Wir sehen uns in die Augen. Viele Fragen liegen mir auf der Zunge; gleichzeitig ist mein Kopf so leer. Ich fühle mich starr und bin noch nicht fähig zu reagieren. Noch bevor ich zum Sprechen ansetzen kann, ergreift meine Mama das Wort.

Als würde sie meine Gedanken kennen, versucht sie sich zu erklären. „Wir wissen, dass du solche Dinge lieber direkt erfährst. Wir wollten es aber eigentlich erst nach der Geburt mit euch teilen. Du sollst dich jetzt lieber ganz auf dich, deinen Körper und die Geburt fokussieren. Da wollten wir dich nicht emotional belasten. Durch die Sache vor sechs Jahren war ich regelmäßig bei der Kontrolle und habe die Mammografien immer wahrgenommen. Das kommt mir jetzt zugute. Der Arzt meinte, ich habe den Guten unter den Bösen, weil er so früh entdeckt wurde. Er war von vornherein zuversichtlich, dass nichts gestreut hat und sie nichts weiter finden werden."

„Und du wurdest schon operiert und sie haben wirklich nicht mehr gefunden?", bringe ich doch heraus.

„Ja und es wurde zusätzlich der dazugehörige Wächterlymphknoten entfernt und untersucht. Hat ein Tumor Metastasen gebildet, dann sind diese in der Regel in den Lymphbahnen zu finden. Daher wird der erste Lymphknoten dieser Region ebenfalls entnommen. Der war bei mir frei von Metastasen. Der Arzt sagte, ich muss noch lange nicht daran denken, den Sargnagel einzuschlagen."

Ich versuche, es so positiv aufzunehmen, wie es meine Mama zu überbringen versucht, und lächle verhalten. Doch ich kann es nicht mehr aufhalten. Mein Körper löst sich allmählich aus seiner Anspannung und Tränen schießen mir in die Augen.

„Das wollte ich eigentlich vermeiden. Lass dir davon jetzt bitte nicht die Vorfreude nehmen." Meine Mama springt auf und nimmt mich in den Arm.

Meine starke Mama. Mein Vorbild. Sie ist krank. Ich bin gesund und darf gerade das größte Wunder meines Lebens erfahren. Aber meine Mama macht sich mehr Gedanken um meine Situation als um ihre eigene. Das eigene Kind steht eben immer an erster Stelle.

Und wieder wurde ich in dem Glauben gelassen, es sei alles beim Alten und meine Eltern bestreiten ihren gewöhnlichen Alltag. Unterdessen haben sie diese beängstigende Diagnose erhalten. Meine Mama war eine Woche im Krankenhaus und wurde operiert. Sie fürchtet sich vor Narkosen. Wie es meine Eltern schaffen, ihre Gefühlswelt so zu verbergen, ist mir ein Rätsel. Ich bin mir nicht sicher, ob das bewundernswert oder erschreckend ist. Die beiden sollten Poker spielen.

Heute fühle ich mich dadurch nicht ausgeschlossen. Ich bin nicht enttäuscht. Nein. Ich bin an den vergangenen Erlebnissen gewachsen. Mir ist nur wichtig, dass meine Mama in solchen Zeiten einen Vertrauten hat. Sie soll nichts in ihrem Leben alleine durchstehen müssen. Und ich weiß, dass sie da mit meinem Papa genau den Richtigen an ihrer Seite hat. Meine Eltern brauchen kein schlechtes Gewissen zu haben.

Gleichermaßen freue ich mich trotzdem, dass sich meine Eltern heute schon überwunden haben, uns von ihren vergangenen Wochen zu erzählen. So habe ich noch ein paar Tage, um die Situation im Ganzen zu erfassen und sacken zu lassen. Davon im Wochenbett zu erfahren, würde sicher einen dunklen Schleier über die Babyblase werfen, in der ich mich mit meinen zwei Männern möglichst sorglos einkuscheln möchte.

Aus dem gemütlichen Nachmittag zu Kaffee und Kuchen wurde unlängst ein Abend. Meine Eltern berichten ganz detailliert von dem Befund, dem Krankenhausaufenthalt, wie es meiner Mama danach erging, der bevorstehenden Therapie und was das alles für Mamas Arbeit bedeutet.

Unter anderen Umständen hätten meine Eltern bereits ihre Heimreise angetreten. Wir können uns noch nicht voneinander trennen. Es gibt noch einiges zu erzählen und so beschließen wir kurzerhand gemeinsam zu Abend zu essen. Ich löse einen Flyer von unserer Pinnwand und wir bestellen bei dem griechischen Restaurant die Straße runter.

In unserem Badezimmer stehe ich vor dem Waschbecken und sehe in den großen Spiegel darüber. Dieser Tag verlief anders als erwartet. Geplant war lediglich ein letztes Beisammensein zu viert, bevor wir uns zu Hause einigeln und auf unser Wunder warten. Gedanklich durchlebe ich erneut die letzten Stunden. Meine Mama hat Krebs. Langsam sickert es durch. Greifbar ist es noch nicht. Tränen laufen mir über die Wangen und ziehen weiße Linien durch mein Make-up. Ich wasche mir die Tränen und das Make-up vom Gesicht. Vergeblich versuche ich, die Sorgen gleich mit herunter zu waschen. Ich gehe heute früher in mein Bett.

Die letzten Tage des Jahres möchte ich mich nur noch auf die Geburt konzentrieren. Ich werde mich auf meinen Körper besinnen, in mich hineinhorchen, meine Weiblichkeit spüren und mir über meine Stärke bewusst werden. Ich stelle mich in meinen Mittelpunkt.

Das Ende des Jahres genieße ich immer sehr. Ich freue mich wie ein kleines Kind auf meinen Geburtstag und die anschließende Vorweihnachtszeit. Die Zeit, in der die Welt stiller wird. Besinnlicher. Wir entschleunigen unseren oftmals überrannten Alltag und werden offen für Veränderungen. Die beste Zeit, um zu fühlen, reflektieren, lernen und zu wachsen. Genau das Richtige für mich.
Wie es das Universum will, fällt mein letzter Schwangerschaftsmonat auf den Dezember. Somit beginnt mit dem neuen Jahr auch unser neues Leben als Familie.

Für meine Mama beginnt mit dem neuen Jahr die Bestrahlung mit anschließender Antihormontherapie.
Sechs Wochen Bestrahlung.
Sechs Wochen, die ich mit meinem Baby im Wochenbett verbringe. Diese wertvolle Zeit nach der Geburt für Heilung und

Annäherung. Die Nähe und tiefe Bindung zu unserem Baby stehen im Fokus. Meinem Körper möchte ich ausreichend Zeit und Raum geben, um sich zu erholen. Seine Regeneration von der Schwangerschaft und Geburt. Ich werde erneut eine hormonelle Veränderung samt Schwankungen durchlaufen. Mein Körper verabschiedet sich von der Schwangerschaft und begibt sich in die Rolle des nicht schwangeren, stillenden Körpers.

Ich wünsche es mir, mein Baby zu stillen. Somit wird auch meine Brust in den kommenden Monaten eine zentrale Position einnehmen. Und auch sie und mein Verhältnis zu ihr werden sich verändern. Mein Körper wird danach nie mehr sein, wie ich ihn kannte und liebte. Den neuen Anblick im Spiegel anzunehmen wird Zeit brauchen.

Auch mental muss ich heilen. Die Schwangerschaft hat unter anderem Verlustängste in mir hervorgerufen. Das wird als Mama natürlich nicht leichter. Ein Leben lang sorgt man sich um sein Kind. Dafür ist meine Mama das beste Beispiel. Ich werde wohl lernen müssen, damit umzugehen.

Und vielleicht ist es für meine Mama ebenfalls genau das. Sie startet mit dem Januar in ein neues Leben voller Annäherung und Heilung.

Eine Annäherung an ihren Körper, der durch Bestrahlung, Antihormontherapie und auch durch die belastete Psyche eine Veränderung erleben wird. Ein Körper, der Raum für Regeneration benötigt. Der im Spiegel in neuen Formen vor ihr stehen wird. Eine Brust mit Narben. Eine Brust, die nicht mehr so unbeschwert berührt wird. Zu groß ist die Angst, einen Knoten zu spüren. Ihr linker Arm wird ab und zu schwer und tut weh. Er wird wohl nie mehr voll belastbar sein. Hormonell wird meine Mama in ihre Menopause versetzt. Allein das ist ein Einschnitt in das Leben jeder Frau. Doch meine Mama erfährt das nicht auf natürlichem Wege. In gewisser Weise wird ihr System durch Medikamente ferngesteuert. Dazu die Angst vor dieser unsichtbaren Gefahr im eigenen Körper. Die Angst, dass etwas übersehen wurde. Meine Mama wird wohl lernen müssen, mit all dem umzugehen.

Unsere Situation könnte unterschiedlicher nicht sein, und doch sind da diese Gemeinsamkeiten. Wir werden uns mit ähnlichen Themen auseinandersetzen müssen: das eigene Wohlbefinden, Schwankungen, Ängste, Zweifel, der Abschied des alten Lebens, neue Körperformen, Selbstliebe. Es wird kein leichter Weg zu unserem neuen Gleichgewicht zu finden. Umso wichtiger ist es nun, uns selbst mit Geduld, Akzeptanz, Vertrauen und Liebe zu begegnen.

Zwei Frauen. Mutter und Tochter. Zwei Mütter. Zwei Töchter. Schwangerschaft. Geburt. Stillen. Brüste. Brustkrebs. Die erste Lebenshälfte und die zweite Lebenshälfte gehen Hand in Hand.

Es ist ein Privileg, eine Frau zu sein.

Ich fühle mich meiner Mama näher und verbundener als je zuvor. Dankbar blicke ich in die Zukunft. Dankbarkeit hilft uns bei der Heilung.

Ich drehe mich auf die andere Seite und positioniere meine Festung aus Kissen neu unter meinem Bauch. Mein Körper und meine Gedanken fühlen sich etwas leichter an. Ich schlafe endlich ein.

KREBSHILFE-TIPP

Nehmen Sie Symptome ernst und begeben Sie sich in professionelle Hände.

Muth Emma

Meine geliebte Mutter

Es war einer dieser Tage im Juli, an dem es gefühlt 30 °C kälter war
als am Tag zuvor. Ich kam von der Berufsschule nach Hause. Die
Wohnungstür war abgeschlossen, das deutete darauf hin, dass meine Mutter noch nicht zuhause war. Daher schaute ich erst einmal
in ihrem Büro nach, ob jemand angerufen hatte. Auf dem Anruf-
beantworter leuchtete die rote Lampe. Ich klickte auf das Abspiel-
zeichen und sofort ertönte die Stimme: „Dr. ▇▇ hier, Frau Muth
ich muss Sie jetzt wirklich dringend bitten, mich zurückrufen. Es
geht um Ihren Befund. Melden Sie sich möglichst heute noch bei
mir. Auf Wiederhören!" Komisch, dachte ich, hat Mutti da immer
noch nicht zurückgerufen? Der Arzt hat doch schon zweimal auf
den AB gesprochen.

Eine halbe Stunde später kam meine Mutter zur Tür herein.
Sofort ging ich auf sie zu und schimpfte mit ihr. „Herr Dr. ▇▇
hat schon wieder auf den AB gesprochen, hast du ihn immer noch
nicht zurückgerufen? Was will der denn mit dir besprechen?" Meine Mutter drehte sich um. „Ach, das weiß ich auch nicht. Ich rufe
da heute Nachmittag mal an. Jetzt ist da keiner in der Praxis, die
haben Mittagspause." Ich ging hoch in mein Zimmer und versuchte, das Referat für die nächste Woche zu schreiben. Doch richtig
konzentrieren konnte ich mich erst nicht. Warum rief der Doktor
mehrmals an, und warum rief Mutti nicht zurück – obwohl sie
doch sonst immer alles schnell erledigt. Als ich dann aber mitten
im Thema des Referats war, hatte ich die Unterhaltung und den
Anruf schon fast wieder vergessen.

Gegen Abend verließ ich mein Zimmer. Schon beim Hinabstei-
gen der Treppe stieg mir dieser nervige Geruch wieder in die Nase.
Sie saß wie immer mit Glimmstängel in der Hand in der Küche.

Zigaretten waren für mich ein rotes Tuch. Seit Jahren hatte ich meine Mutter schon gebeten, mit dem Rauchen aufzuhören. Warum? Dafür gibt es viele gute Gründe. Es schadet der Gesundheit, stinkt und Geld kostet es auch noch, und das nicht zu knapp. „Du solltest das Geld lieber sparen, damit du auch mal in den Urlaub fahren könntest!", habe ich dann immer wieder gesagt. Den hatte meine Mutter nach dem Auszug von meinem Vater und ihrem jetzigen Ex-Mann schon zehn Jahre nicht mehr gemacht. „Rauchen ist doch das Einzige, was ich noch habe", bekam ich dann immer zur Antwort.

Ein paar Tage später kam ich nach Hause und meine Mutter saß wie immer rauchend am Küchentisch. In ihrem Blick lag etwas, was ich nicht richtig deuten konnte. „Ist alles ok, du schaust so merkwürdig?" Meine Mutter bat mich, mich zu setzen. „Ich muss mit dir reden. Ich wollte dich nicht vorher beunruhigen, daher habe ich dir heute früh nicht gesagt, dass ich heute zu Dr. ▓ gehe. Ich bin gerade seit eineinhalb Stunden wieder hier und jetzt lass mich bitte sprechen und rauchen. Es ist wirklich wichtig. Der Arzt hat mir gesagt, dass ich operiert werden muss. Ich habe wohl einen Knoten in der Brust." Ich schlug die Hände vor das Gesicht und Tränen kullerten mir über die Wangen. Ich hatte sofort ein schlechtes Gefühl. „Ist es bösartig, also ist das Krebs?" Meine Mutter räusperte sich: „Es wird operiert, dann wird die Probe untersucht und dann wird entschieden, was weiterhin passiert."

Bestimmt wusste sie noch sehr gut, wie schlecht es mir gegangen war, als mein Vater die Diagnose Blasenkrebs bekommen hatte. Allerdings war das jetzt bereits über ein Jahrzehnt her, ich war damals noch in der zweiten Klasse gewesen und es war gut ausgegangen, weil der Krebs nicht gestreut hatte. Damals war alles bei der OP entfernt und mit Bestrahlung behandelt worden. Mir kamen sofort die Tränen. Mutti versuchte, mich zu trösten und wir nahmen uns ganz fest in die Arme.

Zwei Wochen später war es dann so weit. Meine Mutter hatte am Abend vor der OP noch intensiv und in Ruhe mit mir gesprochen. Wenn etwas bei der OP passieren sollte, wusste ich, wo alle

Dokumente lagen und was ich zu tun hätte. In dieser Zeit stand ich absolut neben mir. Ich wollte das alles gar nicht hören. Ich brauchte doch meine Mutter – nicht nur heute und morgen, sondern noch ganz viele Jahre lang. Meine Mutter war doch gerade mal etwas über fünfzig.

Am Dienstagmorgen ging Mutti ins Krankenhaus. Sie wollte nicht, dass ich mitkam. Sie wollte das erst einmal alleine durchstehen. Am Abend hatte sie noch acht Zigaretten zur Beruhigung, wie sie sich selbst einredete, geraucht. Dann kam sie in das Zimmer mit der Nummer 704, verstaute ihre Wäsche aus der Reisetasche im Schrank und zog sich aus. Sie musste ein Krankenhaushemd anziehen. Kurzerhand zog sie sich den türkisen Morgenmantel über, den sie letztes Jahr von mir zu Weihnachten bekommen hatte und ging noch einmal runter und vor die Türe, um eine letzte Zigarette zu rauchen. Sie musste stark sein, für sich und mich. Ich war das einzige auf der Welt, was ihr lieb und teuer war.

Der Tag verging wie im Flug. Erst kam der Arzt, der ihr den Eingriff noch einmal genau erklärte. Es sollte bei der OP entschieden werden, ob sie die Brust behalten könnte oder nicht. Am späten Nachmittag kam der Anästhesist zu ihr und erläuterte ihr die Narkoseprozedur. Im Anschluss daran musste sie noch diverse Formulare unterschreiben und dann klopfte es an ihrer Zimmertür. Ich wollte sehen, wie es ihr ging, und steckte den Kopf durch die Tür. Ich hatte mir extra einen Pferdeschwanz gebunden, diese Frisur liebte meine Mutter so sehr. „Hallo mein Schatz, das ist ja schön, dass du noch vorbeikommst!" „Ja, sorry, ich habe es nicht früher geschafft, in der Firma war der Teufel los und ich musste eine Sache abschließen, bevor ich Feierabend machen konnte." Mein Tonfall klang unbeabsichtigt genervt und ich fügte schnell schuldbewusst und etwas sanfter hinzu: „Wie fühlst du dich?" Ich sah meiner Mutter an, dass sie mit ihren Gefühlen haderte. „Es geht so, ich habe bereits mit den Ärzten gesprochen. Morgen früh um 08:00 Uhr werde ich operiert. Danach müssen wir weitersehen. Mach dir keine Sorgen, es wird schon alles gut werden." In diesem Moment kullerten bei mir wieder die Tränen und meine Mutter

nahm mich in den Arm. „Ach Mutti, ich mach mir solche Sorgen."
„Das brauchst du nicht, du weißt doch, Unkraut vergeht nicht!",
und lächelte dabei. Nach einer guten Stunde, mein Magen gab Geräusche von sich, die darauf schließen ließen, dass ich heute noch
nichts gegessen hatte, schickte meine Mutter mich nach Hause. Ich
sollte erst einmal etwas essen, genug eingefroren hatte sie in weiser Voraussicht bereits schon und dann etwas fernsehen, um mich
abzulenken. Schweren Herzens verließ ich meine Mutter und ging
über den Krankenhausflur zum Treppenhaus – nicht ahnend, dass
ich diesen Weg noch mehrere Hundertmale gehen würde.

In dieser Nacht schlief ich sehr schlecht. Ich war mir sicher,
dass meine Mutter auch kaum ein Auge zugetan haben würde.
Bestimmt war sie genau so aufgeregt vor der OP und vor allem vor
dem Ergebnis wie ich.

Ich machte am nächsten Tag gegen Mittag Feierabend, konzentrieren konnte ich mich ja sowieso nicht und fuhr direkt zum Krankenhaus. Meine Mutter lag noch nicht auf ihrem Zimmer, sondern
im Aufwachraum. Dort durfte ich nicht rein. Also wartete ich ungeduldig auf dem Flur und lief permanent von rechts nach links
wie ein Tiger im Käfig, bis meine Mutter nach eineinhalb Stunden
über den Flur in ihr Zimmer geschoben wurde. Sie war von der OP
und der Narkose noch benommen und konnte noch nicht richtig
sprechen. So setzte ich mich auf einen Stuhl neben dem Bett und
hielt die Hand meiner Mutter. Nach zwei Stunden kam der Arzt
zu ihr ins Zimmer. Er wollte sich nach dem Befinden erkundigen
und mitteilen, wie die OP verlaufen war. Das war der Zeitpunkt, an
dem ich nervös auf meinem Stuhl herumzurutschen begann. Meine
Mutter hatte nichts dagegen, wenn ich bliebe. Das war für mich eine
Überraschung. Ich hatte gedacht, dass sie mich rausschicken würde
und erst einmal alleine mit dem Arzt sprechen wollte. Aber meine
Mutter wollte, dass ich ebenfalls hörte, was der Arzt zu sagen hatte,
damit sie im Zweifelsfall noch einmal bei mir nachfragen konnte
und vor allem damit sie mir nicht alles noch einmal erzählen musste.

Dr. ████, der sie auch operiert hatte, räusperte sich. Er schaute
von seiner Patientin zu mir und wieder zurück, um herauszufinden,

ob das wirklich gut war, dass wir beide hier jetzt vor ihm saßen. Er hatte keine Wahl. Auch als Arzt ist es nicht immer leicht, eine solche Diagnose mitzuteilen. „Also, Frau Muth, die OP ist an sich gut und ohne nennenswerte Komplikationen verlaufen. Wir haben die Tumore entnommen und sofort pathologisch im Schnellverfahren untersucht." Weiter kam er nicht. Wie versteinert schaute ich vom Arzt zu meiner Mutter und wieder zurück zum Arzt. „Wieso denn Tumore – also Mehrzahl, ich dachte, es wäre nur ein Tumor, Mama." Meine Mutter nahm meine Hand und tätschelte sie. „Es tut mir leid, ich wollte dich nicht beunruhigen, daher habe ich nur von einem Tumor in der Brust gesprochen. Es war aber in jeder Brust einer, oder, Herr Dr. ▒▒▒?"

Wieder räusperte sich Dr. ▒▒▒. Die Situation war ihm unangenehm, zumal er jetzt auch noch überlegen musste, wie er die Diagnose vorsichtig überbrachte. „Frau Muth, wie ich Ihnen bereits sagte, haben wir die Tumore entnommen. In der linken Brust befand sich ein etwa apfelgroßer und in der rechten Brust ein etwa pflaumengroßer Tumor. Bei der linken Brust habe ich Ihnen im Vorfeld ja bereits gesagt, dass ich da eine schlechte Befürchtung hatte. Jetzt haben wir Gewissheit. Nicht nur das Ergebnis des Schnelltests, sondern auch der pathologische Befund, der im Nachgang noch einmal zur Kontrolle gemacht wurde, sagt aus, dass es sich bei beiden um ein Mammakarzinom handelt. Es tut mir sehr leid, aber wir konnten die linke Brust nicht erhalten. Machen Sie sich aber keine allzu großen Sorgen, es gibt mittlerweile viele Möglichkeiten, diese wieder neu aufzubauen. Sodass Sie sich wieder richtig als Frau fühlen können und werden."

Meine Mutter und ich sahen uns an, nach dem soeben gehörten waren wir beide schockiert. „Wie soll es denn jetzt weitergehen?", fand ich zuerst meine Sprache wieder. „Nun, wir werden erst einmal eine Chemotherapie mit anschließender Strahlentherapie machen. Die Chemotherapie bekommen Sie im Abstand von einmal drei und einmal einer Woche. Nach sechs Sitzungen wird mit der Strahlentherapie begonnen. Danach werden noch einmal Ultraschall und Mammografie gemacht, um zu sehen, ob die Therapie angeschlagen hat. Es gibt auch eine gute Nachricht: Bislang hat der Krebs nicht gestreut. In engmaschigen Kontrollen wird das Blut auf die Leukozyten und Thrombozyten kontrolliert, sodass wir sehen können, wie sich der Krebs verhält. Es tut mir sehr leid, dass ich Ihnen keine erfreulichere Diagnose mitteilen kann." Dr. ▓▓▓ wandte sich zum Gehen. „Eine Frage habe ich noch, kann ich jetzt mit dem Rollstuhl und meiner Tochter runterfahren und eine Zigarette rauchen?" Dr. ▓▓▓ drehte sich um, auf seinen Lippen verfing sich ein kleines Lächeln. Zu gut kannte er diese Frage bei Patientinnen, die rauchten. „Ja, Sie dürfen gerne an die frische Luft, allerdings sollten Sie generell versuchen, mit dem Rauchen aufzuhören. Die Sprüche, die auf den Zigaretten stehen, stehen dort nicht grundlos." Den letzten Satz konnte er sich nicht verkneifen.

Meine Mutter verdrehte die Augen und war dankbar, aufstehen zu dürfen. So schob ich meine Mutter im Rolli auf den Gang und in den Fahrstuhl, um unten vor dem Eingang eine Zigarette zu rauchen. Auch wenn mir dieses sehr missfiel, gönnte ich meiner Mutter nach diesem Eingriff und auch vor allem nach der Diagnose die Zigarette.

Nachdem wir beide wieder im Zimmer waren, kam die Schwester mit dem Abendbrot. Das war das Signal für mich, nach Hause zu fahren, um selbst etwas zu essen. Oder vielleicht auch nicht. Ich musste das eben Gehörte erst einmal verdauen. Als ich zuhause die Tür aufschloss und hinter mir zudrückte, rannen mir die Tränen unaufhaltsam die Wangen herunter. Ich wusste gar nicht mehr, was ich denken sollte. Meine Mutter hatte Krebs. Ok, das hörte sich noch nicht nach einem Todesurteil an, aber befremdlich und angsteinflößend war es allemal. Nachdem ich mich etwas beruhigt hatte, machte ich mir einen Tee und legte mich auf das Sofa. Innerhalb von ein paar Sekunden war ich eingeschlafen. Die schlaflose Nacht und die Ereignisse hatten mich überwältigt und ich glitt in einen tiefen, traumlosen Schlaf.

Am nächsten Morgen erwachte ich auf dem Sofa. Aufgrund der unbequemen Lage schmerzte mein Nacken. Ich ging ins Bad, duschte lang und heiß und zog mich an. Ich musste unbedingt vor der Arbeit noch einmal kurz ins Krankenhaus zu meiner Mutter und schauen, wie es ihr ging.

Als ich an die Zimmertür klopfte, hörte ich nichts. Ich trat ein. Meine Mutter schien ebenfalls zu schlafen. Ich überlegte kurz, ob ich mich bemerkbar machen oder meine Mutter lieber schlafen lassen sollte. Ich entschied mich für Letzteres. Als ich den Türgriff in der Hand hatte, räusperte sie sich. „Hallo mein Schatz, du bist ja da. Wie geht es dir?" – „Ich glaube, das sollte ich dich lieber fragen, du liegst von uns beiden hier im Krankenhaus!" Meine Mutter versuchte umständlich, sich aufzurichten, sodass sie mich richtig ansehen konnte. „Ach es geht, ich habe gestern noch ein Schlafmittel bekommen, damit ich zur Ruhe komme. Das war ganz gut!" Ich überlegte, ob ich weiterhin Smalltalk betreiben oder ich sie fragen sollte, was nun wird. „Mama, ich mach mir Sorgen und ich habe Angst um dich!" „Das weiß ich, mein Kind, aber das brauchst du nicht, ich bleibe dir erhalten. Ich werde jetzt erst einmal die Chemo machen und dann sehen wir weiter!"

Meine Mutter bekam die erste Chemotherapie nach einer Woche. Solange blieb sie im Krankenhaus. Ich besuchte sie jeden Tag. Am Tag der Chemo ging es Mutti sehr schlecht. Sie hatte keinen Appetit, konnte und wollte nicht aufstehen, noch nicht einmal zum Rauchen. „Das wäre normal bei dieser Art von Therapie", hat Dr. ████ gesagt.

Zwei Tage später konnte ich meine Mutter wieder nach Hause holen. Sehr langsam ging sie die Treppen zum Wohnzimmer hoch. Immer mit Pause zwischen jeder der sechs Stufen. Ich kümmerte mich so gut es ging um meine Mutter, putzte, kaufte ein und kochte für sie.

Die zweite Chemo stand erst in zwei Wochen an, bis dahin konnte sich meine Mutter etwas von der Dröhnung, die ihr durch die Adern geleitet wurde, erholen. Tagsüber war sie froh, dass ich aus dem Haus und arbeiten war. Sie versuchte, alleine aufzustehen, zur Toilette zu gehen und auch ein paar kleinere Dinge zu ordnen.

Als es wieder soweit war, brachte ich meine Mutter ins Krankenhaus. Am nächsten Tag stand die nächste Chemo an. Noch war ich zuversichtlich, dass meine Mutter diese gut überstehen würde. Als sie allerdings am Tropf hing und sie mit jeder Minute schwächer wurde, sank mein Optimismus. Am schlimmsten waren die Übelkeit und das ständige Erbrechen, auch wenn sie gar nichts vorher gegessen hatte. Die Haare fielen ihr aus. Ich bemühte mich, schnell hinter meiner Mutter herzufegen oder zu wischen, sodass sie die Haarbüschel nicht immer so wahrnehmen konnte. Das hätte sie depressiv machen können und das wollte ich partout nicht. Ich wollte, dass meine Mutter weiterhin kämpfte, auch, wenn es ihr dabei von Tag zu Tag schlechter ging. Zusammen müssen wir es schaffen, das war unser Ziel!

Diese Prozedur musste sie noch vier Mal über sich ergehen lassen. Als ich sie beim dritten Mal ins Krankenhaus fahren wollte, war der Tank in meinem Auto fast leer. Ich fragte meine Mutter, ob ich ihr Auto nehmen dürfe. Sie konterte sehr deutlich und energisch: „Du hast dein eigenes Auto, meins fährst du erst, wenn ich tot bin!" Ich war wie versteinert und sah sie erschrocken an und auch meine Mutter war schockiert von dem Wort, das sie soeben benutzt hatte. Jetzt war es zum ersten Mal ausgesprochen worden. Dieses Wort, dieser Zustand, der kommen könnte. Wir nahmen mein Auto. Der Weg zum Krankenhaus war nicht weit. Auf dem Weg redeten wir nichts miteinander. Zu tief saß der Stachel des Wortes. Ich brachte meine Mutter hoch auf „Station 7" und verabschiedete mich lieb von ihr.

So verliefen die weiteren Chemotherapien. Kurz nach den Therapietagen war sie recht schwach auf den Beinen, danach ging es aber von Tag zu Tag besser. An guten Tagen konnte sie auch selbstständig hin- und wieder Autofahren, kleine Besorgungen erledigen oder ein wenig Bürokram abarbeiten. Alltagsroutine machte sich schon fast breit.

Auf die Chemo folgte die Strahlentherapie. Es ging meiner Mutter mittlerweile schon wieder recht gut und so fuhr sie selbstständig jeden Tag zum Krankenhaus, wurde drei Stunden bestrahlt und konnte danach wieder nach Hause. Es schien alles auf einem guten Weg zu sein.

Nach der Strahlentherapie bekam meine Mutter die Möglichkeit eine Reha zu machen. Wir freuten uns beide schon sehr darauf. Es sollte in den Schwarzwald gehen. Dort hatte sie früher immer gerne mit meinem Vater Urlaub gemacht. Für mich gab es auch eine Gelegenheit, ihr hinterherzufahren, um ein wenig Zeit mit ihr zu verbringen, wenn sie mal keine Anwendungen hatte. Die Zugfahrt war gebucht, neue Pullover und Unterwäsche gekauft, der Koffer aus dem Keller geholt worden und eine gewisse Freude hatte sich eingestellt. Meine Mutter sollte nur noch einmal ins Krankenhaus, um durchgecheckt und auf Reisetauglichkeit geprüft zu werden.

Am Donnerstagmorgen gingen wir gemeinsam aus dem Haus. Ich fuhr zur Arbeit, sie ins Krankenhaus. Am Samstag sollte es los in den Schwarzwald gehen. Ich würde in einer Woche nachkommen.

Als ich am Abend nach Hause kam, saß meine Mutter wieder rauchend am Küchentisch. Ich hatte das Gefühl, als wäre es ein Déjà-vu. Sie schaute mich traurig an und fing an, mit gebrochener Stimme zu erzählen. „Ich war heute wieder bei Dr. ▓▓▓. Die Werte sehen schlecht aus. Der Krebs hat gestreut. Somit sind Metastasen auch in der Blutbahn und im Knochenmark. In der Leber haben sie auch etwas gefunden. Es steht jetzt die Frage im Raum, ob ich erst wieder eine Chemotherapie mache oder in die Reha gehen soll. Was meinst du?!" Ich stand auf und nahm meine Mutter ganz doll in den Arm. Tränen kullerten mir über die Wangen. Ich fühlte mich so hilflos und schwer. Was sollten wir machen? Ich sah in die Augen meiner Mutter und wusste, sie wollte lieber erst die Chemo noch einmal machen und dann in die Reha gehen. „Ok, dann mach erst noch einmal die Chemo, wir stehen das gemeinsam durch und dann machen wir es uns noch schöner im Schwarzwald, als ursprünglich geplant!" Ein kleines leises Lächeln huschte mir über die Lippen. Meine Mutter schaute mich traurig an. „Ja, so machen wir das, mein Kind!"

In der nächsten Woche fuhr sie selbst ins Krankenhaus. Sie bekam jetzt eine Chemotherapie, die sich in der Zusammensetzung der Medikamente wie auch im Ablauf unterschied.

Direkt nach der ersten Chemo merkte man die Veränderung. Es ging ihr direkt gut und je mehr Tage danach vergingen, wurde es wieder schlechter. Zur zweiten Chemo habe ich sie wieder ins Krankenhaus gebracht. Ich hatte das Bedürfnis, mit dem Arzt zu sprechen und wie der Zufall es wollte, lief er mir im Krankenhausflur über den Weg. Meine Mutter war wieder in Zimmer 704 untergebracht. Das kannte sie ja nun zur Genüge. Mittlerweile kannte der Doktor auch meinen Namen, grüßte mich und wollte schon weitergehen, als ich ihn um ein kurzes Gespräch bat. Wir gingen in das Schwesternzimmer, wo wir ungestört waren. „Herr Doktor, sagen Sie mir bitte die Wahrheit! Wie steht es um meine Mutter? Wird sie wieder gesund werden und kann sie nach den Chemotherapien die wohlverdiente Reha antreten?" Er räusperte sich. Ein mulmiges Gefühl beschlich mich. „Frau Muth, ich möchte aufrichtig zu Ihnen sein. Die Krankheit ist sehr weit fortgeschritten, das ist erkennbar an den weiteren Tumoren in der Leber und im Knochenmark. Es sieht nicht so rosig aus. Vielleicht sollten Sie sich schon einmal auf das, was kommen wird, vorbereiten." Ich sah ihn erschrocken an. Mit meiner Fassung war es dahin. Nur zwei Worte kamen über meine Lippen: „Wie lange?" „Ich kann nicht in die Zukunft sehen, aber ich würde sagen, maximal ein Jahr. Es tut mir sehr leid, ich würde Ihnen sehr gerne etwas anderes sagen." Tränen liefen mir einfach so über die Wangen. Ohne mich zu verabschieden, ging ich aus dem Zimmer, die Treppen hinunter und auf den Parkplatz. Dort stieg ich in mein Auto und fuhr nach Hause. Ich wollte jetzt alleine sein. Ich brauchte diese Zeit für mich. Auch meiner Mutter konnte ich jetzt nicht unter die Augen treten.

Am nächsten Morgen holte ich sie aus dem Krankenhaus. In den folgenden Wochen war ich sehr lieb zu ihr. Habe ihr alles gebracht, wonach sie verlangt hat. Doch bei den Schmerzen konnte ich ihr nicht helfen. Diese wurden schlimmer und sie sehnte sich immer wieder nach der nächsten Chemo, die aber jeweils noch zwei Wochen auf sich warten ließ. Dann kam Weihnachten. Ich wusste, es würde das letzte Weihnachten mit ihr zusammen sein. Ich weiß nicht, ob sie es wusste oder ahnte. Letzteres vermutlich schon. Ich habe es ihr so schön wie irgend möglich gemacht: Einen Tannenbaum gekauft, den hatten wir seit dem Auszug meines Vaters nicht mehr gehabt; etwas Leckeres zu essen gemacht; aber sie wollte nichts mehr essen. Zu diesem Zeitpunkt konnte sie kaum mehr sprechen. Die Chemie, die durch ihren Körper geflossen war, hatte ihre Stimmbänder zerstört und ihr jeglichen Lebensmut genommen. Immer wieder wünschte sie sich, endlich zu sterben. Es waren jetzt noch genau zwei Monate bis zu meinem Geburtstag und vier Monate, bis ich meine Ausbildung beenden würde. So lange wollte und sollte sie noch durchhalten.

Ende Februar kam sie wieder zur Kontrolle und zum Wiederaufbau der Kräfte mit Vitamincocktails in Form von Flüssigkeit, die durch ihre Venen gespritzt wurde, ins Krankenhaus. Alleine konnte ich sie nicht ins Krankenhaus fahren. Sie konnte nicht mehr selbstständig laufen. Die zwei Herren vom DRK waren sehr nett und hoben sie im Wohnzimmer vorsichtig von der Couch auf die Trage. Dabei verschoben sie den Wohnzimmertisch. Sie drehte sich auf der Trage noch einmal um und bat darum, den Tisch wieder richtig zu stellen. Normalerweise hätte ich das nicht getan. In diesem Moment musste ich aber einfach das machen, was sie gewünscht hatte, ohne zu ahnen, dass sie nicht wiederkommen würde. Nie mehr.

Als wir auf die Station kamen, begrüßte uns Herr Doktor ▓▓▓. Ich war etwas erleichtert, dass meine Mutti jetzt unter fachmännischer Beobachtung stand. Übermorgen wäre mein Geburtstag. Doktor ▓▓▓ sah sich meine Mutter kurz an und bat mich dann in das Schwesternzimmer, in dem er mir vor einem knappen halben Jahr diese schreckliche Mitteilung gemacht hatte. Er sagte mit sehr ernstem Blick: „Frau Muth, Sie bleiben heute Nacht hier!" Da wusste ich es. Es würde die letzte Nacht mit meiner Mutter sein. Ich musste weinen, ich war stark. So, wie immer, wenn ich stark sein musste. Ich ging zu ihr ins Zimmer und blieb bei ihr. Abends kam noch eine sehr nette Ärztin und blieb bei uns. Das tat meiner Mutter und mir sehr gut. Mir vor allem, weil ich nicht alleine war. Gegen kurz nach fünf Uhr am Morgen schloss meine Mutter für immer ihre Augen. Sie verabschiedete sich noch mit den Worten: „Pass auf dich auf, mein Schatz!"

Nachdem alle Formalitäten im Krankenhaus erledigt waren, fuhr ich nach Hause. Ich ging ins Büro meiner Mutter, sah die Zigaretten, holte mir eine Zigarette aus der Schachtel und fing an zu rauchen. Damals empfand ich den ersten Zug als eklig. Ich musste husten und empfand sogar Brechreiz. Dennoch fühlte ich mich beim Rauchen meiner ersten Zigarette Zug für Zug meiner Mutter nahe. Jetzt konnte ich verstehen, warum meine Mutter nicht davon losgekommen war.

Als Nächstes informierte ich eine enge Freundin meiner Mutter und unsere Nachbarn. Dann nahm ich meinen Autoschlüssel und verließ das Haus, um zum Beerdigungsinstitut zu fahren und alles Weitere zu regeln. Erst nach der Beerdigung habe ich mich getraut, das Auto meiner Mutter zu fahren. So, wie sie es gewollt hatte. Meinen Geburtstag und auch die Ausbildung habe ich über- und bestanden. Weitere viele schöne Dinge folgten, die auch bestimmt nur deshalb erfolgreich waren, weil sie auch heute noch von oben auf mich aufpasst.

Jahre später wurde bei mir ebenfalls eine Auffälligkeit in der Brust entdeckt, es war ein Fibroadenom. Ich rauche heute immer noch.

Oberegger Nina

„Alles wird gut"

Im Jänner 2016 hat sich bei uns in der Familie auf einen Schlag alles geändert. Meine Mutter war bei ihrer Hausärztin, weil sie in der Achsel einen Knoten bzw. eine geschwollene Stelle gespürt hat. Es kam ihr komisch vor, aber eigentlich hat sie sich nicht viel dabei gedacht. Sie war ja erst im Oktober bei der Mammografie gewesen und da war alles in Ordnung. Im Oktober konnte nichts Besorgniserregendes entdeckt werden.

Die Hausärztin hat meine Mama im Jänner sofort ins Krankenhaus überwiesen. Da dies so schnell passierte, war uns schon mal klar: „Okay, da passt irgendetwas nicht." Im Krankenhaus wurde meine Mama untersucht und dann kam nach fast einer Woche ungeduldigen Wartens die schockierende Diagnose: „Brustkrebs".

Mit einem Mal zieht es dir den Boden unter den Füßen weg. Meine Familie – bestehend aus meiner Mama, meinem Papa, meinem drei Jahre älteren Bruder und meiner damals sechsjährigen Nichte und mir, stand unter Schock. Irgendwie hörte die Welt plötzlich auf sich zu drehen, auf einmal war alles surreal. Der normale Alltag erschien auf einmal komisch.

Krebs – eine Diagnose, die es schon öfter in der Familie gegeben hatte, bei den Großeltern. Aber doch nicht meine Mama. Die brauch ich ja noch. Die darf nicht sterben. Wir alle brauchen sie noch. Warum ausgerechnet sie?

Auf einmal hatte man das Gefühl, die Kontrolle über das Leben zu verlieren. Plötzlich war da ein Gegner, der einem drohte, das Wertvollste im Leben zu nehmen.

Wie viel hat man schon über Krebs gehört und gelesen, viele traurige und tragische Geschichten und Schicksale. Doch wir wollten nicht auch so eine tragische Geschichte werden.

Ich hatte solche Angst, meine Mama zu verlieren. Sie ist der Mittelpunkt in unserer Familie, sorgt für uns alle, ist immer gut gelaunt, ist nie jemandem böse, hat ein so gutes Herz und ist ein so toller, positiver Mensch.

Warum trifft das Schicksal ausgerechnet sie jetzt so hart und warum wird ausgerechnet meine Familie auf so eine Härteprobe gestellt?

Die, die sich immer so aufopferungsvoll um alle kümmert, die nie etwas fordert, immer so viel gibt.

Und vor allem die, die nie krank ist. Sie hat nie eine Grippe oder Verkühlung, hat seit Jahren keinen Schnupfen oder Husten gehabt. Hat ein super Immunsystem und dann ausgerechnet Krebs. Die Horrorkrankheit schlechthin, die man niemandem wünscht. Ein Kampf ums Überleben.

Im Kopf hatte ich gefühlt tausend Fragen. Es herrschte ein Gefühlschaos aus Fassungslosigkeit, Angst, Hilflosigkeit und Verlustangst. Irgendwie so richtig offen drüber reden wollte ich auch nicht mit meinen Eltern. Ich wollte sie nicht mit meinen Gefühlen belasten. In ihnen sah es ja bestimmt genauso aus wie in mir und irgendwie hatte ich das Gefühl, ich müsse jetzt stark sein, dürfe mir meine Angst nicht anmerken lassen.

Wir wollten alle nach außen positiv wirken und irgendwie haben wir das alle auch gebraucht, uns einzureden, dass alles wieder gut wird.

Zusammen würden wir das durchstehen. Es muss einfach wieder gut werden. Meine Mama muss gesund werden. Eine Alternative gab es nicht. Eine Diskussion mit dem Krebs stand nicht zur Debatte. Der Krebs musste besiegt werden. Das Ziel stand fest, der Entschluss wurde sofort gefällt. Zweifel wollte keiner von uns zulassen.

Da meine Mama noch keine 50 Jahre alt war, wurde untersucht, ob der Brustkrebs genetisch bedingt ist und eventuell auf mich vererbt worden sein könnte.

Zum Glück wurde bei diesen Untersuchungen festgestellt, dass der Brustkrebs nicht genetisch bedingt ist. Somit ist zumindest da ein bisschen Erleichterung bei mir aufgekommen. Bis zu diesem

Moment hatte ich nicht wirklich darüber nachgedacht, dass mich vielleicht das gleiche Schicksal treffen könnte wie meine Mama. Ausgeschlossen ist das Risiko natürlich nie.

Vor allem da meine Oma, väterlicherseits, vor Jahren auch schon Brustkrebs gehabt hatte. Somit konnte das Risiko immer noch irgendwo in meinen Genen schlummern.

Obwohl Krebs immer mal wieder in meiner Verwandtschaft vorgekommen ist, hätte ich nie gedacht, dass es mal meine Mama erwischen könnte. Sie war doch eine junge gesunde Frau. Verstehen kann ich das bis heute nicht.

Ich bewundere meine Mama heute noch dafür, wie sie die Diagnose aufgenommen und sich sofort dem Kampf gegen den Krebs gestellt hat. Sie ging tapfer zu den zahlreichen Untersuchungen. Sie ist der Krankheit mit so viel Mut begegnet und hat sich immer so wacker geschlagen, egal, wie schlecht es ihr oft ging. Sie hatte immer ein Lachen im Gesicht und wollte sich nie anmerken lassen, wie schlecht sie sich vielleicht wirklich fühlte. Ich bin sehr stolz auf sie, wie sie mit dem Krebs umgegangen ist.

Von den Ärzten wurde ein Behandlungsplan entwickelt, dann wieder umgeschmissen und ein neuer entwickelt. Es stand dann fest, dass sie erst über einige Wochen eine Chemotherapie erhalten sollte. Anschließend sollte sie operiert und danach noch mit einer Bestrahlungstherapie behandelt werden.

Somit hatte man etwas, woran man festhalten konnte. Wir hatten einen Plan. In einer Situation, in der man völlig hilflos ist und das Gefühl hat, die Kontrolle über das Leben zu verlieren, ist man wirklich dankbar, wenn man einen Plan hat. Wenn man weiß, wie die nächsten Schritte aussehen werden. Auch wenn der Ausgang vielleicht ungewiss ist. So ein Plan gibt auch Hoffnung. Man hat ein Ziel vor Augen – in diesem Fall, den Krebs zu besiegen – und man hat einen vorgegebenen Weg, wie man dieses Ziel hoffentlich erreicht.

Als Familie wollten wir uns auf keinen Fall unterkriegen lassen. Der Zusammenhalt war größer und wichtiger als jemals zuvor. Der Kampf gegen den Krebs wurde von uns gemeinsam angegangen.

Wir haben versucht, meine Mama so viel es geht zu unterstützen, zu motivieren, aufzuheitern und abzulenken.

Viel Kraft hat ihr damals auch meine Oma gegeben, die Mama von meiner Mama. Mittlerweile ist sie leider verstorben, an den Folgen einer Corona Erkrankung. Als meine Mama an Krebs erkrankte, hat meine Oma sehr viel gebetet für sie.

Der erste Schock nach der Diagnose war verdaut – oder vielleicht auch mehr verdrängt. Denn wirklich Zeit, um diese Nachricht zu verarbeiten, blieb nicht. Dann ging es auch schon los mit der Chemotherapie im Krankenhaus.

Dafür musste sie zum Glück nicht stationär im Krankenhaus bleiben, sondern lediglich an den Tagen der Therapie zur Behandlung vor Ort sein.

Zu Beginn wurde ihr ein Port gelegt, ein kleiner Anschluss unter der Haut, worüber danach die Chemotherapien injiziert wurden. Ein Port erfüllt den Zweck, dass nicht immer ein neuer Zugang mit der Nadel gelegt werden muss. Grundsätzlich sieht man nicht viel, außer einer kleinen Erhebung unter der Haut. Mit dem Gewand darüber fällt es gar nicht auf.

Für meine Mama haben wir ein Krankentaxi organisiert, welches sie immer ins Krankenhaus zur Chemotherapie gefahren hat. Das wollte sie alleine machen. Dort wurde ihr dann über Stunden pures Gift gegen die Krebszellen in den schlanken Körper injiziert. Stets dabei die Hoffnung, dass sie davon wieder gesund wird.

Die Ärzte waren alle immer sehr freundlich und haben sich Zeit genommen für sie. Auch die Krankenschwestern waren alle sehr nett und hatten ein offenes Ohr für Sorgen oder Fragen. Die Brustkrebsstation im Krankenhaus war ein trauriger, aber trotzdem sehr freundlicher Ort, wo viele Schicksale aufeinandertrafen und dennoch immer Hoffnung ausgestrahlt wurde. Die Ärzte nahmen sich Zeit, um mit Mama zu reden, über alles Mögliche, in erster Linie einfach über das normale Leben und nicht vorrangig über den Krebs. Sie waren einfach da für die Patienten und haben dafür gesorgt, dass sich keiner allein gelassen fühlt. Anschließend hat das Taxi sie wieder nach Hause gebracht.

Wir haben meiner Mama einen MP3-Player gekauft und ihre Lieblingsmusik von Abba bis hin zu Roland Kaiser auf ihm gespeichert, damit sie im Krankenhaus Musik hören konnte. Sie hat von uns ein Malbuch und Stifte gekriegt, um die Stunden im Krankenzimmer irgendwie rumzubringen. Mein Papa ist mit ihr damals nach Linz ins Musical von Udo Jürgens gefahren. Wir sind eine sehr sparsame Familie, doch plötzlich hatte Geld keinen so großen Wert mehr für uns. Gesundheit war das wichtigste Ziel. Und wir hatten Spaß, meiner Mama mit solchen kleineren oder größeren Aufmerksamkeiten eine Freude zu bereiten. Es sollte ihr an nichts fehlen. Sie sollte sich rein darauf konzentrieren können, gesund zu werden.

Daheim konnte meine Mama es sich im Bett oder auf der Couch gemütlich machen und ausrasten. Sie wurde von ihrer Familie bedient und verwöhnt. Es wurde Essen gemacht, ihr was zu trinken, eine Kuscheldecke oder Zeitschrift organisiert.

Schnell war eine neue Routine in unseren Alltag eingekehrt. Das Thema Krebs wurde plötzlich normal und gehörte bei uns dazu. Man wusste auf einmal über Chemotherapien und Bestrahlung Bescheid.

Die Chemotherapie hat sie anfangs relativ gut vertragen. Auf Übelkeit und Schwäche waren wir vorbereitet. Die Chemo hat mit der Zeit ihre Schleimhäute angegriffen, wodurch alles komisch schmeckte für meine Mama. Ein einfacher Schluck Wasser war grausig für sie. Dagegen hat sie dann eine Mundspülung erhalten. Durch die gereizten Schleimhäute war natürlich der Appetit nicht so groß. Da meine Mama ohnehin schon sehr schlank war, musste sie aufpassen, nicht zu viel abzunehmen. Nach einer Weile sind die Fingerspitzen angeschwollen, die Fingernägel haben sich verformt. Es kamen laufend neue Nebenwirkungen dazu, auf die man sich immer wieder neu einstellen musste. Nach einigen Wochen hat sie eine andere Chemotherapie erhalten, ein anderes Gift in einer neuen Farbe.

Die schlimmste Nebenwirkung von einer Chemotherapie ist für eine Frau, glaube ich, der Haarausfall. Und dies ging leider schon ziemlich früh los, dass gleich die ersten Haare ausfielen.

Ich habe meine Mama damals zum Friseur begleitet. Die hatten ein paar Perücken bestellt für sie zum Anprobieren. Es ist total schwer, dabei zuzusehen, wie ein Mensch, der einem so wichtig ist und den man so lieb hat, neben einem sitzt und Perücken anprobiert. Für den die Zukunft so ungewiss ist und man solche Angst hat, diesen Menschen zu verlieren. Ich habe mit den Tränen gekämpft und wollte einfach stark sein für sie. Sie war so tapfer und hat auch immer gelächelt und positiv in die Zukunft geschaut und hat damit uns allen in der Familie sehr geholfen.

Eine passende Perücke haben wir an diesem Tag nicht gefunden. Sie ging ein paar Tage später zum Friseur ins Krankenhaus. Dort hat sie eine passende Perücke gefunden und sich den Kopf rasieren lassen. Ganz alleine, voller Mut. Dafür bewundere ich sie sehr. Sie hatte dann daheim immer eine Mütze auf und für draußen eine Perücke, die genauso aussah wie ihre Haare zuvor.

Als sie mir zum ersten Mal ihren kahl geschorenen Kopf zeigte, musste ich wirklich kämpfen mit den Tränen. Ich war so stolz, wie sie damit umging. Aber es war das erste Mal, dass man ihr diese furchtbare Krankheit wirklich ansah, wo man sah, sie hat Krebs. Man konnte es nicht mehr ignorieren oder verdrängen. Da hatte die Krankheit ein richtiges Bild bekommen. Ein furchtbares Bild. Meine Mama mit Krebs, aber ohne Haare. Ich hätte nie gedacht, dass ich das mal erleben werde. Und nach der Chemotherapie hat es noch lange gedauert, bis sie endlich wieder ihre Haare hatte.

Meiner kleinen Nichte haben wir nicht erzählt, dass ihre Oma Krebs hat. Ihr haben wir gesagt, dass die Oma krank ist und die Medizin dafür sorgte, dass ihr die Haare ausfielen. Das hat so für sie gepasst. Sie hat da nicht weiter nachgefragt und sie hat das sowieso ganz leicht akzeptiert. Die Oma war ja trotzdem immer für sie da und hat sich um sie gekümmert. Im Gegenzug hat meine Nichte mit ihrer Fröhlichkeit und Sorglosigkeit uns allen viel Kraft gegeben und den Alltag erleichtert.

Ich wohne in einer eigenen Wohnung, aber im selben Wohnhaus wie meine Eltern. Mein Bruder wohnt in derselben Straße, nur zwei Häuser weiter. Wir haben uns vor der Brustkrebsdiagnose schon immer jeden Tag gesehen und nun war das natürlich noch wichtiger für uns geworden. Spätestens nach der Arbeit kamen wir alle zur Jause zusammen bei meinen Eltern.

Wir haben alle zusammen geholfen bei der Hausarbeit, sind einkaufen gegangen, haben staubgesaugt, gekocht oder Bettwäsche bezogen. In der Freizeit, wenn es meiner Mama gut ging, haben wir Ausflüge unternommen und sind viel spazieren gegangen. Eines Tages hatte sie nach einem kleinen Spaziergang Fieber. Sie hat sich hingelegt und ausgeruht. Als sie dann beim Arzt war, wurde festgestellt, dass sie fast keine weißen Blutkörperchen mehr in ihrem Körper hatte. Dadurch war ihr Immunsystem komplett zerstört. Sie durfte sich nirgendwo anstecken, denn das wäre für ihren Körper vielleicht zu viel geworden.

Mein Papa hat ihr dann für eine Weile Spritzen verabreichen müssen, damit sie wieder mehr weiße Blutkörperchen produziert und sich auch ihre Immunabwehr wieder aufbaut. Gut, dass mein Papa Rettungssanitäter beim Roten Kreuz ist und grundsätzlich keine Berührungsängste hat, wenn es darum geht, jemandem eine Spritze zu geben. Auch wenn es bei der eigenen Ehefrau sicher nochmal was anderes ist. Aber wenn sie was gebraucht hat, waren wir alle für sie da.

Sie hat sich wirklich tapfer geschlagen und das Ende der Chemotherapie war nach Wochen endlich erreicht. Die Untersuchungsergebnisse waren gut. Der Tumor war nicht gewachsen und hatte nicht gestreut. Im Grunde war nur mehr die Hülle des Krebses vorhanden.

Mittlerweile war Sommer. Meine Mama war so gut bei Kräften, dass der Operation zum Glück nichts im Wege stand.

Bei der Operation wurden sehr viele Lymphknoten in der Achsel entfernt, aber nicht die Brust.

Vor der Operation haben wir uns daheim gut darauf vorbereitet. In einem Infofolder aus dem Krankenhaus standen alle möglichen Dinge, auf die man gefasst sein sollte, wie etwa, dass meine Mama nach der OP vielleicht ihren Arm nicht richtig heben oder bewegen kann.

Wir haben ihr Blusen besorgt mit Knöpfen vorne, damit sie leicht reinschlüpfen kann. Glas, Besteck, Teller sollte alles auf Griffhöhe stehen. Vor allem ich habe mich von dem Folder ein bisschen verrückt machen lassen. Aber ich wollte auf alles vorbereitet sein. Vor allem war es mir wichtig, wenn wir vormittags alle in der Arbeit waren, dass sie dann so gut wie möglich alleine Daheim zurechtkam. Es kam zum Glück nicht so schlimm. Meine Mama konnte sich relativ gut bewegen nach der OP und ist bis heute nicht eingeschränkt. Durch andere Patienten, die sie im Krankenhaus kennengelernt hat, wissen wir, dass es vielen leider nicht so gut geht nach so einer Operation. Der Infofolder hat also nicht übertrieben.

Nach der Operation ging das dritte Kapitel im Behandlungsplan los, die Strahlentherapie. Klingt relativ einfach, aber wenn man das nicht selbst erlebt hat, kann man sich darunter, glaube ich, nicht wirklich was vorstellen. Zuvor wurde die Lunge meiner Mama untersucht. Sie musste bei der Bestrahlung immer auf Kommando einatmen, Luft anhalten und auch auf Kommando wieder ausatmen.

Für die Bestrahlung fuhr sie abermals mit einem Taxi zu den Terminen ins Krankenhaus und anschließend wieder nach Hause. Sie musste zum Glück nur für die Operation stationär im Krankenhaus bleiben und konnte sonst immer zuhause sein.

Nach monatelangem Kampf hat man gemerkt, wie die Krankheit an meiner Mama gezehrt hatte. Sie hatte abgenommen, ihre Haare verloren und ihre Kraft. Sie musste auf dem Weg in die Wohnung, die im ersten Stock liegt, eine Pause einlegen, weil sie die Stufen nicht in einem Zug geschafft hat. Da ging ihr einfach die Luft aus. Das Atmen war allgemein ein Problem, womit wir anfangs gar nicht gerechnet haben, aber die Bestrahlung hat sich sehr auf ihre Lunge ausgewirkt. Sie kam sehr schnell aus der Puste.

Aber auch davon ließ sie sich nie unterkriegen. Sie nahm trotzdem nie den Lift und ging immer spazieren, und wenn es nur zehn Minuten am Tag waren, an denen sie raus ging. Meine Mama hat stets so einen Kampfgeist gezeigt, das finde ich sehr bewundernswert. Und langsam wurden es immer größere Spaziergänge und sie fing wieder an, Radzufahren und zu wandern. Heutzutage ist sie wieder so fit, dass sie mit meinem Papa regelmäßig Bergtouren unternimmt. Bei den Wanderungen sind wir auch gerne als komplette

Familie unterwegs. Sie hat sich wieder richtig zurückgekämpft und ihre Energie und Kraft zurückgewonnen. Ich kann sie dafür nur bewundern, weil sie nie aufgegeben hat. Für sie gab es nur eine Richtung: Immer nach vorne.

Zu ihrem Geburtstag im September haben wir einen Familienausflug auf den Schafberg gemacht. Das war schon lange ihr Wunsch. Meine Nichte und ich haben ihr einen kleinen Berg gebastelt mit einem kleinen Zug, der rauf fuhr. Den haben wir ihr zum Frühstück überreicht und mitgeteilt, dass es an den schönen Wolfgangsee geht und auf den Schafberg rauf. Wir sind mit der Dampflok und einer Schar an Touristen auf den Schafberg gefahren, haben den Ausblick genossen und konnten einen unbeschwerten Tag erleben. Noch heute denken wir gerne an den schönen Geburtstagsausflug von damals zurück.

Solche Momente haben die Energiereserven wieder aufgeladen für schwere Tage. Und die gemeinsamen Erinnerungen bleiben für die Ewigkeit.

Nach vielen langen Monaten, mit vielen Arztterminen, Untersuchungen, Chemotherapien, Operation, Bestrahlung, Übelkeit, Fieber, Schmerzen, Appetitlosigkeit und vielen weiteren Symptomen war der Krebs letzten Endes von meiner Mama besiegt worden. Sie hatte den Kampf gewonnen, mit ihrer Familie stets an ihrer Seite. In all den Monaten hat sie nie die Hoffnung aufgegeben, immer positiv in die Zukunft geschaut, und hatte immer den Spruch auf den Lippen: „Alles wird gut."

Dieses Motto hat uns fast ein Jahr lang begleitet.

Und es hat sich bewahrheitet und begleitet unser Leben auch heute noch.

Monate voller Trauer, Angst, Hilflosigkeit, Glücksmomente und Freude. Eine Achterbahnfahrt der Gefühle. Im Kopf immer die Sorge, was vielleicht passiert und im schlimmsten Fall passieren könnte. Ein Gedanke, den man gar nicht zulassen, den man einfach ignorieren wollte und der einfach nicht existieren durfte im Kopf.

All diese Monate haben wir als Familie irgendwie überstanden. Es ging einfach, weil es keine andere Möglichkeit gab. Wir wussten, das muss geschafft werden und wir wollten es auch alle schaffen, das als Familie durchzustehen.

Wir waren füreinander da. Einer hat den anderen aufgebaut, abgelenkt oder aufgeheitert.

Nachdem der Krebs besiegt war, wurde meiner Mama der Port wieder entfernt. Das war ein Zeichen: Jetzt war es wirklich vorbei. Das war eine Erleichterung.

Natürlich waren wir bei den Nachuntersuchungen immer alle nervös und hatten Angst, dass der Krebs wieder zurückkommen würde. Bis heute ist meine Mama vom Krebs geheilt. Dafür sind wir alle sehr dankbar.

Der Kampf gegen den Krebs war gewonnen, aber er hat Spuren hinterlassen. Körperliche Spuren an meiner Mama, und auch seelische Narben bei uns allen.

Nach dem Krebs ist nicht wie vor dem Krebs. Die Krankheit hat uns alle verändert, stärker gemacht, zusammengeschweißt. Unsere Ansicht zu vielen Dingen hat sich verändert. Man weiß Kleinigkeiten viel mehr zu schätzen. Gesundheit ist das Wichtigste. Wenn man krank ist, gewinnt man leichter Abstand zu Sachen, die einem nicht gut tun und eventuell belasten und auch zu Menschen, die einen vielleicht belasten. Man konzentriert sich auf die guten und positiven Dinge im Leben. Man lernt, das Leben ganz neu zu schätzen und es nicht als selbstverständlich anzusehen.

So schrecklich die Diagnose Krebs war, so hat sie doch auch Positives ausgelöst. Ich bin froh, heute sagen zu können, dass wir diese Krankheit besiegt und als Familie diesen Schicksalsschlag gemeistert haben.

KREBSHILFE-TIPP

Eine Depression bei Patienten sowie bei Angehörigen muss abgeklärt und behandelt werden.

Sangirardi, Lisi

Der Krebs nimmt, der Krebs gibt

Meine Mutter gehörte vor Jahren einer netten Damengruppe an, die sich regelmäßig traf, um über die verschiedensten Argumente zu diskutieren, um sich auszutauschen und sich gegenseitig zu unterstützen. Die Teilnehmerinnen waren fast alle um die 50 Jahre alt, hatten erfolgreiche Ehemänner, die ihnen ein sorgenfreies und schönes Leben versicherten, waren ausnahmslos begabt und kulturbeflissen und stuften ihr Dasein als zufriedenstellend ein.

Die jüngste unter ihnen war eine hübsche 40-jährige Österreicherin, die ihre Lebensaufgabe darin sah, die Welt in ihrer schönsten Pracht bewundern zu lassen. Sie war fähig, aus nichtssagenden Gegenständen bewundernswerte Kunststücke zu machen, und die von ihr organisierten Empfänge faszinierten durch ihre Liebe zum Detail.

Doch trotz ihres Talents und ihrer atemberaubenden Schönheit hatte sie stets einen traurigen Blick, der darauf zurückzuführen war, dass sie wegen eines bösen Brusttumors ihre Zwillingsschwester verloren hatte, als sie 20 Jahre alt waren, und dass sie fest davon überzeugt war, dass sie früher oder später ihrer Schwester folgen würde.

Es war Ende der 90er Jahre und damals fingen sie in der Damenrunde an, über Brustkrebs zu reden. Die Damen ließen auch regelmäßig ihre Brüste kontrollieren, aber einen „echten Fall" hatten sie bis dahin noch nicht hautnah erlebt.

Der Schreck saß also sehr tief, als heraus kam, dass gerade die jüngste Dame aus der Gruppe tatsächlich eines Tages Brustkrebs hatte. Dazu kam, dass sie kurz nach Anfang der Chemotherapie, beim ersten Anzeichen von Haarverlust, beschloss, die Behandlung zu unterbrechen und nichts mehr zu unternehmen, um ihr Leben zu retten.

Nichts hatten die aufmunternden Worte und die gutgemeinten Ratschläge der Freundinnen bewirkt. Sie starb rund fünf Monate nach Krebsbefund und hinterließ einen Mann und zwei Kinder im Teenager-Alter.

Die Damen sprachen noch lange darüber, was man hätte anders machen können, wie man sie hätte retten können, hätte sie es nur gewollt. Denn darüber waren sie sich alle einig: Sie hatte sich gehen lassen, sie hatte erlaubt, dass die Krankheit Macht über sie ergreifen konnte. Doch man wusste: Gegen den Krebs musste man definitiv stark sein und niemals resignieren.

Die Zeit verging. Zehn Jahre später fand der Damentreff immer noch wie gewohnt jede Woche statt. Es war stets ein reger Austausch von Meinungen, Wissen, Neuigkeiten, Erfahrungen und Emotionen. Es gab schönere Tage, dann wieder weniger schöne Tage, aber im Großen und Ganzen schienen weiterhin alle Damen mit ihrem Leben zufrieden zu sein.

Meine Mutter war vielleicht in dieser Zeit die Einzige, die zutiefst unglücklich war, wobei sie es nicht zu sehen gab. Sie war mittlerweile 60 Jahre alt geworden, ihre Kinder – das heißt mein Bruder und ich – hatten beide mit Bravour ihr Studium auf der Uni abgeschlossen und waren von zuhause ausgezogen. Wir kehrten zwar immer wieder gerne bei meinen Eltern ein, ich öfter als mein Bruder, doch blieb sie oft mit meinem Vater alleine zurück.

Sie war glücklich, ihre Hauptaufgabe als Mutter gut gemeistert zu haben, und wollte nun das Leben mit ihrem Mann genießen, den sie aus Liebe geheiratet und für den sie alles aufgegeben hatte (ihre Heimat, ihre Karriere, ihre Freunde und Familie), um die Hausfrauenrolle zu übernehmen, so wie es in den 60igern üblich war.

Doch er war im Laufe der Jahre immer schwieriger geworden. Er hatte einen mühseligen Charakter, ein richtiger Narzisst, um den sich die ganze Welt drehte. Er liebte die Unterhaltung und hatte von eh und je alle alltäglichen Probleme auf sie verschoben, und obwohl sie ihn immer unterstützt hatte, erfuhr sie eines Tages, dass er eine zehnjährige Affäre mit einer Sekretärin gehabt hatte.

So geschah es, dass in jener Zeit meine Mutter keine richtige Lebensfreude mehr verspürte und ihre jährliche Vorsorgeuntersuchung nicht mehr wahrnahm. Sie tastete sich zwar jeden Morgen beim Duschen routinemäßig die Brust ab, doch auch als sie einen kleinen Knoten entdeckte, fühlte sie nicht das Bedürfnis, sich untersuchen zu lassen.

Dies änderte sich bei einem Kontrollbesuch bei einer Hautärztin. Dort erwähnte meine Mutter zufällig, dass sie da seit einiger Zeit, wahrscheinlich eh schon ein Jahr, einen kleinen Knoten in der Brust spürte, der mittlerweile schon so groß wie eine Haselnuss sei.

Die Ärztin wurde hellhörig und urgierte meine Mutter sich sofort weiteren Untersuchungen zu unterziehen. Sie beharrte dermaßen darauf, dass meine Mutter Angst bekam und mit gemischten Gefühlen unverzüglich zur Kontrolle ging.

Das ungute Gefühl wurde leider Gewissheit: Es war ein bösartiger Tumor und er musste sofort operiert werden.

Ich kann mich noch genau an den Gesichtsausdruck meiner Mutter erinnern, als sie nach der Mammografie aus dem Labor heraus kam. Sie hatte einen starren Blick und war vollkommen abwesend, so als ob die Nachricht zwar wohl eine böse Bedeutung gehabt hätte, aber irgendwie unglaubwürdig, ja sogar für sie unmöglich gewesen wäre. Sie sprach nur vor sich hin: „Wie habe ich nur so dumm sein können? Warum bin ich nicht gleich gegangen?"

Sofort zog ich bei meinen Eltern wieder ein, obwohl ich meine eigene Wohnung hatte, weil es mir wichtig war, meiner Mutter beizustehen.

Mein Vater war zwar physisch auch dabei, aber in meinem Inneren war für mich klar, dass er Schuld am Krebs meiner Mutter hatte und so ignorierte ich ihn.

Innerhalb weniger Tage bekamen wir einen Termin und ließen bei den besten Ärzten den Fall meiner Mutter untersuchen. Ein 36-jähriger Chirurg, der trotz seines jungen Alters als einer der besten Onkologen galt, der täglich mehrere Brust-OPs erfolgreich abschloss, erklärte meiner Mutter, sie sei in Stadium IV und sie habe ungefähr drei Monate Lebenserwartung.

Die Natürlichkeit, mit der dieser Arzt dieses Todesurteil aussprach, war für uns schockierend.

Im Nachhinein haben wir erfahren, dass statistisch gesehen, diejenigen, die sofort Bescheid wissen, gegen welche schreckliche Krankheit sie kämpfen, und denen die nackte Wahrheit dargestellt wird, zwei Möglichkeiten haben: Entweder sie verzweifeln und sterben oder sie reagieren kraftvoll und besiegen den Krebs.

Doch damals waren wir mit unserer evidenten Unerfahrenheit auf diese ausgesprochen direkte Ehrlichkeit des Arztes nicht vorbereitet.

Während der Arzt sprach, war meine Mutter in Trance, mein Vater schaute die ganze Zeit aus dem Fenster, als ob er nicht dazu gehören würde, und ich merkte immer mehr, wie Panik in mir aufkam.

War das nun das Ende? Ich schaute ununterbrochen in das Gesicht meiner Mutter und hoffte verzweifelt, es sei alles nicht so schlimm.

Der tüchtige junge Chirurg erklärte, dass der Tumor schon sehr fortgeschritten sei und dass sich höchstwahrscheinlich bald Metastasen bilden würden. Er wollte sie nicht drängen oder beeinflussen, doch merkte man ihm an, dass er die Lage als sehr ernst und bedrohlich einschätzte.

Er sprach drei Möglichkeiten an, die meine Mutter hatte, und gab ihr die Zeit in Ruhe ihre Entscheidung zu treffen.

Erste Möglichkeit: Sie könne gar nichts unternehmen, sich die Zeit nehmen, sich von allen zu verabschieden und diese letzten drei Monate, die ihr zur Verfügung standen, in vollen Zügen leben.

Zweite Möglichkeit: Sie könne das Karzinom wegoperieren lassen, daraufhin die Behandlungen in Anspruch nehmen, die zurzeit zur Verfügung standen, d. h. Chemotherapie und Radiotherapie, mit ihren bekannten Nebenwirkungen, wie dem Verlust ihrer Haare und Übelkeit. Ihre Lebenserwartung könne damit mindestens auf ein Jahr verlängert werden.

Dritte Möglichkeit: Sie könne zusätzlich zu Option zwei an einer neuen Studie teilnehmen, für die momentan noch neue Patientinnen gesucht würden, die mit einem experimentellen Medikament behandelt werden sollten. Diese „Versuchskaninchen" sollten eine Dokumentation der Wirksamkeit dieses Mittels ermöglichen, damit es dann für alle offiziell zugelassen werden könne. Bis dato zeigte sich eine gute Wirkung, aber acht Jahre seien noch notwendig, um eine gewisse Sicherheit zu gewährleisten. Aufgabe dieses Medikaments sei es, eventuelle Krebszellen zu entdecken, diese „einzukapseln" und somit der Patientin ein Leben mit einem ungefährlichen Krebs zu ermöglichen. Die Lebenserwartung würde in dem Fall auf mindestens zehn Jahre steigen, wenn nicht vorher ein Herzinfarkt eintreten würde.

Meine Mutter hörte gespannt zu und wurde bei jeder zusätzlichen Möglichkeit, die geschildert wurde, immer röter im Gesicht. Man konnte förmlich spüren, wie allmählich die Hoffnungslosigkeit der Lage in ihrem Kopf Gestalt annahm und ihr einen zutiefst verzweifelten Blick zuteilte. Außerdem breiteten sich zunehmend rote Flecken auf ihrem Hals aus und ich sah, wie die unter der Haut liegende Halsschlagader eindeutig immer schneller pochte. Ich machte mir wegen ihres hohen Blutdrucks Sorgen.

Als der Arzt mit der Erklärung fertig war, überlegte sie nicht lange und antwortete, in einem langsamen Ton aber doch mit einer zitternden Stimme und mit mehreren Atempausen: „Ich habe einen Sohn und eine Tochter, die noch heiraten müssen und Kinder kriegen sollen. Ich muss ihnen dabei helfen, die Hochzeit zu organisieren und ihre Kinder groß zu ziehen.

Drei Monate oder ein Jahr sind dafür zu wenig. Ich muss mich also für die dritte Möglichkeit entscheiden, die Sie mir geschildert haben. Wenn ich dabei einen Herzinfarkt erleide, habe ich Pech gehabt. Zumindest habe ich bei dieser Option die Chance, einen Teil meiner Pläne zu realisieren."

So kam es, dass meine Mutter bei dieser Studie mitmachte. Sie musste ein Dokument unterschreiben, bei dem sie bestätigte, alle Risiken verstanden zu haben, inklusive des Risikos eines Herzinfarktes innerhalb der ersten Verabreichungen des Medikaments und daraufhin bekam sie vom Institut ein Attest, auf dem ihr Name stand und darunter: „Wohltäterin der Menschheit."

Diese Bescheinigung hängt noch immer eingerahmt bei mir zu Hause, in meinem Bürozimmer. Ich bin nämlich stolz, dass meine Mutter damals ihren Mut und ihren Kampfgeist eingesetzt hat. Sie hat somit zum Erfolg jenes Medikaments beigetragen, dass nun seit einigen Jahren offiziell zugelassen ist und bei der Behandlung von Brustkrebs eingesetzt wird.

Nach dem Gespräch mit dem Chirurgen hatten wir eine unendliche Woche Zeit, um uns auf die OP vorzubereiten. Ohne es zu merken, fing ich langsam an, eine tiefreichende Verwandlung durchzumachen.

Ich blieb weiterhin bei meinen Eltern zuhause und zog direkt in das Zimmer meiner Mutter ein. Mein ehemaliges Zimmer überließ ich meinem Vater, der sich fast erleichtert dorthin zurückzog.

Nachts legte ich mich zu meiner Mutter ins Bett, wo wir die ganze Zeit über wach lagen und weinten. Ich umarmte immer wieder meine Mutter, streichelte sie sanft am Rücken und versuchte, sie meine Nähe spüren zu lassen. Obwohl ich bemüht war ihr zu helfen, fühlte ich mich schrecklich hilf- und machtlos.

Sie war diejenige, die immer stark gewesen war und mich immer verstanden und unterstützt hatte. Wie konnte ich ihr nun zumindest anteilig das zurückgeben, was sie mir in 30 Jahren hatte zukommen lassen?

Nun wollte ich für sie stark sein, mehr für sie tun, aber ich konnte nur mit ihr dort liegen, mit immerfort rinnenden Tränen, die aus einer so unendlich tiefen Traurigkeit kamen.

Im Büro erklärte ich die Situation und bekam ohne Probleme eine Woche frei.

Tagsüber erledigten wir gemeinsam den Haushalt und alles, was routinemäßig angesagt war. Immer ohne Lust und Laune, stets mit Tränen im Gesicht, unaufhörlich im Gedanken an die bevorstehende Operation und den sich immer schneller nähernden Tod. Dann wurde meine Mutter operiert. Vor der OP durften wir noch mit einem psychologisch sehr begabten Schönheitschirurgen sprechen, der meiner Mutter erklärte, dass es wichtig sei, gerade jetzt, wo die Psyche ohnehin schon sehr belastet wäre, den Körper nicht verstümmeln zu lassen.

Er bot ihr ein Silikonimplantat für die linke Brust an, die komplett weggeschnitten werden sollte. Außerdem brachte er sie auf die Idee, die andere Brust, wo nur Kleinigkeiten herausgenommen werden sollten, gleich auch ein bisschen zu vergrößern. Nach dem Motto: „Das Schlechte weg, das Wunderschöne her!"

Meine Mutter hatte schon immer ein bisschen an ihrer eher kleinen Brust gelitten und ich stellte mir vor, wie sie innerlich schmunzelte, als sie sich selbst mit einem schönen, großen Busen vorstellte, wie sie so als „Femme fatal" mit einem anliegenden Kleid mit Ausschnitt durch die Gegend watschelte.

Nach kurzer Überlegung überraschte uns jedoch meine Mutter mit der Aussage, sie sei eigentlich mit ihrer kleinen Brust in Großem und Ganzen zufrieden, doch wenn er sie vielleicht ein bisschen größer machen konnte, wäre das auch in Ordnung gewesen. Und so wurde es dann auch gemacht.

Nach der gelungenen Operation identifizierte der Chirurg mich als alleinige Ansprechperson, da mein Vater wegen einem ein paar Monate zuvor erlittenen Herzinfarkt verschont werden sollte und mein Bruder arbeiten musste.

Somit lag die ganze Last auf mir. Er schilderte mir bis ins letzte Detail, was er gemacht hatte, inklusive dem Wegkratzen einiger Knochenteile der Rippen, und hoffte, alles entfernt zu haben. Nun müsse man die weitere Entwicklung abwarten.

Meiner Mutter wurde nur kurz erklärt, es sei alles gut gegangen und in großen Zügen wurden ihr die darauf folgenden Schritte erläutert.

Sie selber hatte der OP mit innerlicher Angst entgegengeschaut, doch jene Angst hatte nichts mit der konkreten Angst zu tun, mit der sie in die Zukunft blickte. Die Operation sollte dazu dienen, den Tumor zu entfernen. Zurück blieb die Angst, der Tumor könne schon größere Schäden angerichtet haben und könne schon weiter gewandert sein. Dann wäre alles umsonst gewesen.

Die folgenden Tage vergingen in einem monotonen Emotionstief. Ich ging wieder jeden Tag ins Büro, meine Mutter benahm sich wie ein braves Kind und ließ alles mit sich machen, um ihr möglichst viele Jahre Leben zu ermöglichen.

Die Nächte weinten wir weiterhin miteinander durch. Es war kein Trost zu finden. Wir waren den hohen Wellen dieses uns verschlingenden Meeres ausgesetzt und konnten kein Rettungsboot sehen, das uns Hoffnung geben konnte.

Sie verlor ihre Haare, auch die Augenbrauen und die Wimpern, setzte eine Perücke auf – kurze Haare, die ihr unserer, nicht aber ihrer Meinung nach, sehr gut passten, ließ sich psychologisch unterstützen und folgte der Simonton-Methode, um positiv auf die Zukunft zu schauen.

Meinerseits begann ich langsam zu begreifen, wie sich mein Verhältnis zu meiner Mutter radikal verändert hatte. Allmählich hatte ich nämlich die Mutterrolle übernommen und hatte meiner Mutter die Kinderrolle zugeteilt. Ich war stark für sie geworden, war stets für sie da, unterstützte sie, gab ihr die Kraft weiterzumachen. Das war meine Art, ihr zumindest einen Teil von dem zurückzugeben, was sie mir an Liebe und Zuwendung in meinen ersten 30 Jahren geschenkt hatte.

Dann passierte die Wende.

Eines Morgens, einige Monate nach der OP, stand sie auf und sagte zu mir: „Es hat keinen Sinn, weiter zu weinen. Jetzt mache ich eh schon alles, was ich machen kann, und es ist an der Zeit, das zu genießen, was wir haben."

Das taten wir auch von dem Moment an, in vollen Zügen. Statt den vorangekündigten drei Monaten „Restleben" wurden meiner Mutter und uns 13 erfreuliche Jahre geschenkt.

Mit einem Lächeln im Herzen kann ich bestätigen, dass diese Zeit die schönste Zeit war, die wir gemeinsam erlebt haben. Denn meine Mutter durfte bei all den Ereignissen in meinem Leben mit dabei sein, die uns wichtig waren.

Sie war dabei, als ich mein Hochzeitskleid ausgesucht habe, sie war dabei, als ich glücklich geheiratet habe, sie war dabei, als ich fünf Jahre lang verzweifelt versucht habe, ein Kind zu kriegen und es dann endlich geklappt hat. Sie war die ersten fünf Jahre meiner Tochter dabei, als liebevolle Oma, die in den Jahren vieles mit ihr erleben durfte und vieles mit ihr unternommen hat.

Zusammen haben wir die schönsten Reisen unternommen, die wir je gemacht haben. Eine Reise nach Berlin, nur sie und ich (das erste Mal, dass wir allein verreist sind), wird für immer in meinem Herzen bleiben. Dort waren wir besonders im Einklang, wie im Pergamonmuseum, wo wir wie zwei Mädchen staunend das Tor von Babylon bewundert haben, oder im Jüdischen Museum, wo wir die Einsamkeit der Juden gespürt haben und danach dankbar waren, dass wir uns hatten. Wir haben jeden Tag und jeden Schritt gemeinsam ausgekostet, haben miteinander geredet, geschwiegen und gelacht ohne Ende.

Sie war auch begeistert dabei, als ich mit 38 Jahren den Aufnahmetest für das zweite Universitätsstudium in Psychologie bestand.

Sie freute sich nicht nur, weil ich es geschafft hatte (sie hatte immer an mich geglaubt), sondern weil sie meinte, es passe gut zu mir. „Du wirst bestimmt eine gute Psychologin werden", sagte sie und fuhr dann fort: „Als ich erfahren habe, dass ich Krebs hatte, warst du die Einzige, die mich verstanden hat und die genau das getan hat, was ich brauchte.

Du hast leise mit mir geweint, hast mich ohne aufdringlich zu sein getröstet und hast mich spüren lassen, dass ich nicht alleine war. Du hast meine Trauerzeit mit mir gelebt, hast mir die Zeit gegeben, meine Gefühle so zu verarbeiten und auszuleben, wie ich es gebraucht habe. So hast du mir jegliche Last genommen und hast mir die Möglichkeit gegeben, mich neu zu entdecken."

Durch diese Worte habe ich eine grenzenlose Erleichterung empfunden. Von dem Moment an wusste ich, dass ich nicht mehr machtlos gegen den Krebs war. Ich war im Stande gewesen, meiner Mutter meine Liebe zu beweisen, und sie hatte sie gespürt.

Nach dem Krebsurteil schien alles hoffnungslos und nichtsdestotrotz wurden wir glücklicher als zuvor.

Ich bin nicht dankbar für den Krebs, denn er hat sie mir weggenommen und mit ihr habe ich einen schönen Teil meines Lebens verloren. Doch denke ich immer wieder, vielleicht um mich selbst wenigstens ein bisschen zu trösten, dass der böse Krebs meiner Mutter endlich die Möglichkeit gegeben hat, ihr Leben so zu leben, wie sie es immer hätte leben sollen. Sie war schon immer ein guter Mensch gewesen, eine starke Frau, eine gute Freundin, Ehefrau und Mutter. Dabei hat sie immer den anderen die Priorität gegeben. Sich selber hat sie immer zurückgestellt und somit auf einige ihrer Wünsche verzichtet.

Sie hat diese Krankheit sicher nicht verdient. Aber darum geht es eigentlich nicht. Es geht nicht darum, wer die Schuld hat oder was man denn Schlimmes im Leben getan haben muss, um so bestraft zu werden.

Der Krebs kann plötzlich da sein und das ganze Leben wird damit auf den Kopf gestellt.

Wenn man Glück hat, wird man sich dessen bewusst, was man im Leben eigentlich schon immer wollte und nie getan hat. Wenn man noch mehr Glück hat, dann schafft man es, diese Wünsche umzusetzen, bevor es zu spät ist.

Diese böse Krankheit kann uns dabei helfen, das Notwendige zu tun um das Unnötige zu streichen und nur das für uns Wichtige zu behalten oder zu tun.

Als sie dem Krebs den Krieg erklärt hat, hat meine Mutter nicht aufgehört, weiterhin für die anderen da zu sein – sie war ja eine „Wohltäterin der Menschheit", doch gleichzeitig hat sie angefangen, an sich selbst zu denken, das Leben zu genießen und auch ihre eigenen Gefühle und Wünsche zu berücksichtigen.

Sie hat sich um ihr Aussehen gekümmert, hat sich geschminkt, hat elegante Kleider gekauft und stilvolle Accessoires dazu – sie liebte besonders auffällige Ketten und Ohrgehänge. Sie hat Pausen in ihren Alltag eingeführt und hat sich den Luxus gegönnt, ab und zu einen ganzen Tag lang nur dazuliegen und ein Buch zu lesen. Sie hat die Leute aus ihrem Leben gestrichen, die sie nur ausgenutzt haben, und hat mehr mit denen unternommen, bei denen sie sich nur wohl fühlte. Sie hat gelernt, nein zu sagen, ohne ein schlechtes Gewissen zu bekommen.

Wer weiß, ob sie all das getan hätte, wäre sie nicht an Krebs erkrankt.

KREBSHILFE-TIPP
Auch wenn es schwerfällt:
Achten Sie als Angehöriger
darauf, sich nicht vom Erkrankten
zurückzuziehen und Wesentliches
nicht für sich zu behalten. Rückzug,
um den anderen zu schonen, birgt
die Gefahr, dass beide immer mehr
allein sind mit dem, was bewegt.

Selnar Hugo

Erlebnis Brustkrebs

Wir sind ein altes Rentnerpaar. Im vergangenen Jahr haben wir „Brillantene Hochzeit" gefeiert.

Fünfundsechzig Jahre verheiratet. Vereint in guten und schlechten Tagen.

Wir haben einen zweiten Wohnsitz in Spanien. Seit über mehr als zwanzig Jahren verbringen wir dort die kalte Jahreszeit. So Ende Oktober fahren wir mit dem Auto los und kehren Ende April wieder zurück.

Nach Übernachtungen in Frankreich und im Norden Spaniens, kommen wir drei, vier Tage später, in unserem Haus, an der Costa Blanca an. Wir wohnen in einem kleinen, spanischen Ort, vom Meer und vom Tourismus entfernt. Von unserer Terrasse blicken wir hinunter zur Küste, auf das Meer. Es ist etwa sechs Kilometer entfernt. Mit bloßem Auge können wir große Schiffe bis zum etwa fünfzig Kilometer entfernten Horizont erkennen.

Mit dem Fernglas können wir manchmal an den riesigen Containerschiffen die Namen der Schiffe oder der Linien lesen.

Die großen Kreuzfahrtschiffe fallen durch ihre blendend weiße Farbe auf. Wenn zwei der großen Pötte aufeinander zufahren, sieht es von uns oft so aus, als würden sie zusammenstoßen.

Doch solches ist noch nie passiert.

An den Wochenenden bevölkern viele Segelboote das Meer in Küstennähe. Oft sehen wir auch Regatten. Viele weiße Segel, alle in gleicher Richtung. Aus der Ferne sieht es so aus, als wären sie im Schneckentempo unterwegs, obwohl das ein Trugschluss ist. Wir selbst sind keine Wassersportler. Früher haben wir beide begeistert Tennis gespielt. Auf kuriose Weise sind wir dann zu Golf gekommen, als eine jährliche Turnierserie im Ausland wegen Verletzung des Sponsors von diesem kurzerhand zu einem Golfturnier umfunktioniert wurde. Wir wollten unsere Freude nicht verlieren und haben die Veränderung mitgemacht.

Unser Haus steht in einer größeren Wohnanlage. Es ist eines von vielen. Es sind mehr als dreißig. Sie stehen am südlichen Rand unseres Ortes, genau auf der Kante einer steilen Schlucht. Es sind weiße Reihenhäuser mit flachen Dächern. Immer vier oder sechs zusammen. Die Häuser haben drei Geschoße. Nur das oberste, mit drei Schlafzimmern und Bädern, ist von der Straße aus zu sehen. Es ist der Eingang, wenn man zu Fuß kommt. Um in den Wohnbereich zu kommen, müssen wir eine Etage abwärts gehen oder unseren Lift nehmen, der alle drei Stockwerke, bis hinunter zur Garage, verbindet.

Aus Sicherheitsgründen ist das gesamte Gelände von einer mannshohen weißen Mauer umgeben. Vier Toreingänge, verteilt auf die mehrere hundert Meter lange Anlage, ermöglichen den Zugang, der nur für Berechtigte und Besucher zugänglich ist.

Die Zufahrt für die Autos liegt in einer parallel verlaufenden Straße südlich des Grundstücks.

Das steil abfallende Gelände der früheren Schlucht gab sowohl die Bauform der Gebäude als auch die tiefer liegende Zufahrt vor. Den direkt gegenüber unserem Haus liegenden Pool haben wir in der Vergangenheit nie benutzt. Das ungeheizte Wasser war in den Wintermonaten einfach zu kalt gewesen. Vor drei Jahren wurde dann alles ganz anders.

Corona nahm auch Spanien in den Griff. Nichts ging mehr. Unser geplanter Rückflug nach Deutschland war nicht mehr möglich. Auch die Ausreise mit dem Auto war verboten.

Die Wochen vergingen. Es wurde wärmer. Wir wunderten uns, dass niemand unserer Nachbarn den Pool benutzte.

Meine Frau Inge meinte, dass es die Spanier einfach noch ein paar Grad wärmer haben wollten.

An einem heißen Tag ging sie dann erstmals im Pool schwimmen. Von der Terrasse aus sah ich ihr zu und winkte. Sie winkte zurück und forderte mich auf, herunter zu kommen. Das Wasser hätte bereits eine angenehme Temperatur. Ich hatte noch keine Lust. Ich musste mich erst geistig mit dieser neuen Situation vertraut machen. Als sie zurückkam, war sie von der Möglichkeit, direkt am Haus zu schwimmen, richtig begeistert.

Sie erzählte auch, dass sie, nach Jahren der Abstinenz, richtige Konditionsschwierigkeiten beim Schwimmen hätte.

Diese Aussage hätte mich stutzig machen sollen, war sie, im Nachhinein betrachtet, die Ankündigung einer gesundheitlichen Katastrophe. Wir hatten aber die Zeichen damals nicht verstanden. Allerdings hätten mir ihre kurzen Ruhephasen, die sie vorher nie brauchte, auffallen müssen.

Als sie am nächsten Tag wieder schwamm, bekamen wir kurz danach eine E-Mail von der Hausverwaltung. In dürren Worten wurde uns mitgeteilt, dass wir trotz Verbots wegen Corona den Pool benutzt hätten und dass bei Wiederholung Strafanzeige gegen uns erstattet werden würde.

Die Regeln waren streng. Wegen unseres Alters galten wir als besonders gefährdet. Wir waren ans Haus gefesselt. Unsere Haushälterin, die gute Seele, kaufte für uns ein. Mindestens einmal in der Woche stand sie, geschützt mit Mundschutz und Handschuhen, an unserer Tür und brachte das Gewünschte.

Wir gerieten nicht in Panik, als wir erfuhren, dass die Krankenhäuser überfüllt seien und für Ältere die Beatmungsgeräte mangels Masse nicht mehr zur Verfügung stünden.

Zusammen kamen wir zu der Erkenntnis, dass wir das Glück hatten, ein sehr erfülltes Leben zu genießen und dass es, in unserem Alter, Inge 87, Hugo 89, auf natürliche Weise zu Ende gehen dürfe. Wir wollten nach einer Erkrankung keine Pflegefälle sein.

Wir wurden auch nicht krank. Inge war es schon. Wir wussten es nur noch nicht.

Als die Einschränkungen nach einiger Zeit gelockert wurden, waren wir die ersten, die wieder den Tag auf dem Golfplatz verbracht hatten.

In Unkenntnis der Feinheiten der spanischen Sprache machten wir einen Ausflug in die nahen Berge, schon eine Woche, bevor es erlaubt war. Über den ganzen Tag sind uns nur zwei weitere Autos begegnet. Erwischt wurden wir nicht.

Über Internet erfuhr ich, dass mit Dokumenten der Deutschen Botschaft eine Rückreise nach Deutschland möglich wäre. Kurz danach hatte ich mir die Papiere heruntergeladen und ausgedruckt. Das große Problem war, dass man die Autobahn nicht verlassen durfte. Und wir wollten die fast zweitausend Kilometer keinesfalls an einem Tag fahren.

Ich recherchierte so lange im Internet, bis ich eine Übernachtung oben in Katalonien und eine zweite zwischen Lyon und Burgund gefunden hatte.

Wir tankten voll auf und fuhren los. Die Autobahn gehörte uns fast alleine. Alle Raststätten waren geschlossen. Toiletten fanden wir nur auf der Seite der LKWs.

Inge hatte ihre Küchenvorräte eingepackt. Von denen ernähren wir uns unterwegs. In den beiden Hotels ließ ich eine der zahlreichen Weinflaschen, die wir im Gepäck hatten, in den Kühlschrank stellen.

Beim Fahren wechselten wir uns periodisch ab, so, wie wir es früher auf unseren Fernfahrten nach und in Afrika praktiziert hatten.

Die mühsam beschafften Dokumente wollte weder in Spanien, Frankreich oder Deutschland jemand sehen.

Das einzige Problem hatten wir an der Mautstelle in Lyon. Dort wollte eine Gestalt in greller Schutzkleidung, bewaffnet mit einer gewaltigen Schaumspritze, unser Auto desinfizieren.

Da ich wahrgenommen hatte, wie ein Fahrzeug vor uns nach so einer Behandlung ausgesehen hatte, stellte ich mich schützend vor mein Auto. Nach längerer Verhandlung mit einem Polizisten wurde unser Auto dann verschont.

Wenige Tage nach unserer Rückkehr nach Deutschland konnte sich Inge endlich um ihre Beschwerden kümmern. Das wurde dann eine lange Geschichte.

Am Anfang versuchten wir noch zusammen Golf zu spielen. Doch Inge fand immer weniger Gefallen daran. Sie fand es zu anstrengend.

Beim Hausarzt begann es. Von dort wurde sie zu weiteren Untersuchungen weitergereicht.

Dazwischen wochenlange Wartezeiten. Gesundheitlich ging es mit ihr sichtbar bergab.

Es war inzwischen August geworden, als wir in der Klinik in Ansbach landeten.

Dort erfuhren wir die ganze Wahrheit. Unser Verdacht wurde bestätigt.

Inge hatte Brustkrebs, schon im fortgeschrittenen Stadium. Die Metastasen hatten bereits die beiden Lungenflügel befallen.

Wir hatten ein langes Gespräch mit den beiden Ärzten.

Das Ergebnis war, dass uns eine Therapie mit einem neuen Medikament vorgeschlagen wurde.

Keine Chemotherapie, keine OP. Trotz allen Schreckens, ich war erleichtert.

Mein positives Gefühl wurde dann noch verstärkt, als uns noch ein Dr. ▨▨▨ vorgestellt wurde. Er war kein Arzt, sondern Wissenschaftler. Von der Universität Tübingen abgestellt, um die Auswirkungen des neuen Medikaments zu dokumentieren und zu begleiten.

In der Klinik wurden ambulant weitere Untersuchungen durchgeführt. Inges Klagen wegen Problemen in ihrer Lunge wurde in den ersten Tagen nicht nachgegangen. Erst als sie lauthals auf zunehmende Beschwerden hinwies, wurde sie zu weiteren Untersuchungen stationär aufgenommen. Als ich sie tags darauf besuchte, lag sie ermattet in ihrem Bett. Auf beiden Seiten brummten am Fußboden Geräte, die über Schläuche, die man mit beiden Lungenflügeln verbunden hatte, Flüssigkeiten absaugten. Bis zum nächsten Tag wurden mehr als drei Liter gemessen.

Zweimal musste ihre Entlassung aus der Klinik verschoben werden, weil die Menge der sich neu bildenden Flüssigkeit zu groß war.

Nach Inges Entlassung setzte sich die örtliche Diakonie sofort mit uns in Verbindung.

Eigentlich wurde ich schon Tage vorher kontaktiert. Es ging um die notwendige ambulante Betreuung. Dreimal in der Woche musste über die Lungendrainagen Flüssigkeit abgesaugt werden. Meine Frage nach der Dauer dieser Maßnahme blieb unbeantwortet. Wenn auf Dauer weniger als 50 ml herauskämen, war die vage Information. Lange Zeit, über viele Monate, war es das Dreifache der Menge.

Oft war ich verzweifelt. In meinem Frust begann ich wieder zu malen. Das lenkte mich etwas ab.

Inge mochte den Geruch der Ölfarbe nicht. So malte ich nur bei schönem Wetter auf dem Balkon.

Zehn Bilder sind im Lauf der Monate dabei entstanden.

Wir machten uns Gedanken über unser weiteres Leben. Würde Inge wieder ganz gesund werden?

Und wenn nicht, was dann?

Wir sprachen über Leben und Tod. Das Thema hatten wir schon mal zu Beginn der Seuche in Spanien aufgegriffen. Ein gütiges Schicksal hatte uns ein Leben geschenkt, von dem wir anfangs nicht mal zu träumen gewagt hatten.

Was können wir noch besser, noch schöner machen? Materiell besitzen wir mehr, als wir brauchen. Unsere Beziehung? Im Lauf der Jahrzehnte ein bisschen abgenutzt.

Der Grundgedanke war, die restlichen Tage, Monate, Jahre unseres Lebens in schönster Weise zu genießen.

Und wir wussten auch, welche Voraussetzungen dazu nötig sind.

Wir einigten uns darauf, uns künftig so zu begegnen als wären wir nicht nur ein Ehepaar, sondern darüber hinaus die besten Freunde.

Und wie verhalten wir uns unseren Freunden gegenüber?

Höflich, freundlich, ehrlich. Meine besondere Wertschätzung zeigte ich ihr mit einem Lächeln bei jedem Anblick. Ich lobte sie nicht nur für ihre Kochkunst, für ihren guten Geschmack, ihren Ordnungssinn, ich freute mich auch an ihren schönen blauen Augen. Wenn wir uns in der Wohnung eng begegneten, nahm ich sie in meine Arme. Scheue, zärtliche Berührungen. Ich zeigte ihr nicht nur meine Wertschätzung, sondern meine Liebe. Und sie erwiderte meine Gefühle. Ich empfand noch mehr als Zufriedenheit. Noch nie in meinem Leben hatte ich mich so gut gefühlt.

Alle vier Wochen musste Inge zur Kontrolle in die Klinik. Immer noch galten die Einschränkungen wegen Corona. Je nach Befund wurden ihre Medikamente angepasst. Oft waren weitere Untersuchungen notwendig. Ich fuhr sie immer hin, bis sie mir eines Tages erklärte, dass ich mir durch mein Herumsitzen und Warten noch Corona holen würde. Um das zu vermeiden, werde sie in Zukunft wieder selber fahren, meinte sie.

Irgendwann wurde die abgesaugte Flüssigkeit im linken Teil ihrer Lunge weniger. Die Drainage konnte entfernt werden. Wir begannen, neue Pläne zu machen. Inge schwärmte schon lange von einem Besuch in Salzburg. Weniger als eine Woche wollten wir nicht bleiben. Das Hindernis war die Drainage, die immer noch zweimal in der Woche gebraucht wurde.

Wir sprachen mit dem Lungenarzt. Der sah mich an und meinte, dass er mir zutrauen würde, die Absaugung auch mal selbst vorzunehmen. Ich solle einmal zusehen, wie das gemacht werde und dann zwei der Vakuumflaschen mit auf die Reise nehmen.

Corona war am Abklingen, als wir uns auf die Reise machten. Anstatt des im Wetterbericht angekündigten Regens empfing uns strahlender Sonnenschein. Wir wohnten mitten in der Altstadt. Jeden Tag waren wir unterwegs. Mit der steilen Bahn fuhren wir hinauf zur Festung.

Auf dem Weg zum Schloss Mirabell genossen wir Eis bei einem Italiener. Von der Dachterrasse im Hotel Stein genossen wir den Ausblick hinunter auf die Salzach, die grüne Dachlandschaft, den Verkehr über die große Brücke. Zu einem Campari Orange lauschten wir den Melodien einer kleinen Band.

Die halbe Woche war vorbei und ich musste meine Fähigkeit als Krankenhelfer beweisen. Die Flasche mit dem Vakuum hatte ich schon ausgepackt. Als Nächstes entferne ich das große Pflaster, mittels dem der eingerollte Schlauch der Drainage geschützt war, von Inges Körper. Danach nestelte ich den Schlauch los und koppelte sein Ende mit der Flasche. Dann löste ich die beiden Verschlüsse.

Es dauerte nach meinem Gefühl endlos lange, bis ich im transparenten Schlauch sehen konnte, dass endlich Flüssigkeit läuft. Ich hatte Angst, dass irgendwas nicht funktioniert hatte. Doch danach war ich beruhigt und konnte beobachten, wie sich Flüssigkeit im Glas ansammelte. Als nichts mehr kam, waren es 95 ml. Viel zu viel für meine Erwartungen. Danach verriegelte ich die beiden Anschlüsse und trennte sie. Ich desinfizierte den Hautbereich an Inges Körper. Beim Einrollen des Schlauchs musste mir Inge helfen. Ich bin sehr ungeschickt. Danach klebte ich alles mit dem bereit liegenden großen Pflaster ab. Mir war es sehr heiß, doch Inge war anscheinend mit meinem Werk zufrieden.

Diese funktionierende Selbstversorgung machte uns Mut für weitere Taten.

Als sich nach Monaten die abgesaugte Flüssigkeit der rechten Lunge konstant unter der magischen 50-ml-Grenze bewegte, war die Zeit gekommen, die Drainage zu entfernen.

Das musste operativ geschehen. Wegen der langen Zeit war der Schlauch inzwischen eingewachsen. Nun hatten wir für unsere Planungen eine Zeit von vier Wochen zur Verfügung.

Auch die Medikamente wurden Inge immer nur für vier Wochen ausgehändigt.

Um eine Reise zu unserem Haus an der Costa Blanca sinnvoll zu gestalten, schienen uns vier Wochen zu kurz. In zähen Verhandlungen erreichte Inge die Zustimmung zu einer Abwesenheit von sechs Wochen. Für die unvermeidliche 4-wöchentliche Blutuntersuchung gewannen wir unseren spanischen Hausarzt, der sie durchführte und die Werte an die Ärzte in Ansbach schickte.

Und weil ihr auch die Medikamente für sechs Wochen ausgehändigt wurden, kannte unser Drang nach Freiheit keine Grenzen mehr.

Mit dem Auto wollten wir nicht mehr fahren. Als wir einmal, kurz nach der Grenze, in der Nähe von Girona, ausgeraubt worden waren, sahen wir das als Zeichen des Schicksals. Seitdem benutzten wir den Flieger. Seit Corona war einige Zeit vergangen. Bei unserem ersten Besuch nach Corona suchten wir nach unseren früheren Freunden. Nicht alle fanden wir wieder. Wir waren alle älter geworden. Einige waren verschwunden, krank, verstorben.

Zu Inges Geburtstagsfeier im April kamen vor Jahren immer so um die zehn, zwölf Freunde.

Es wurden immer weniger. Obwohl sie gerne kamen. Zuletzt waren wir nur noch die Hälfte.

Das traf auch auf die Feier unserer „Brillantenen Hochzeit" zu. Es war im Oktober des vergangenen Jahres. Inge und mir ging es so gut wie seit Langem nicht mehr. Sie hatte ihre Krankheit komplett vergessen. Wir hatten in ein feines Gourmet-Restaurant eingeladen. Eine Stunde bevor wir losfuhren, hatte ich noch die Idee für ein Blumenkränzchen für die Braut. Ich konnte nur die Idee und die Blumen liefern, die in üppiger Pracht rund ums Haus blühten. Das Kränzchen musste sich die Braut selbst binden.

Das Ergebnis war nicht nur in meinen Augen phänomenal. Durch Zufall passten Kleid und Blumen optimal zusammen. Sie sah hinreißend aus. Sie spürte es und ihre blauen Augen strahlten.

Obwohl wir nur zu sechst waren, selten hatten wir ein solch angenehmes, fröhliches Fest gefeiert.

Doch mit des Schicksals Mächten ist kein ewiger Bund zu flechten.

Ende Mai flogen wir nach einem erlebnisreichen Aufenthalt von Alicante nach Nürnberg zurück.

Der Rückweg nach Dinkelsbühl ist etwas kompliziert. Zuerst mit dem Mietwagen von Benissa zum Flughafen nach Alicante, danach der Flug nach Nürnberg. Von dort mit der U-Bahn zum Hauptbahnhof. Seit Kindesbeinen ärgere ich mich darüber, dass die Züge in Richtung Ansbach stets von Gleis 23 abfahren. Es ist das Letzte. Inge wirkte schon vor dem Abflug erschöpft und gestresst. Nach der langen Wanderung unter den Gleisen kam sie kaum die letzte Treppe hoch.

Selbst die Einladung zu einem wunderschönen Gartenfest, gleich zwei Tage später, konnte ihre gute Laune nicht vollständig zurückbringen.

Im Gespräch darüber vermutete sie eine beginnende Unverträglichkeit mit den ihr verordneten Medikamenten. Sie hoffte auf Besserung bei der anstehenden Untersuchung in der vergangenen Woche. Zu der nachfolgenden Besprechung fuhren wir zusammen nach Ansbach. Diese Gespräche waren Routine. So fanden halbjährlich nach der vorangegangenen Untersuchung statt.

Vom Trend her wurden immer leichte Besserungen gegenüber der vorangegangenen festgestellt.

Inge meinte vorher, dass ich nicht daran teilnehmen müsste.

So ließ ich mir, beim lokalen BMW-Händler, die Funktionen der vielen Apps bei unserem neuem Auto, einem Hybrid, erklären. Als ich von dort in die Klinik zurückkam, lief mir Inge direkt in die Arme.

Wir trafen uns genau in der Mitte, zwischen Ein- und Ausgang. Sie begrüßte mich nicht so fröhlich wie gewohnt. Vor zwei Stunden hatte ich mich von einer anderen Inge verabschiedet. Ihr Gesicht war ungewöhnlich blass. Sie stieg ein und schwieg. Eine unerklärliche Spannung umfing mich.

Ich getraute mich nicht, zu fragen, was bei der Besprechung herausgekommen war. Ich spürte nur: nichts Gutes. Mein Herz krampfte sich zusammen. Ich wusste nicht, was ich sagen sollte, und starrte auf die weißen Linien, die mir auf der Straße entgegenkamen und unter meinem Auto verschwanden.

Am Tag danach. Meine Befürchtungen sind eingetreten. Die Wirkung der Medikamente hat nachgelassen. Weitere Organe sind vom Krebs angegriffen.

Nur mit massiver Chemo-Therapie ist eine weitere Behandlung sinnvoll. Das hat Inge abgelehnt.

Von der Klinik wurde sie zur Palliativ-Betreuung weitergereicht.

Wir sehen, nach einem Leben, in dem sich alle unsere Träume erfüllt haben, den Tod nicht als Unglück.

Wir werden jeden weiteren Tag, den uns das Schicksal schenkt, mit allen Sinnen genießen.

MUTMACHER

„Nur starke Menschen bekommen schwere Wege."

Isi

West Wilma

Krebs ist nur ein Wort

1

Ich schlafe tief. Mein Bett steht in einem schmalen Zimmer. Das Bett ist aus Metall. Als Lattenrost dient ein Netz. Die Matratze ist weich, der Polster warm, die Decke schwer. Das Zimmer ist mein Zimmer. Dann kommt das Speisezimmer. Gegenüber liegt das Schlafzimmer der Eltern. Seit einiger Zeit liegt nur Mutter in dem Bett der Eltern. Vater ist in Griechenland. Er arbeitet dort. Tagsüber kommt die Großmutter. Mutter mag sie nicht, aber sie kommt trotzdem. Ich gehe jeden Tag zur Schule, außer am Sonntag. Früher gingen wir sonntags in die Kirche. Früher war auch Vater da. Früher kam die Großmutter nicht. Früher war mein kleiner Bruder da. Ich habe meinen Bruder gewickelt. Ich habe ihn gefüttert. Er durfte in meinem Zimmer wohnen. Mutter und ich können nicht gut für ihn sorgen. Er ist jetzt beim Vater. Mutter ist krank. Niemand sagt mir, warum.

Ich stehe am Morgen nicht gerne auf. Ich mag den Boden nicht. Der Boden ist aus schönem Holz. Er ist kalt. Mir ist kalt. Genauso kalt wie der griechischen Großmutter. Ihr war auch kalt. Stirbt man, wenn einem kalt ist?

Ich gehe ins Zimmer der Eltern. Dort ist das Waschbecken. Dort ist der Schemel. Auch der dunkelgrüne Vorhang ist dort. Ich ziehe den Vorhang zu. Ich putze meine Zähne. Man muss sie gut putzen, damit der Zahnarzt nicht bohren muss. Das Bohren tut weh. Tut die Krankheit der Mutter weh?

Ich schiele durch den Spalt des Vorhangs. Niemand ist da. Ich gehe zur Psyche. Schaue in den Spiegel. Da stehe ich. Ohne Brüder. Ohne Vater. Ohne Großmutter und ohne Großvater. Ich höre Mutter in der Küche rumoren. Ich bin froh, dass die Geräusche mich an sie erinnern. Alles ist gut. Mutter ist da. Ich gehe in mein Zimmer zurück, ziehe mich an. Ich schaue auf den Boden. Warum kann etwas so Schönes zugleich so furchtbar sein?

Früher ging ich nach der Schule in den Hort. Auch, als Mutter schwanger war. Aber als mein Bruder geboren war, da kam ich gleich nach der Schule heim. Ich war darüber traurig und auch sehr froh. Ich mochte den Hort, doch ich wollte alle Zeit der Welt mit meinem Bruder verbringen. Auch heute gehe ich nach Hause, trotzdem mein Bruder nicht mehr da ist. Ich kaufe vom Bäcker schräg gegenüber der Schule mit meinem Taschengeld eine Fruchtgolatsche. Ich habe seit vier Wochen darauf gespart. Ich mag Fruchtgolatschen sehr. Die Golatsche ist für Mutter. Ich möchte damit ein Lächeln auf ihr Gesicht zaubern. Darauf freue ich mich. Ich klingle an unserer Tür. Sie öffnet. Müde sieht sie aus. Da, die Fruchtgolatsche. Sie lächelt nur ein klein wenig. Sie geht mit der Golatsche in die Küche, legt sie auf die Ablage, schiebt sie von sich, dreht sich zu mir und streicht über meine Wange. Sagt Danke zu mir.

Wir sitzen am Esstisch. Ich soll ihr etwas zeichnen, weil ich doch so gerne zeichne. Was soll es denn sein, frage ich. Drei Rufzeichen, drei Fragezeichen, drei Berge, drei Wälder, drei Täler, was immer ich mag, das dreifach und auf drei Blätter. Sie schaut mir zu. Sie spricht nicht. Ich zeichne drei Blätter voll. Ich reiche sie ihr. Sie steht auf, nimmt die Blätter und greift nach dem Tixo auf der Kredenz. Sie klebt ein Blatt auf meine Zimmertür, ein Blatt auf den Vitrinenteil der Kredenz und ein Blatt auf die Tür des Elternschlafzimmers. Ihre Augen leuchten. Doch es ist keine Freude darin. Ich habe etwas Gutes tun wollen. Ich weiß, etwas Schlechtes ist geschehen.

Vater kommt am Abend. Er hat keinen Koffer mit. Er wird also nicht lange bleiben. Mutter geht ihm in die Küche nach. Ich bleibe im Vorzimmer stehen. Die Küchentür bleibt offen. Er sieht die Golatsche und freut sich. Er isst die Golatsche und sein ganzes Gesicht freut sich mit ihm. Ich blicke von ihm zu Mutter.

Ich liege in meinem Bett. Die Tränen fließen über die Wangen. Sie tropfen auf den Polster. Ich habe einen Vater, eine Mutter, viele Großeltern, Brüder, Tanten und Onkel, Cousinen und Cousins. Trotzdem weine ich.

2

Ich laufe schnell. Ich bin eine gute Läuferin. In der Schule bin ich die Schnellste, obwohl ich die Jüngste und Kleinste bin. Ich muss mich beeilen. Ich war vor der Schule der Blinden gestanden und hatte blind sein gespielt. Ich will nie blind werden.

Mutter stellt sich vor die Psyche. Ich betrachte sie. Dünn ist sie geworden. Sie isst jeden Tag mit mir zu Mittag. Sie trinkt Wasser. Früher trank sie Kaffee. Sie betrachtet sich im Spiegel. Dann blickt sie mich an. Sie kommt zu mir und spricht. Ich verstehe nicht, was sie sagt. Sie will, dass ich ihren Rücken abtaste. Ich streiche über ihren Rücken. Er fühlt sich hart an. Ich spüre die Knochen. Ich spüre, dass sie mager geworden ist. Ich werde traurig. Ich will weinen. Ich will fliehen. Ich will, dass dieser Rücken verschwindet. Sie will, dass ich Knoten finde. Ich verstehe nichts davon. Ich kann nicht gut für sie sorgen. Ich verdiene es nicht, ihre Tochter zu sein.

Großmutter kommt. Gleich beginnen sie zu streiten. Heute bin ich der Anlass. Ich gehe in mein Zimmer. Ich lege mich ins Bett. Ich ziehe die Decke über meinen Kopf. Ich mache mich ganz klein. Schiebe meinen Körper in mich hinein. Ich möchte mich auflösen. Ich möchte tot sein. Kann sie dann weiterleben?

Ich träume: Mutter liegt im Sarg. Alle stehen rundherum. Ich gehe zum Sarg. Mein Herz schmerzt. Ich sitze in der Schule. Alle starren mich an. Sie wispern und tuscheln. Mir ist schlecht. Auch der Lehrer starrt mich an. Ich weiß nicht, wohin ich blicken kann. Ich will aus dem Klassenzimmer hinaus. Ich halte es nicht aus. Ich wache auf. Mir ist furchtbar schlecht. Diesen Traum träume ich jede Nacht. Ich fürchte mich vor dem Traum. Ich verstehe nicht, warum ich so etwas Furchtbares träume. Ich fürchte mich vor dem Einschlafen. Ich will wach bleiben.

Mutter spricht mit mir. Ich verstehe sie nicht. Sie zieht sich aus. Sie nimmt den Büstenhalter ab. Ich sehe auf zwei große Narben. Die Brüste sind weg. Sie sagt, dass wir Brüste kaufen gehen. Wir fahren in die Stadt. Gleich bei der Freyung gehen wir in ein Geschäft. Die Bedienung ist sehr freundlich. Mutter will kleine Brüste. Die Bedienung meint, dass sie auch größere haben kann. Ich blicke von der einen zur anderen. Ich fühle mich sehr erwachsen. Ich verstehe gut, um was es geht. Ich finde das Argument von Mutter klug. Sie meint, dass es weniger auffällt, ob sie die Brüste trägt oder nicht, wenn sie klein sind. Wir kaufen die kleinen Brüste. Stolz gehe ich aus dem Geschäft. Zu Hause packt Mutter sie aus, stopft sie in den Büstenhalter und schnallt sich ihn um. Sie lächelt. Sie sieht fabelhaft damit aus und niemand kann die Narben sehen.

Nach dem Abendessen liege ich im Bett und seufze auf. Mutter kommt und gibt mir einen Gute-Nacht-Kuss. Sie streicht über meine Wange. Ihre Hand ist kühl und zart. Sie hat immer noch ihre neuen Brüste an. Ich bin froh, dass alles gut ist. Ich schlafe ein.

3

Mutter geht es schlecht. Sie hat Schmerzen. Der Arzt schickt sie zur Behandlung. Sie kommt kränker und immer kränker zurück. Ich verstehe nicht, wozu das gut sein soll. Ich mag den Arzt überhaupt nicht. Ich will keinen Arzt. Ich mag Erwachsene nicht. Ich mag keine Krankheit. Ich bin jeden Tag wütend. Mir ist jeden Tag schlecht. Ich gehe zur Schule und ich gehe nach Hause und jeder Tag ist grau.

Mutter sieht mich an. Ich sitze am Tisch und zeichne. Dann stehe ich auf und gehe zu ihr. Ich strecke meine Arme aus und umarme ihre Taille. Ich weine. Es läutet an der Tür. Es ist unser Nachbar vom dritten Stock. Er soll das Waschbecken reparieren. Mutter hält mich fest, wir gehen zusammen zur Tür und zurück ins elterliche Schlafzimmer. Heute trägt sie ihre Brüste nicht. Der Nachbar schaut immer wieder auf die fehlenden Brüste. Ich will ihn boxen. Er soll das Waschbecken reparieren und gehen. Ich will ihm sagen, dass er Mutter nicht anstarren soll. Ich traue mich nicht.

Als er weg ist, lässt Mutter mich los. Ich weine nicht mehr. Sie zieht sich aus. Ich warte. Sie zieht auch das Unterleibchen aus. Ich sehe verbrannte Haut. Schmerz überkommt mich. Ich will schreien. Ich bleibe stumm. Sie zieht ihr Unterleibchen wieder an. Sie streift ihr Kleid über. Das Kleid ist wunderschön. Es gibt keinen Weg zurück.

In dieser Nacht träume ich den garstigen Traum zu Ende. Ich schäme mich, dass ich den Tod vorwegnehme. Ich wache tags darauf matt auf. Ich fühle mich blutleer. Ich ziehe mich an. Großmutter kommt. Ich wundere mich nicht. Mutter sagt, dass sie ins Spital müsse, dass sie wiederkomme. Großmutter sieht mich besorgt an. Ich gehe an ihnen vorbei und aus der Wohnung, die Stiegen hinunter, die Gasse entlang und um die Ecke. Dann weine ich. Ich weine und weine. Ich kann nicht mehr zu weinen aufhören.

4

Großmutter und ich fahren Mutter besuchen. Mutter wurde wohin gebracht. Dort gibt es einen großen Garten auf mehreren Ebenen, die jeweils mit drei oder vier Stufen verbunden sind. Große

Bäume und Sträucher stehen verloren herum. Das Gebäude, das weit hinten steht, ist groß. Mutter erwartet uns am Tor. Wir gehen auf ihr Zimmer. Das Radio, das ich zum Geburtstag bekommen hatte und ihr für das Spital mitgab, steht auf dem Nachtkästchen. Das freut mich. Sie versichert mir, dass sie jeden Tag damit Radio höre. Dann schaue ich mich im Zimmer um. Es wirkt ein wenig wie mein Kabinett. Es hat ein schmales Bett und einen Schrank, einen kleinen Tisch und zwei Sessel. Mutter meint, dass sie die Karte, die sie mir geschickt hatte, an diesem Tisch geschrieben habe. Ich blicke noch einmal zum Tisch und stelle sie mir dort sitzend und schreibend vor. Das beruhigt mich. Dann gehen wir in den großen Garten. Ich halte ihre Hand. Ich lasse nicht los. Großmutter und Mutter streiten nicht. Ich möchte immer so weitergehen. Ich möchte so bis ans Ende der Welt gehen. Wir kommen zum Ausgang. Großmutter und Mutter verabschieden sich voneinander. Ich will mich nicht verabschieden. Ich will bleiben. Mutter spricht mit mir. Ich verstehe nichts. Ich will bleiben. Mutter streicht mir über das Haar. Sie streicht mir über die Wange. Sie streicht mir über den Rücken. Sie bittet mich, zu gehen. Ich will bleiben. Ich lasse los. In mir zerreißt etwas, ich kann es hören, ich kann es spüren, ich kann es riechen, ich kann es schmecken. Großmutter nimmt meine Hand und zieht mich weg. Dann blicke ich zurück und sehe sie die Steigung zum großen Tor hinaufgehen. Sie dreht sich nicht mehr um.

5

Furchtbar dunkel ist es. Ich warte. Ich warte darauf, dass Mutter wiederkommt. Ich warte, dass mein Leben wieder beginnt. Ich zähle die Tage. Das Zählen hilft mir. Ich gelobe, nie wieder frech zu sein. Ich bitte Gott um Gnade. Ich versuche, einen Pakt mit ihm zu schließen. Ich verspreche ihm, immer brav zu sein, wenn er Mutter am Leben lässt. Die Tage vergehen. Ich zähle und zähle. Bald ist Sommer. Ich flehe ihn an. Er soll mich blind machen, aber mir

Mutter zurückbringen. Dann endlich kommt die Nachricht, dass Mutter morgen aus dem Spital entlassen wird.

Ich renne in die Schule. Gleich nach dem Unterricht laufe ich nach Hause. Mein Herz ist voll, sodass ich kaum Luft bekomme. Jetzt haste ich schon die Treppe hinauf. Ich bin außer Atem, läute Sturm. Die Tür ist zu. Angst überkommt mich. Großmutter öffnet. Ich starre sie kurz an, laufe an ihr vorbei ins Zimmer der Eltern. Mutter liegt nicht da. Ich laufe in mein Zimmer. Da ist sie auch nicht. Ich laufe zurück ins Vorzimmer. Großmutter steht an der Tür, den Türgriff noch immer fest mit der Hand umschlossen. Sie blickt mich an. Ihr Blick spricht zu mir. Ich pralle ab, wanke zurück, halte mich am Sessel fest. Mir schwindelt, mein Magen verkrampft sich, ich muss mich zusammenkrümmen. Der Schmerz brennt. Etwas frisst mich auf.

Ich renne in mein Zimmer, lege mich auf das Bett. Krümme mich zusammen. Dann strecke ich mich und schaue zur Decke. Ich will nichts mehr. Vater will zu mir. Großmutter hält ihn zurück. Ich höre sie im Speisezimmer sprechen. Sie meint, ich bräuchte Ruhe. Ich will es Mutter gleich machen. Ich will ein Ende finden.

6

Der Großvater und die Großmutter aus Deutschland kommen. Vater ist da. Die eine Großmutter kocht. Sie sprechen über das Grab. Über Kosten. Über schwarze Kleidung. Ich habe kein schwarzes Kleid, keine schwarze Strumpfhose, keinen schwarzen Mantel. Ich muss eingekleidet werden. Die Schildkröte spaziert über den Esstisch. Mutter hätte das Tischtuch vom Tisch genommen. Ich stehe da und schaue der Schildkröte zu. Ihre kurzen Beine zerknüllen das Tischtuch überall dort, wo sie weiterzukriechen versucht. Sie muss sich plagen. Jetzt spaziert die Schildkröte über den Teller. Großvater lässt sie. Niemand greift ein. So schnell ändert sich alles.

Die deutsche Großmutter geht mit mir zum Franz-Josefs-Kai. Gleich im ersten Geschäft werden wir fündig. Ich werde schwarz eingekleidet und behalte alles auch gleich an. Die andere Kleidung stopfe ich in das Nylonsackerl, das mir die Verkäuferin gibt. Ich denke an das Ausstopfen des Büstenhalters mit den schönen neuen Brüsten und muss weinen. Die Verkäuferin schaut mich scheel an, jetzt ist sie bestürzt. Sie macht schnell, sie will uns loswerden. Diese Großmutter bleibt völlig gelassen. Für sie ist nichts Schlimmes passiert. Mutter war nicht ihre Tochter.

Nun gehe ich wieder in die Schule. Einige Tage war ich zu Hause geblieben, weil ich nicht zu weinen aufgehört habe. Ich sitze in Schwarz in der Klasse und die Kinder starren mich an. Auch die Lehrer. Niemand fragt mich etwas. Niemand spricht mit mir. Ich bin ein unheimliches Gespenst. Ich selbst fühle mich auch wie ein unheimliches Gespenst. Es ist wie im Traum. Aber ich spüre nichts. Wenn ich mich an der Kante des Tisches stoße, spüre ich keinen Schmerz. Ich bin schmerzbefreit.

Ich will Mutter nicht begraben. Großmutter redet auf mich ein. Vater ist im elterlichen Schlafzimmer. Er zieht sich an. Bereitet sich auf den Weg zum Friedhof vor. Danach soll es ein Essen geben, an dem ich nicht teilnehmen werde. Ich will nicht zum Friedhof mitkommen. Ich will das alles nicht. Ich will tot sein. Großmutter lässt nicht locker. Ich solle Mutter die letzte Ehre erweisen. Ich werde es ewig bereuen, sie nicht begraben zu haben. Ich solle nun stark sein. Ich denke, dass es nicht mehr schlimmer kommen könne. Ich denke, dass schon alles Schlimme passiert ist. Ich nicke.

Der Weg ist lang. Der Zentralfriedhof liegt weit draußen. Das dritte Tor noch weiter. So viele Tote. Ich sehe diesen Friedhof zum ersten Mal. Nun gehört Mutter zu den Toten. Ich sehne ihre Hand herbei, sehne ihren Körper neben mich, denke an ihre Oberschenkel, auf die ich meine Füße drücke, fühle ihr Haar, das mir ins Gesicht fällt. Ich gehe. Alle gehen. Dann sehe ich das Gebäude. Wir treten ein.

Der Sarg steht vor mir. Ich weine. Ich weine. Ich weine. Ich kann nicht mehr. Ich kann nicht mehr leben. Es geht sich einfach nicht mehr aus. Vater zerrt an mir, zerrt mich zur Seite. Dann spüre ich nichts. Dann ist es vorbei. Jemand zieht mich am Sarg vorbei. Ich sehe Mutter liegen. Sie ist ganz weiß. Meine Horterzieherin drückt meine Hand. Die Freundinnen von Mutter drücken meine Hand. Ein Freund von Mutter schaut mich lange an, dann geht er an mir vorbei. Ich weine. Großmutter nimmt meine Hand und wir gehen hinaus. Ich gehe den langen Weg mit ihr zurück, bis ich in meinem Zimmer bin und mich ausziehe, bis ich nackt bin. Dann lege ich mich in mein Bett und ziehe die Decke über den Kopf. Ich war in Schwarz, habe meine Mutter zu Grabe getragen. Ich bin 12 Jahre alt. Es ist Juni 1975.

7

Ich bin im Dorf. Rund um mich ist es grün. Das hohe Dach aus Holz spendet Schatten. Die Schaukel schwingt leise. Mein Bruder lacht mich an. Ein warmer Wind streicht über meine Wange. Aus der Küche höre ich Geräusche. Großmutter kocht. Großvater brummt. Mein Bruder schaukelt. Eine Biene verirrt sich, kreist um die Schaukel, fliegt davon. Die Schaukel besteht aus zwei Stricken. Hoch oben im Dachstuhl sind sie festgebunden. Ein bunter Flickenteppich dient als Sitzfläche. Die Stricke sind sicher fünf Meter lang. Manchmal schubse ich sie an, dann beginnt das Spiel von Neuem. Wir spielen Fliegen. Mein Bruder hat eine kleine Nase und noch kleine Hände und Füße. Seine Schuhe sind putzig. Er will absteigen. Ich halte den Strick fest, hebe ihn herunter. Ich lasse nicht los. Kniee mich vor ihn. Ich atme tief ein. Ich sage: Mutter ist tot. Er sieht mich an. Kein Schmerz ist in seinen Augen. Ich trage den Schmerz für uns beide.

Am Abend wird es frisch. Unser Haus steht auf Stelzen. Es ist aus Holz und Stein. Der Boden hat breite Holzplanken. An manchen

Stellen gibt es Astlöcher. Durch diese kann man ins Erdgeschoß und auf den Boden aus gestampfter Erde blicken. Das Pferd ist nicht mehr da. Großvater meint, wir werden ein anderes kaufen. Mein großer Bruder wird diesen Sommer nicht ins Dorf kommen. Eigentlich ist er mein Cousin. Für mich ist er mein Bruder. Früher teilten wir ein Bett. Das tun nur Geschwister. Jetzt teile ich mit meinem kleinen Bruder das Bett. Wenn Vater kommt, dann schlafe ich in einem anderen Bett. Kein Bett ist mein Bett. Alles gehört allen. Wir teilen es so auf, dass alle Platz haben.

Im Garten ist die Quelle. Früher habe ich viel mit dem Wasser gespielt. Es ist kalt und frisch. Ich hasse Kälte, doch dieses Wasser liebe ich. Ich wasche mein Gesicht, meine Hände, meine Beine und Füße. Dann laufe ich über die sonnenwarme Holztreppe hinauf und in das neben der längsten Schaukel der Welt liegende, kleine, kühle Zimmer. Ich kuschle mich ins Bett. Mein Bruder schläft schon. Alles riecht gut. Ich schlafe gut ein.

Früher lebte ich hier. Großvater und Großmutter waren die Eltern. Sie waren immer da. Ich spielte mit den Kindern. Ich spielte immer auch mit meinem großen Bruder. Früher gab es keinen kleinen Bruder. Früher gab es keine Mutter und keinen Vater. Früher gab es keine zweite Sprache. Früher gab es auch keine graue Stadt. Früher gab es nur Hier und Jetzt, es gab kein Gestern und kein Morgen. Dann wurde es anders. Dann gab es auch Mutter und Vater. Später gab es den kleinen Bruder.

Jetzt ist alles anders. Es gibt ein vor dem Tod und ein nach dem Tod. Es gibt ein vor und ein nach bei allem und jedem. Ich spreche nicht über das vor dem Tod und über das nach dem Tod. Ich spreche auch nicht über den Tod.

Die Sonne wärmt mich. Die Stimme des Großvaters wärmt mich. Das Lachen meines Bruders wärmt mich. Sein kleiner Körper ist schön. Ich mag es, ihm über das Haar zu streichen, ihm in die Wange zu kneifen, in auf die Nasenspitze zu küssen. Ich mag die großen Hände des Großvaters. Sie sind wie die Pranken eines Bären. Vor Bären fürchte ich mich. Und vor Wölfen. Sie kommen bis ins Dorf. Großvater mahnt uns, nicht zum Wald hinaufzusteigen. Mein kleiner Bruder ist oft schlimm. Ich verzeihe ihm immer. Manchmal muss ich ihn beschützen. Er ärgert gerne andere Kinder.

Die Hühner der Nachbarin haben Küken bekommen. Wir sind sehr aufgeregt. Alle wollen die frischen, kleinen, gelben Babys der Hennen sehen. Ich frage, ob auch wir, mein kleiner Bruder und ich, hinüberlaufen dürfen. Von der Stiege kann man auf den Weg blicken. Unsere Freunde rufen uns zu. Wir laufen und öffnen das große Holztor. Wir rennen zur Nachbarin. Die Nachbarin rügt uns. Wir sollen keinen solchen Lärm machen, sonst verschrecken wir die Hennen und die Küken. Sachte, sagt sie, sachte. Wir verstummen. Bleiben stehen. Rühren uns nicht. Dann kommen die Hühner aus ihren Verstecken. Hinter ihnen die Küken. Es ist wunderschön. Ich fühle mich frei. Ich atme tief ein. Wir betrachten das Wunder. Die Küken sind so schön. Das Gesicht meines Bruders glänzt vor Freude. Er möchte ein Küken halten, er beugt sich hinab und greift mit beiden Händen danach, hebt es auf. Das Küken fürchtet sich. Er hält es fest. Die Nachbarin will etwas sagen. Da öffnet er die Hände. In seinen Händen liegt das Küken, es ist tot. Ich erschrecke und sehe, wie er erschrickt. Die Nachbarin versucht zu erklären. Sie rügt ihn nicht. Sie will nicht, dass wir uns schuldig fühlen. Doch ich fühle mich für uns beide schuldig.

8

Die Tage werden kürzer. Ich kann das an dem Schatten, den die Sonne auf den Holzboden wirft, ablesen. Das Wetter bleibt schön. Der Sommer ist hier noch lange nicht vorbei. Mein Sommer jedoch geht dem Ende zu. Ich werde zurückgebracht werden in das leere Haus. In das Haus, das den Tod sah. Danach werde ich im

Internat sein. Ich werde weit weg von den Großeltern, vom Bruder, dem kleinen und dem großen, von den Düften und Gerüchen, von der Wärme und den Winden, von dieser Sprache sein. Ich werde ohne Familie sein. In mir steigt eine vage Erinnerung auf. Ich beginne, mich nach der Hand zu sehnen, die mir nie wieder über die Wange streichen kann. Ich beginne, mich nach der Stimme zu sehnen, die mich nicht mehr rufen wird. Ich beginne, mich danach zu sehnen, sie rufen zu können. Die Rufe werden nie wieder Sinn ergeben, werden ohne Antwort bleiben.

Zeitig kommt das Taxi. Der Hahn hat gerade erst gekräht. Ich stehe bei der Stiege, blicke zu den Bergen. Davor habe ich meinem schlafenden Bruder einen Kuss auf die Wange gedrückt. Der Koffer ist schwer. Vater nimmt ihn mir ab und fordert mich auf, die Treppe hinabzusteigen. Ich gehe. Ich gehe langsam. Ich will bleiben. Ich fürchte mich vor dem, was kommen wird. Ich wollte zurück, nun will ich es nicht mehr. Großvater blickt mich ernst an, Großmutter weint leise. Vater schiebt mich vor sich her. Auf dem Weg gehen wir nebeneinander. Wir wissen, die Sache ist ernst. Ich öffne die Wagentür. Ich sehe, es ist ein Mercedes. Der Wagen ist geräumig. Ich versinke darin. Plötzlich ist mein Bruder da. Er weint und schreit. Er ruft: Mama. Mein Herz schmerzt. Mir wird schlecht. Er ruft und hört nicht auf. Vater schiebt ihn weg. Großvater kommt. Er nimmt meinen Bruder und trägt ihn fort. Vater steigt ein. Der Fahrer tritt aufs Gaspedal. Er hat es plötzlich sehr eilig. Quietschend fahren wir los. Ich will aussteigen, getraue mich aber nicht, das zu sagen.

9

Die Wohnung ist kalt. Es hat geregnet. Sie ist nicht da. Sie bleibt weg. Sie ist tot. Die Wohnung riecht nach ihr. Ihre Pantoffeln kann ich nicht finden. Ich liege im Bett und stelle mir vor, dass sie über das Speisezimmer zu mir kommt. Ich stelle mir das Knarren der

Holzdielen vor. Ich stelle mir ihr Gesicht vor. Ich stelle mir ihre Hände vor. Ich versuche, in ihre Augen zu blicken. Es gelingt mir nicht. Nicht einmal das gelingt.

Wir fahren ins Internat. Dort bekomme ich mein Bett gezeigt, meinen Kasten, meine Gruppe, den Weg zur Schule, den Weg in die Klosterkapelle und in die Kirche. Ich werde gleich da bleiben. Alle sprechen freundlich mit Vater und sehen mich streng an. Die Gänge sind kalt und hallen bei jedem Schritt. Die Zimmer sind groß, die Decken hoch. Das Gebäude ist riesig. Die Türen schwer.

Ich bin im Niemandsland. Ich bin eine Heidin. Ich bin ein Bastard. Ich bin eine Waise. Niemand mag mich. Alle halten sich fern. Ich finde die Klavierzimmer. Sie haben gepolsterte Türen, sodass man von außen das Musizieren nicht zu hören vermag. Ich gehe oft dorthin, schließe die Tür und weine. Manchmal spiele ich auf dem Klavier. Dann spiele ich weinend. Später kommen keine Tränen mehr. Ich weine tränenlos.

Großmutter kommt an den Wochenenden und bringt mir eine große Tasche mit Essen. Ich verstehe nicht, weshalb sie das tut. Es gibt reichlich zu essen im Internat. Sie fragt beständig etwas und ich antworte nur darauf, weil sie mir keine Ruhe lässt. Manchmal vergesse ich, dass Sonntag ist, und sie wartet vergebens am Tor auf mich, bis eine Klosterschwester mich holen kommt. Dann sehe ich ihren Ärger. Ich sage ihr, dass sie nicht kommen muss. Sie kommt trotzdem.

Die Gruppenleiterin spricht mit Vater. Ich merke auf, ich spitze die Ohren. Sie meint, er müsse mich aus dem Internat nehmen. Sie sagt ihm, dass ich den Kindern von meinem großen und von meinem kleinen Bruder erzähle. Sie beklagt, nichts vom großen Bruder gewusst zu haben. Vater versichert ihr, dass es nur einen kleinen Bruder gebe. Schamröte steigt in mir auf. Ich fühle mich als Lügnerin und verraten.

Vater holt mich ab. Ich werde zu den Großeltern und zum kleinen Bruder gebracht werden, sagt er. Ich bin froh. Endlich werde ich das Internat verlassen. Endlich werde ich sie wiedersehen. Er sagt, ich werde weiterhin ins Gymnasium gehen und er erwarte sich, dass ich eine gute Schülerin werde. Er tadelt mich ob meiner schlechten Noten. Ich verstehe das nicht. Ich finde, ich habe gut auf mich aufgepasst. Ich sage ihm nicht, dass ich mir viele Male gewünscht hatte, tot zu sein. Wir kommen nach Hause. Der Schlüssel dreht sich im Schloss. Dieses Geräusch, es öffnet die Tür in ein einstiges Paradies. Jetzt ist da Grauen. Ich kann Mutters Duft nicht mehr ertragen. Ich gehöre nicht mehr hierher. Ich möchte weg. Und ich möchte nie wieder zurückkommen.

Vater und ich bleiben nur kurz. Großmutter ist da. Beide sprechen wenig. Streit liegt in der Luft. Ich blicke Großmutter nicht an. Ich blicke Vater nicht an. Ich gehe nicht in mein Zimmer. Ich bleibe im Speisezimmer, setze mich auf einen der schweren, mit schwarzem Leder gepolsterten Stühle. Es gibt nichts mehr. Dumpf ist es draußen. Dumpf ist es in mir.

10

Am Flughafen stehe ich an der Fensterfront, blicke zum Tower hin. Ich bin die, die die Mutter verlor, ich bin die, die mit dem Flugzeug flog. Niemand in meiner Klasse hat seine Mutter verloren, niemand ist schon geflogen. Mein kleiner Bruder ist jünger und mir fällt jetzt ein, dass er mich überholt hat. Er ist schon lange beim Vater ohne Mutter, er ist lange vor mir mit dem Flugzeug geflogen. Er hat alles erlebt, bevor ich es erleben musste. Er weiß es nicht. Ist es für ihn damit schlimmer? Ich warte. Ich möchte einsteigen. Ich möchte dieses graue Land verlassen. Ich möchte weit wegfliegen.

Diesmal ist mein großer Bruder auch da. Jetzt lerne ich auch seine Schwester richtig kennen. Sie strampelte das letzte Mal noch im

Bauch ihrer Mutter. Mein kleiner Bruder ist schüchtern. Trotzdem ist er schlimm. Alle sagen: Er ist noch klein. Alle sagen: Er hat keine Mutter. Es ist Mutter, von der sie sprechen.

Nach dem Sommer übersiedeln wir in die Stadt. Dort gibt es eine Schule, in die ich gehen kann. Mein Bruder wird in keinen Kindergarten gehen. Die Großeltern und Tante werden sich um ihn und mich kümmern. Ich freue mich, dass sich jemand um mich kümmern wird. Ich freue mich, dass es die Großeltern sein werden. Ich freue mich, dass mein Bruder bei mir sein wird.

In der Stadt jedoch ist alles anders. Tante befiehlt gerne. Sie trennt mich und meinen Bruder. Sie befiehlt, dass ich ihn pflege und mit ihm spiele. Sie verlangt, dass ich ihn zum Spielplatz bringe und auf ihn aufpasse. Sie meint, ich solle am Boden schlafen. Großmutter legt sich zu mir auf den Boden. Wir schlafen nebeneinander. Manchmal streicht Großmutter über mein Haar. Tante will, dass ich den Boden schrubbe. Tante will, dass ich die dunkle Wäsche per Hand wasche und aufhänge. Sie will, dass ich Staub wische, den Müll hinuntertrage, die Schuhe putze, zum Greißler gehe. Jeder Tag kommt und vergeht, ich merke keinen Unterschied und mache alle Arbeiten, die man mir anschafft. So vergeht ein Schuljahr. Wieder kommt der Sommer. Bald ist Schulschluss.

Wir haben auch Englischunterricht. Der Lehrer ist beliebt. Er sieht auch mich immer freundlich an. Er meint, ich sei sehr genügsam. Das verstehe ich nicht. Ich verstehe überhaupt wenig. Meist verstehe ich gar nichts. Das ist gut so. Der Lehrer steht vor mir. Dann steht er neben meinem Schreibpult. Dann wieder vorne bei der Tafel. So geht das tagein und tagaus. Danach gehe ich zur Tante. Dort grüßen mich die Großeltern. Mein Bruder darf mir nicht entgegenlaufen. Er grüßt mich, wenn ich die Küche betrete. Am Wochenende kommt Vater. Alle freuen sich. Ich nicht. Er erinnert mich an Mutter. Er nimmt mich mit in seine Stadt. Dort ist er garstig und fremd. Dann wieder lieb. Ich weiß nie, wie er sein wird. Trotzdem ist es dort besser als bei Tante.

Auch heute bin ich in der Schule. Unser Englischlehrer steht wieder neben meinem Pult. Er beugt sich herab. Richtet sich wieder auf. Ich höre Gemurmel. Er steht jetzt vor meinem Pult. Nun hockt er sich vor mich. Ich sehe, wie er hockt, verstehe nicht, was er tut. Ich schaue genauer hin. Ich verstehe immer noch nicht. Ich sehe ihn sprechen, ich höre ihn nicht. Ich bemerke, dass ich nicht hören kann. Ich erschrecke. Plötzlich höre ich ihn. Er spricht zu mir. Er spricht nicht auf Englisch. Er wiederholt immer wieder dasselbe. Was sagt er bloß? Jetzt verstehe ich es: Du lebst. Du lebst noch. Du lebst. Ich blicke mich langsam um. Die Kinder schauen mich an. Ihre Blicke sind freundlich. Er wiederholt immer wieder dasselbe. In mir fügen sich seine Worte zu meinen. Ich lebe noch. Ja. Ich lebe noch. Es ist wahr. Der Lehrer steht auf und geht rückwärts. Er lässt mich nicht aus den Augen. Ich blicke ihm direkt in die Augen. Es ist ein Band, das nicht zerreißt. Ich lebe noch. Ich lächle. Ja, ich lebe noch.

Am Wochenende kommt Vater. Ich sage ihm, dass ich mit meinem kleinen Bruder nicht mehr bei Tante leben will. Er fragt mich, was das solle und was ich von ihm wolle. Ich sage ihm, dass er Großmutter aus Wien holen und sie auf uns aufpassen müsse. Das sage ich bestimmt. Ich dulde keine Widerrede. Ich sage, ich und mein Bruder leben noch. Vater verspricht, Großmutter zu fragen. Ich zähle vierzehn Jahre, mein kleiner Bruder vier. Es ist Juni 1977.

KREBSHILFE-TIPP

Unternehmen Sie Dinge, die Ihnen gut tun und Kraft vermitteln.

Wilke Bärbel

Schweigen

Ich sitze mit dem Telefon in der Hand und wähle die Nummer meines Frauenarztes. Wieder steht die Krebsvorsorge an. Ich wähle und warte auf ein Freizeichen. Natürlich läuft diese furchtbare Musik mit der Bitte, in der Warteschleife zu bleiben. „Sie sind die Nächste!" Wie kann ein Automat nur so lügen? Natürlich bin ich nicht die Nächste. So ein Quatsch. Diesen Anruf zögere ich nun schon seit Wochen raus. Und nun hänge ich in der Warteschleife und lasse mich von der Musik berieseln. Dabei denke ich: Wer wählt die eigentlich aus? Das können nur Menschen sein, die einen Hang zu Sadomaso haben. Millionenfach werden Anrufer in der Warteschleife mit dieser endlosen Musikschleife gequält. Meine Gedanken schweifen derweil immer mehr ab. Wann hat das eigentlich angefangen? Dieses Unwohlsein vor der Krebsvorsorge?

25 ist ein herrliches Alter. Ich war jung, voller Neugier auf das Leben und meine Zukunft, Reise- und Abenteuerlust. Was kostet die Welt?! Die erste eigene Wohnung war klein, aber mein Reich. Hier konnte ich schalten und walten, wie ich wollte. Sauber machen, wann ich wollte. Männerbesuch empfangen – und wenn es nur für eine Nacht war. Freiheit. Das Elternhaus war weit genug weg, es wurde sich auf das gelegentliche Telefonieren beschränkt. Mit 18 war ich zum ersten Mal zur Krebsvorsorge bei einem Frauenarzt. Was war ich doch blöd und naiv. Als ich aufgerufen wurde und in einer Umkleidekabine Platz nehmen sollte, habe ich mich aus Unsicherheit komplett ausgezogen und stand dann splitterfasernackt vor einem unbekannten Mann: dem Frauenarzt. Sein Gesicht schwankte zwischen Erschrecken und Schmunzeln. Aber er

löste die Situation gut auf, dass es mir nicht ganz zu peinlich war. Unvergesslich dieser Moment.

Seitdem ging ich regelmäßig zum Frauenarzt. Mittlerweile betrat ich angezogen das Sprechzimmer. An meinem neuen Wohnort suchte ich mir keinen neuen, sondern fuhr stets gute 50 km zum Frauenarzt meines Vertrauens. Das war für mich mein ganzes Leben wichtig: Beständigkeit bei der Frauenarztwahl. Mit keinem anderen Arzt entsteht diese einzigartige Intimität. Gut – natürlich auch mit dem Zahnarzt.

Ich schweife ab ... hänge immer noch in der Schleife. Suche den Anschluss an meinen Anfangsgedanken. In einem Alter, wo die Endlichkeit weit ist und man sich für unverwundbar hält, denkt man nicht an Brüche. Erkennt keine Gefahren. Sieht nicht immer Notwendigkeiten.

Seit mehreren Tagen versuchte ich, meine Eltern telefonisch zu erreichen. Nie ging jemand ran. Merkwürdig. Waren sie verreist und ich habe wieder nicht hingehört? Hatten sie was gesagt?

Nach einer Woche hatte ich endlich meine Mutter erreicht.

„Wo wart ihr denn? Habe versucht, euch zu erreichen!"

„Wir waren zur Beerdigung und dann mussten wir noch im Haus sehen, was wir mitnehmen."

„Wie? Wer ist denn gestorben? In welchem Haus wart ihr denn Erbschleicher?"

„Oma ist gestorben. Und ich wollte noch das Blümchengeschirr als Erinnerung haben. Papa ist draußen Schnee schippen, ist bei dir auch so viel Schnee?"

Rumms. Fassungslos und sprachlos schaue ich aus dem Fenster. Habe ich eben richtig gehört? Teilt mir meine Mutter mehr oder weniger in Nebensätzen mit, dass meine geliebte Oma – ihre Mutter – gestorben ist und sagt mir kein Wort? Und geht dann in Banalitäten über? Wen interessiert der beschissene Schnee? War sie krank? Ist sie einfach eingeschlafen? Hatte sie einen Herzinfarkt? Warum sagt mir keiner was? Meine Oma wohnte 500 km entfernt und kam ein, zweimal im Jahr zu meinen Eltern. Als Kind war es immer etwas Einmaliges. Omi hatte immer etwas mitgebracht, war zu Schabernack stets bereit und für mich stets etwas Besonderes. Ich liebte sie auf eine eigene Weise, wie einen Schatz, den man nur hin und wieder in der Hand hat. Und nun gab es sie nicht mehr? Was war passiert?

Viele Gedanken gingen mir damals durch den Kopf. Trauer. Fassungslosigkeit. Wut. Entsetzen. Und viele Fragen. Wieso verschwindet ein Mensch einfach so? Das muss ein Irrtum sein. Niemand verschwindet so einfach und landet auf dem Friedhof der Vergessenheit.

Tage später – ich musste erst meine Gedanken sortieren – rief ich meine Eltern an.

„Warum habt ihr mir nicht Bescheid gesagt, dass Oma gestorben ist?"

„Sie war erlöst."

„Das beantwortet nicht meine Frage. Wovon war sie erlöst?"

„Sie hatte Krebs. Brustkrebs!"

„Krebs? Wie lange schon? Warum habt ihr mir nichts davon erzählt?"

„Ich sage es dir ja jetzt!"

Da kam ich nicht weiter. Meine Mutter blockte ab. Sie schloss mich aus. Ich sollte nicht wissen, was mit ihrer Mutter, meiner geliebten Omi, passiert war. Ich hatte nicht geahnt, dass Brustkrebs ein Tabuthema sein kann. Warum redet man nicht darüber?

In mir war es leer und einsam. Ich fühlte mich im Stich gelassen. Ein großes Loch drohte mich zu verschlingen. Was geht hier vor ...?

Nach einem Monat waren die Leere und Stille in mir so erdrückend, dass ich meinen ganzen Mut zusammennahm und zu meinen Eltern fuhr. Mit Tausend Fragen im Gepäck.

Meine Eltern, insbesondere meine Mutter, waren wie immer. Keine Spur von Leere, die ich tief in mir spürte und mich aufzufressen drohte. Keine Spur von Trauer. Keine Spur von Verlust.

Ich erfuhr, dass Oma schon seit vielen Jahren mit dem Brustkrebs gekämpft hatte. Erst gab sie die rechte Brust her, dann später die linke. Sie ertrug es mit stoischer Geduld und kämpfte weiter. Mir schien, als ob der Verlust der Brüste für meine Mutter weitaus schlimmer war als die todbringende Krankheit. Es entstand eine Diskussion über die Bedeutung der Weiblichkeit durch die Brüste. Bisher hatte ich mir nie darum Gedanken gemacht. Für meine Mutter war klar: Müsste sie die Brust entfernen lassen, hätte das Leben für sie keinen Sinn mehr. Was für ein hartes Urteil. Ist das weibliche Leben nur lebenswert, wenn man Brüste hat? Meine Mutter hatte jedenfalls eine klare Meinung. Da gab es kein rechts und kein links. Und ich? Ich konnte und kann mich nicht positionieren. Weil ich mir nicht vorstellen konnte, wie ich im akuten Fall denken und reagieren würde. Außerdem schlich sich ein anderer Gedanke ein: Projiziert unsere Gesellschaft Weiblichkeit wirklich lediglich auf die Brüste? Ist es nicht eher eine Reduktion des Weiblichen? Ist dieses äußere Geschlechtsmerkmal so wichtig in unserer Gesellschaft? Wahrscheinlich ja. Warum sonst lassen sich Frauen die Brüste vergrößern und mit Plastik- bzw. Silikonkissen standfest machen? Weil sie sich dann besser fühlen? Glaube ich nicht – weil sie anders gesehen werden. Übergroße gemachte Brüste sollen Weiblichkeit ausstrahlen. Mich würde es stören, dass ich nicht mehr auf den Bauch liegen oder eine Bluse zuknöpfen kann.

Und meine Oma, diese kleine bescheidene Frau, lässt sich ohne großem Aufheben ihre Brüste abnehmen. Bei ihr stand der Lebenswille im Vordergrund. Sie hat gekämpft und alles auf sich genommen. Mehrere Chemotherapien haben ihren Körper und ihre Seele sehr ausgemergelt. Ihre Haare fielen aus und die Perücke musste her. Auch das ertrug sie voller Demut und Kampfeswillen. Ihre jährlichen Besuche bei der Tochter kosteten sie unendlich viel Kraft, sie ließ sie sich aber nicht nehmen.

In all den Jahren habe ich ihr nichts, aber auch gar nichts, angemerkt. Ja, sie war dünner geworden, sah manchmal kraftlos aus und hielt manchmal nur über Stunden meine Hand und ließ mich von meinem Leben erzählen. Daran nahm sie stets großen Anteil.

Die letzten Stunden waren so, wie sie gelebt hat. Ruhig, nicht im Mittelpunkt stehend, in aller Bescheidenheit. Ihr Mann war bis zum letzten Atemzug bei ihr und zwischendurch fragte sie immer, ob auch ich gekommen bin. So ging sie, ohne dass sie noch mal meine Hand halten konnte. Ohne dass ich noch mal ihre Augen blitzen sehen konnte, wenn sie sich über etwas freute. Ohne ein Wort an mich.

Meine Eltern erreichten ihr Haus, als der Bestatter sie bereits abgeholt hatte. „Schade", soll meine Mutter gesagt haben. Sie wolle doch Abschied nehmen. Vielleicht wollte meine Oma genau das nicht. Sie ist aus dem Kreis des Lebens herausgetreten.

Bleibt die Frage, warum meine Eltern mich nicht über die Krankheit informiert hatten. „Darüber kann man nicht reden, Kind!" Warum nicht? Alle anderen Krankheiten werden fast zelebriert. Nur über den Brustkrebs meiner Oma wurde geschwiegen? Totgeschwiegen?

Es ändere ja nichts, meinte meine Mutter. Krebs bedeutet Tod. Früher oder später. Damit müsse man sich abfinden. Aber ich wollte mich damit nicht abfinden. Hier war plötzlich ein wichtiger Mensch aus unser aller Leben gegangen und man hatte ihre Krankheit einfach totgeschwiegen? Wie einsam musste sich meine Oma mit der Krankheit gefühlt haben? Hatte sie mit ihrem Mann über ihre Ängste reden können? Wie konnte meine Mutter das alles ausblenden? So viele Fragen schwirrten durch meinen Kopf und ich konnte sie nicht ordnen.

Die Beerdigung war Tage später. Alle Kinder meiner Oma waren da, auch einzelne Enkel. Nur ich nicht. Sie hatten sich für ein Rasengrab entschieden. Eine gruselige Vorstellung, dass der Rasenmäher über den Kopf meiner Oma hinwegfährt. Meine Mutter hat mit den Geschwistern Erinnerungsstücke ausgesucht und dann sind sie wieder gefahren.

„Ich wäre doch zur Beerdigung gekommen!"

„Was hättest du denn da gewollt? Sie war ja schon tot!"

Ja – aber ich hätte diesen Abschied für mich gebraucht. Und wie ich im Nachhinein erfahren habe, hat sie nach mir, nicht nach den anderen Enkeln gefragt. Ich konnte die Verlassenheit körperlich spüren und sie hat sie in den Tod hinein auch gespürt.

Die Musik der Warteschleife reißt mich aus den Gedanken. Eine Stimme sagt, ich solle Geduld haben, bin doch die nächste.

Die Jahre danach wurde der Tod meiner Oma totgeschwiegen. Niemand redete mehr über sie. Niemand hielt die Erinnerung an sie wach. Ihr Krebs wurde zum No-Go. Persona Non Grata. Zum persönlichen Makel. Oma existierte nicht mehr physisch. Sie existierte auch nicht in Worten. Bildern. Gesprächen. Sie war weg. Also ob es sie nie gegeben hätte. Hatte die Krankheit das hervorgerufen? Macht Krebs aus den Hinterbliebenen eine verschworene Gemeinschaft des Schweigens? Es waren keine Fragen zulässig, wie es ihr wohl ergangen war. Es war keine Last zu spüren, sie mit der Krankheit nicht begleitet zu haben. Krebs war ein Dämon geworden, den man verschwieg.

Wie lebt es sich mit dem Wissen, dass man Krebs hat und die Wahrscheinlichkeit daran zu sterben 50:50 ist? Wie lebt es sich, wenn man auf ein bzw. zwei Körperteile verzichten muss? So, wie meine Oma ihre Brüste opfern musste. Waren auch für sie die Brüste absolute Symbole der Weiblichkeit gewesen? Hatte sie ihren Krebs gehasst? Inwieweit hatte sie den Krebs in ihr Bewusstsein gerückt? Inwieweit hatte der Krebs ihren Alltag bestimmt? Hatte sie ihn gehasst oder als ungeliebten Teil in sich akzeptiert?

Hatte sie gekämpft? Wer war ihr im Kampf beigestanden? War es von Anfang an aussichtslos gewesen? Hatten Hoffnung und Verzweiflung einander abgelöst?

Es sind so viele Fragen, die ich meiner Oma gerne gestellt hätte. Ob sie sie mir beantwortet hätte?

Das Klingeln wird durch eine menschliche Anrede unterbrochen.

„Was kann ich für Sie tun?"

Ja, was kann die Arzthelferin für mich tun?! Vielleicht kann sie mir meine Fragen beantworten. Sie hat doch in ihrem Berufsleben schon öfter Frauen gehabt, die die gleiche Diagnose hatten. Die vielleicht den Krebs besiegt haben. Oder auch nicht. Sie hatte doch bestimmt auch Begegnungen mit den Angehörigen. Oder Hinterbliebenen. Hatten die Fragen, meine Fragen, stellen können?

Ich möchte am liebsten fragen, ob sie mein Loch der Erinnerungen nach 40 Jahren stopfen kann. Dieses Loch, das an eine Kohlegrube im Rheinland erinnert. Schroff, unwirklich, immer tiefer werdend. Ja, das ist es. Dieses Schweigen hat bei mir ein immer größer werdendes Loch hinterlassen, das droht, mich zu verschlucken. Wie ein Monster aus einem Science-Fiction-Film. „Bitte gib mir Futter zum Stopfen", möchte ich ins Telefon brüllen. Die Erkenntnis trifft mich wie ein 220-Volt-Stromschlag.

Nicht nur Oma ist Opfer des Krebses. Ich auch. Dieses Schweigen hat etwas Toxisches. Etwas Krankmachendes. Eine Ertrinkende im leeren Loch.

„Ich hätte gerne einen Termin zur Krebsvorsorge!"

„Wann waren Sie denn zum letzten Mal? Moment, ich schaue mal nach!"

Na klasse. Es muss ein Jahr her sein oder ist das schon zu lange? War Oma regelmäßig bei der Krebsvorsorge gewesen? Ging man in ihrem Alter überhaupt da hin und ließ einen männlichen Arzt womöglich in die Scheide schauen? Oder war das Schamgefühl bei einer untersuchenden Frau größer?

Hatte sie sich – wie ich jetzt – mit der Zuversicht angemeldet, es würde schon nichts sein? Sich voller Vertrauen in die eigene Gesundheit der leidigen Routineuntersuchung stellend? Einen Termin, den man eben abhaken muss. Wie die Kontrolle beim Zahnarzt. Hatte sie vielleicht schon Zweifel verspürt?

„Hier sehe ich, es war vor einem Jahr. Haben Sie schon Ihren Mammografie-Termin bekommen?"

Wie ein Fallbeil erwischte mich diese Frage. Ja – die Einladung war gekommen. Ich habe den Brief irgendwo hingelegt. Wo nur? Habe ich bewusst verdrängt, zur Mammo zu gehen?

Nach dem Tod von Oma war ich das erste Mal bei der Mammografie gewesen. Wollte sichergehen, dass es mir nicht auch so erginge wie Oma. Etwas Demütigenderes als die Mammo gibt es für Frauen echt nicht. Käme irgendjemand auf die Idee, den Penis und den Hoden des Mannes in einen Schraubstock zu drehen, um zu sehen, ob die Prostata krebsfrei ist? Wahrscheinlich nicht.

Ich hatte schon immer größere Brüste. Eine Frau quetschte meine Brüste zwischen zwei Platten. Schob sie, knetete sie, bis es passte. Den Arm musste ich irgendwohin verschränken. Meine

Arme fühlten sich plötzlich überflüssig an. Dann Luft anhalten für das Bild. Die gleiche Prozedur dann noch mal in quer. So muss sich eine Kuh an der Melkmaschine fühlen. Als junge Frau findet man das nicht witzig. Notwendig? Ja, mag sein. Aber warum kann Notwendiges nicht angenehmer sein? Weniger demütigend; weniger quälend; weniger scheiße.

War Oma jemals bei der Mammografie gewesen? Wahrscheinlich. Um den Krebs in der Brust zu lokalisieren? Hatte sie Schmerzen in dem Foltergerät empfunden? War sie vor oder nach der Diagnose da drin gewesen? Und als die erste Brust erst abgenommen und nur eine Brust im Rahmen der Mammo untersucht worden war, wie hatte man meine Oma in diesem Ausnahmezustand aufgefangen? Hatte jemand ihre Hand gehalten? Wer hatte ihre Tränen getrocknet?

„Sollen wir Ihnen einen neuen Termin besorgen?"

Nein – sollen sie nicht.

„Ja, das wäre nett!"

Was sage ich da? Ich will da nicht rein. Zu sehr denke ich gerade an meine Oma. Ich will nicht die gleiche Geschichte wie sie erleben.

„Ich könnte Ihnen den 9. September um 8.15 Uhr anbieten!"

Noch vier Monate Galgenfrist. Wie war es für meine Oma gewesen? Hatte sie eigentlich Knötchen in ihrer Brust gespürt? Oder war der Krebs bei einer Routineuntersuchung festgestellt worden?

Darüber wurde nicht gesprochen. Das große Schweigen. Wann hatte Oma eigentlich ihre Tochter über den Verdacht oder die Diagnose informiert?

Oder konnte sie kurzfristig zum Frauenarzt? Wie war das eigentlich gewesen? Ist ihr morgens unter der Dusche ein Knötchen aufgefallen, dass sie erst mal ignoriert hatte? *Sind vielleicht die Milchdrüsen.* Oder hatte sie doch einen Schreck bekommen und voller Panik den Frauenarzt angerufen? Vielleicht hatte sie auch erst mal Ruhe bewahrt und weiter beobachtet und getastet. Waren noch Knötchen dazugekommen? Wann war der Punkt erreicht, an dem sie sich voller Angst und Hoffnung einen Termin besorgt hatte?

Wie würde ich reagieren? Ehrlich gesagt traue ich mich nicht, meine Brust abzutasten. Zu groß ist die Angst, dass ich ein Knötchen finde. Ich weiß, dass es sträflich ist. Keine Ahnung, ob es zu der Krebsgeschichte meiner Familie gehört, dass man diese kleine, harmlose Berührung vermeidet. Dabei kann ich noch nicht mal sagen, warum ich das nicht mache. Ist es das Loch in mir?

„Kann ich noch etwas für Sie tun?"

Ja, lass mich nicht mit meinen Fragen allein, die wie ein Bienenschwarm in meinen Kopf herumschwirren.

Krebs haben immer nur die anderen, die ich brav bedaure. Krebs macht mich bei anderen sprach- und dialogunfähig. Wie spricht man mit Angehörigen von Krebskranken? „Das tut mir aber leid … wünsche euch alles Gute." Was für eine Verarsche. Es schockt mich, ich bin betroffen, aber ich leide nicht mit. Soll man jemandem, der Todesängste hat, sagen: „Das wird schon wieder."? Eigentlich möchte ich sagen, dass ich sprachlos bin und nicht die richtigen Worte finde. Dabei braucht doch jeder die richtigen Worte. Die individuell richtigen Worte.

Was wären für mich die richtigen Worte? Auf keinen Fall ein mit mitleidsvollem Gesicht Gestammeltes: „Das tut mir aber leid."

Was waren für Oma die richtigen Worte gewesen? Hatte sie es vielleicht gerade deshalb vor mir verschwiegen? Oder hatte sie von mir eine Reaktion gewollt und meine Eltern hatten das verhindert? Wie hätte ich reagiert? Hätten Oma und ich zusammen geweint?

Ich erlebe gerade am Telefon einen Tsunami an Gefühlen, die das Wort Krebs in mir auslösen. Erinnerungen, unzählige Fragen, Ängste. Gerade jetzt wünsche ich mir den warmen Schoß meiner Oma, auf dem ich als Kind gesessen habe und auf dem sie mich getröstet hat, wenn mich die Tränen übermannten. Sie nahm mich nur in den Arm, streichelte meinen Rücken oder über meinen Kopf, während ich meinen Kopf an ihren Hals schmiegte. Ihre Haare rochen nach Küche und gebratenem Fleisch. Sie sagte nichts. Streichelte mich nur sanft und ließ meine Tränen in ihre Schürze tropfen. Ihr Busen war warm und weich wie das Kissen im Bett nach einer langen Nacht.

Wenn meine Tränen versiegten, holte sie das benutzte Taschentuch aus der Küchenschürze und wischte mein Gesicht trocken. Ein Kuss auf der Stirn besiegelte das Ende meines Kummers. Nicht aber den Grund. „Wenn die Tränen wieder kommen, kommst du auch wieder!", sagte sie dann. Mehr nicht. Ließ mir die Tür offen. Fragte nie nach dem Grund; urteilte nie; strafte nie.

Wie war es in den Stunden ihrer größten Not gewesen, als ihre Tränen geflossen waren? Hatte es da am Ende ein Taschentuch gegeben? Wie alleine war sie mit ihrer Trauer, ihrer Verzweiflung, ihrer Wut gewesen?

Krebs ist ein Arschloch.

Krebs frisst nicht nur den Körper auf, er zerstört Leben. Das, was uns Menschen ausmacht.

Er zerstört nicht nur das eigene Leben, auch die Beziehungen zu anderen. Wie oft habe ich mich schon zurückgezogen von Menschen, die die Diagnose Krebs erhalten hatten? Ich wollte das Leid nicht sehen. Wollte nicht sehen, wie agile Menschen dünner und dünner wurden und ein im Bett liegender Schatten ihrer selbst waren. Wollte nicht sehen, wie die Haare verschwanden und die Glatze einen anderen Menschen erscheinen ließ. Wollte keinen menschlichen Körper im Krankenhaus an gnadenlos piepsenden Geräten sterben sehen.

Auch scheute ich mich, die Angehörigen in ihrem Leid zu sehen. Teilzuhaben an dem Unglück. Das lastete und lastet auf meinem Herzen wie ein Betonklotz. Wie soll ich denn mit Angehörigen über die Banalitäten des Alltags reden oder von Beziehungsproblemen berichten? Ein Hohn für die Angehörigen. Wie war es bei Oma gewesen? Hatte sie mit Weggefährten über ihre Krankheit, über das, was sie beschäftigte, sprechen können? Und hatten diese mit ihr darüber reden können oder hatten sie sich zurückgezogen und geschwiegen?

Was hatte Oma, die an einer der beschissensten Krankheiten gelitten hatte, alleine mit sich ausmachen müssen? Wen hatte sie überhaupt an sich heranlassen können? Und kann man jemanden tatsächlich so nahe an sich heranlassen, dass er wirklich teilhat?

Mich nervt schon der Männerschnupfen oder wenn Menschen ihre Wehwehchen als größtes Leid der Menschheit präsentieren und ich mich dem nicht entziehen kann. Vielleicht ist es aber das ureigene Bedürfnis, in seiner vorübergehenden Not gesehen und gehört zu werden. Aber Krebskranke tragen ihr Leid, das ungleich schlimmer ist, nicht mit mitleidheischendem Gejammer zu Markte. Sie machen es mit sich selbst aus. Und schweigen. Hatte es meine Oma auch so gemacht? Hatte sie selbst darüber schweigen wollen und gewollt, dass darüber geschwiegen wird?

Ich frage mich, wie ich reagieren würde, würde ich bei der bevorstehenden Krebsvorsorgeuntersuchung die Diagnose Krebs bekommen. Würde ich zu meinen Freundinnen gehen und sagen: „Ach übrigens, ich habe Krebs!" Wahrscheinlich nicht. Ich würde mich in mich zurückziehen und noch mehr Fragen in mir spüren. Vielleicht würde mir auch die Endlichkeit bewusst werden und im Spiegel vor mir stehen. Das macht Angst. Große Angst.

Könnte ich meine Gefühle in Worte fassen, dem überhaupt Worte geben? Wahrscheinlich nicht. Wahrscheinlich würde ich verstummen, vielleicht sogar stoisch die Krankheit ertragen. Vielleicht aber auch nicht und laut anklagend durch die Welt gehen: „Warum gerade ich?!" Ja – warum gerade ich, das hatte sich sicherlich meine Oma auch gefragt. Ist die Krankheit eine Strafe? Ist sie Schicksal? Zufall? Pech?

Ich weiß nicht, ob Oma eine Antwort darauf gefunden hatte. Oder ob sie die Gelegenheit gehabt hatte, jemanden danach zu fragen. Das fragende Schweigen um ihre Krankheit und ihren Tod lässt keine Antwort zu.

Einfach eine Brust herzugeben ist eine komplexe Entscheidung. Dann auch noch die zweite. Und der Körper einer Frau ist flach wie ein Brett. Keine weichen Rundungen weisen auf Weiblichkeit hin, also auf die äußeren Symbole. Die Brüste meiner Oma hatten mir als Kind Trost gespendet. Ohne viele Worte. Trost im Schweigen. Nie konnte ich sie ohne Brüste sehen. Mich dennoch an sie schmiegen und ihr Trost geben. Wahrscheinlich hätte sie wieder gesagt, ich solle wieder kommen, wenn ich Trost bräuchte. Jetzt brauche ich Trost, weil ich ihr in diesen Momenten nicht nah sein konnte.

Wie würde es mir gehen, wenn ich meine Brüste verlieren würde? Keine Antwort. Schweigen.

Dass meine Mutter mir die Krankheit und den Tod verschwiegen hat, kann und will ich nicht verzeihen. Es ist, als fehle mir etwas. Ich fühle mich amputiert. Das große Loch ist einfach zu groß für mich. Darüber bin ich traurig und wütend zugleich. Mir wurde das Recht genommen, mitzuleiden und zu trauern. Wie ein Stück Obst, das verfault und weggeworfen wird, war meine Oma entsorgt worden.

Mit welchem Recht konnte meine Mutter so über meine Gefühle und mein Leben entscheiden? Wie konnte sie den Tod einer so wichtigen Person ausklammern und totschweigen? Und das meiner Oma und mir gegenüber? Großeltern und Enkel haben eine besondere Bindung und Beziehung zueinander. Oder sie sollten sie zumindest haben. Großeltern gleichen das aus, was Eltern nicht geben können. In guten und in schlechten Tagen. Die positive Leichtigkeit der Enkel hilft den Großeltern, die Schwere des Alterns und der Vergänglichkeit zu tragen. Die Weisheit und die Geduld der Großeltern helfen den Enkeln, zu wachsen und zu reifen. Dazu gehört auch die Vergänglichkeit. Mir wurde die Chance geraubt, Vergänglichkeit zu erleben. Die Vergänglichkeit meiner Oma mitzugestalten. Und meine Oma wurde um die wichtige Möglichkeit beraubt, jedes Wort wie eine Botschaft des Erbes weiterzugeben.

Schweigen kann helfen. Schweigen kann den Tod bringen. Warum schweigen wir Menschen? Die, die wir in der Kulturtechnik der Sprache so bewandert sind, wo Hunderte an Worten die Befindlichkeiten ausdrücken können, flüchten in das Schweigen. Um zu vergessen, zu verdrängen, auszuschließen oder zu schützen.

Gibt es richtiges und falsches Schweigen? Wahrscheinlich ja. Wir Menschen sind so hoch entwickelt, intelligent und beredt. Brechen aber dann vor dem menschlichsten allen Lebens, dem Tod, zusammen.

Über Krebs wird zu wenig geredet. Mit den Betroffenen und mit den Angehörigen. Und die Angehörigen reden auch nicht darüber. Wollen anderen nicht auf die Nerven gehen. Aber wie können wir die Krankheit verstehen, wenn wir um die Krankheit herum schweigen? Es geht nicht um medizinische Erklärungen, es geht um das, was meine Oma beschäftigt hat. Hatte sie gedacht: „Es ist jetzt das letzte Mal, dass ich Marmelade gekocht habe. Die wird der Familie dann hoffentlich noch schmecken, wenn ich gegangen bin." Oder: „Dieses Geschirr habe ich nie leiden können, aber meine Enkelin mochte es so sehr." Hatte sie sich noch Wünsche erfüllen können? Hatte sie jemand nach ihren Wünschen gefragt? Oder wurde auch darüber geschwiegen, weil es sich nicht mehr gelohnt hatte?

Ich vermisse meine Oma so sehr. Ach, könnte ich sie noch etwas fragen. Könnte ich mich noch einmal an sie schmiegen. Könnte ich mit ihr schweigen.

Oma wurde totgeschwiegen. Nicht der Krebs hat sie getötet. Das Schweigen, das Unausgesprochene, war ihr Krebs.

„Sie können etwas für mich tun. Ich würde gerne mal kurz den Arzt was fragen."

„Aber natürlich, ich stelle sie durch."

Damit habe ich nicht gerechnet. Was will ich eigentlich vom Arzt?

„Dr. ▮▮▮ hier, was kann ich für Sie tun?"

„Sie können mir die Angst vor dem Schweigen nehmen!"

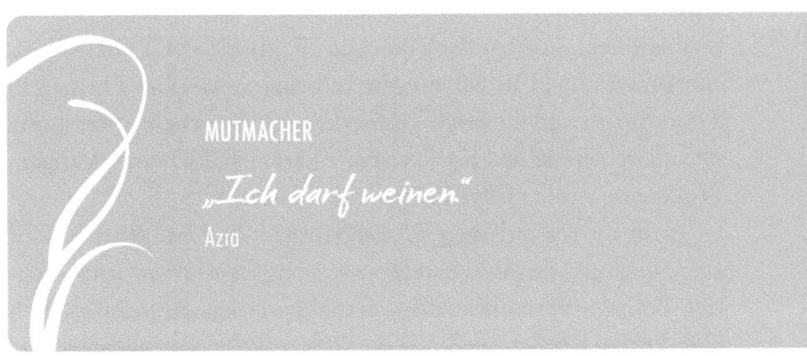

MUTMACHER

„Ich darf weinen"

ÁZIO

ANHANG

Im Folgenden finden Sie einen Überblick über das Hilfsangebot der Krebshilfe Österreich. Für Angebote in Deutschland besuchen Sie auch die Website von **Brustkrebs Deutschland e. V.**: https://brustkrebsdeutschland.de/

Krebshilfe-Broschüren

Wertvolle Hilfestellungen und Erklärungen finden Angehörige vor allem in der Krebshilfe-Broschüre „Angehörige und Krebs", die kostenlos bei der Krebshilfe in jedem österreichischen Bundesland oder auch als Download erhältlich ist: www.krebshilfe.net

Weitere Broschüren wie etwa zu den Themen „Wenn Mama/Papa an Krebs" erkrankt oder auch „Krebs und Beruf" bieten Orientierung und Rat in schwierigen Zeiten und stehen ebenfalls unter www.krebshilfe.net zum Download zur Verfügung.

„KrebsHILFE" App & Plattform

Überdies liefern nicht nur die Krebshilfe-Broschüren wichtige Informationen, sondern auch die App „KrebsHILFE". Die App ist eine praktische Hilfe für alle, die Informationen über Themen in Zusammenhang mit einer Krebserkrankung suchen, unter anderem zu den einzelnen Krebsarten, Therapien, Nebenwirkungen, Ernährung sowie Hilfsangebote der Krebshilfe.

In einem persönlichen Bereich können der Krankheitsverlauf aufgezeichnet, krankheitsrelevante Ereignisse erfasst und wichtige Termine vermerkt und gemanagt werden. In persönlichen Checklisten können ausgewählte Tipps aus der App abgespeichert und mit Terminen versehen werden. In einem persönlichen Tagebuch kann der Verlauf von Nebenwirkungen wie „Übelkeit", „Müdigkeit", „Schmerzen" und die psychische Verfassung eingetragen und – auf Wunsch – direkt an den behandelnden Arzt gesendet werden.

Ein eigener Bereich mit Entspannungsmusik rundet das Angebot ab.

Die App steht sowohl für Android, iOS-Smartphones und Tablet Computer in den jeweiligen AppStores kostenlos zur Verfügung. Derzeit ist die App für Brust-, Prostata-, Darm-, Gebärmutterhals-, Leber-, Lungen-, Lymphom-, Bauchspeicheldrüsen- und Hautkrebspatienten eingerichtet. Auch wenn die Krebsart, die Sie suchen, noch nicht aufgenommen ist, erhalten Sie wichtige Informationen zu Therapie, Nebenwirkungen, etc.

Ein erweitertes Angebot der App „KrebsHILFE" finden Sie ab sofort auch auf der Plattform www.meinekrebshilfe.net

Beratungszentren und -stellen der Österreichischen Krebshilfe

Wenn Sie Hilfe brauchen, scheuen Sie sich nicht, Unterstützung in den Beratungszentren der Österreichischen Krebshilfe wahrzunehmen:

Beratungsstellen im BURGENLAND

Voranmeldung zur persönlichen Beratung für alle Beratungsstellen im Burgenland unter:
Tel.: (0650) 244 08 21 (auch mobile Beratung)
Fax: (02625) 300-8536
office@krebshilfe-bgld.at
www.krebshilfe-bgld.at

- 7202 Bad Sauerbrunn, Hartiggasse 4 (Der Sonnberghof)
- 7000 Eisenstadt, Siegfried Marcus-Straße 5 (ÖGK)
- 7540 Güssing, Grazer Straße 15 (A.ö. Krankenhaus)
- 7100 Neusiedl am See, Gartenweg 26 (ÖGK)
- 7400 Oberwart, Evang. Kirchengasse 8-10 (Diakonie)
- 7350 Oberpullendorf, Gymnasiumstraße 15 (ÖGK)

Beratungsstelle in KÄRNTEN

Voranmeldung zur persönlichen Beratung in unserem Büro unter:
Tel.: (0463) 50 70 78
office@krebshilfe-ktn.at, www.krebshilfe-ktn.at

- 9020 Klagenfurt, Völkermarkterstraße 25

Beratungsstellen in NIEDERÖSTERREICH

- 2700 Wr. Neustadt, Wiener Straße 69 (ÖGK)
  Notfalltelefon: (0664) 323 7230
  Tel.: (050766) 12-2297 oder 2279
  Fax: (050766) 12-2281
  krebshilfe@krebshilfe-noe.at
  www.krebshilfe-noe.at

- 3100 St. Pölten, Kremser Landstraße 3 (bei ÖGK)
  Tel.+Fax: (02742) 77404
  stpoelten@krebshilfe-noe.at

- 3680 Persenbeug, Kirchenstraße 34, (Alte Schule Gottsdorf)
  Tel.+Fax: (07412) 561 39
  persenbeug@krebshilfe-noe.at

- 3340 Waidhofen/Ybbs
  Tel.: (0664) 514 7 514
  waidhofen@krebshilfe-noe.at

- 2130 Mistelbach, Roseggerstraße 46
  Tel.: (050766) 12-1389
  mistelbach@krebshilfe-noe.at

- 3580 Horn, Stephan-Weykerstorffer-Gasse 3 (in der ÖGK Horn),
  Tel.: (050766) 12-0889
  horn@krebshilfe-noe.at

Beratungsstellen in OBERÖSTERREICH

- 4020 Linz, Harrachstraße 13
  Tel.: (0732) 77 77 56
  Fax.: (0732) 77 77 56-4
  beratung@krebshilfe-ooe.at, office@krebshilfe-ooe.at
  www.krebshilfe-ooe.at

- 4820 Bad Ischl, Bahnhofstr. 12 (ÖGK)
  Tel.: (0660) 45 30 441
  beratung-badischl@krebshilfe-ooe.at

- 5280 Braunau, Jahnstr. 1 (ÖGK)
  Tel.: (0699) 1284 7457
  beratung-braunau@krebshilfe-ooe.at

- 4070 Eferding, Vor dem Linzer Tor 10 (Rotes Kreuz)
  Tel.: (0664) 166 78 22
  beratung-eferding@krebshilfe-ooe.at

- 4240 Freistadt, Zemannstr. 27 (Rotes Kreuz)
  Tel.: (0664) 452 76 34
  beratung-freistadt@krebshilfe-ooe.at

- 4810 Gmunden, Miller-von-Aichholz-Straße 46 (ÖGK)
  Tel.: (0660) 45 30 432
  beratung-gmunden@krebshilfe-ooe.at

- 4560 Kirchdorf, Krankenhausstraße 11 (Rotes Kreuz)
  Tel.: (0732) 77 77 56
  beratung-kirchdorf@krebshilfe-ooe.at

- 4320 Perg, Johann Paur-Straße 1, (Beratungsstelle Famos)
  Tel.: (0664) 166 78 22
  beratung-perg@kre bshilfe-ooe.at

- 4910 Ried/Innkreis, Hohenzellerstr. 3 (Rotes Kreuz)
  Tel.: (0664) 44 66 334
  beratung-ried@krebshilfe-ooe.at

- 4150 Rohrbach, Krankenhausstraße 4 (Rotes Kreuz)
  Tel.: (0664) 166 78 22
  beratung-rohrbach@krebshilfe-ooe.at

- 4780 Schärding, Alfred-Kubin-Straße 9 a-c
  (FIM – Familien- & Sozialzentrum)
  Tel.: (0664) 44 66 334
  beratung-schaerding@krebshilfe-ooe.at

- 4400 Steyr, Redtenbachergasse 5 (Rotes Kreuz)
  Tel.: (0664) 91 11 029
  beratung-steyr@krebshilfe-ooe.at

- 4840 Vöcklabruck, Franz Schubert-Str. 31 (im ÖGK-Gebäude)
  Tel.: (0664) 547 47 07
  beratung-vbruck@krebshilfe-ooe.at

- 4600 Wels, Grieskirchnerstr. (Rotes Kreuz)
  Tel.: (0664) 547 47 07
  beratung-wels@krebshilfe-ooe.at

Beratungsstellen in SALZBURG

Voranmeldung zur persönlichen Beratung für alle Beratungsstellen in Salzburg unter:
Tel.: (0662) 87 35 36 oder beratung@krebshilfe-sbg.at
www.krebshilfe-sbg.at

- 5020 Salzburg, Beratungszentrum der Krebshilfe
  Salzburg, Mertensstraße 13
  Persönliche Beratung nach tel. Voranmeldung

- 5110 Oberndorf bei Salzburg, Stadthalle, 2. Stock, im EKIZ,
  Joseph-Mohr-Straße 4a
  Persönliche Beratung nach tel. Voranmeldung jeden Donnerstag, nachmittags

- 5400 Hallein, Krankenhaus Hallein, Bürgermeisterstraße 34.
  Persönliche Beratung nach tel. Voranmeldung,
  jeden 2. Montag im Monat

- 5580 Tamsweg, Sozialzentrum Q4, Postgasse 4
  Persönliche Beratung nach tel. Voranmeldung
  jeden 2. Montag im Monat

- 5620 Schwarzach, St. Veiter Straße 3, Haus Luise
  Persönliche Beratung nach tel. Voranmeldung jeden 1. und 3.
  Mittwoch im Monat

- 5700 Zell am See, Rot Kreuz Haus, Tauernklinikum Zell am
  See, Paracelsustraße 4. Persönliche Beratung nach tel. Voranmeldung jeden 1. und 3. Mittwoch im Monat

Beratungsstellen in der STEIERMARK

- 8042 Graz, Rudolf-Hans-Bartsch-Str. 15-17
  Tel.: (0316) 47 44 33-0
  Fax: (0316) 47 44 33-10
  beratung@krebshilfe.at, www.krebshilfe.at

Regionalberatungszentrum Leoben:
- 8700 Leoben, Hirschgraben 5
  (Senioren- und Pflegewohnheim)

Terminvereinbarung und Info für alle steirischen Bezirke:
Tel.: (0316) 47 44 33-0
beratung@krebshilfe.at

Außenstellen Steiermark:
- 8280 Fürstenfeld, Felber Weg 4 (Rotes Kreuz)
- 8230 Hartberg, Rotkreuzpl. 1, (Rotes Kreuz)
- 8530 Deutschlandsberg, Radlpaßstraße 31 (Rotes Kreuz)
- 8680 Mürzzuschlag, Grazer Straße 34 (Rotes Kreuz)
- 8435 Wagna, Metlika Straße 12 (Rotes Kreuz)
- 8330 Feldbach, Schillerstraße 57 (Rotes Kreuz)
- 8750 Judenburg, Burggasse 102, (Rotes Kreuz)
- 8786 Rottenmann, Hauptstr. 109c (Rotes Kreuz)

Beratungsstellen in TIROL

- 6020 Innsbruck, Anichstraße 5 a/2. Stock
  Krebshilfe-Telefon: (0512) 57 77 68
  Tel.: (0512) 57 77 68 oder (0699) 181 135 33
  Fax: (0512) 57 77 68-4
  beratung@krebshilfe-tirol.at
  www.krebshilfe-tirol.at

Psychoonkologische Beratung in folgenden Sozial- u. Gesundheitssprengeln:
- Telfs: Kirchstraße 12, Dr. Ingrid Wagner, Tel.: (0660) 5697474
- Landeck: Schulhauspl. 9, Dr. Manfred Deiser,
  Tel.: (0664) 4423222
- Wörgl: Fritz-Atzl-Str. 6, Dr. Dorothea Pramstrahler,
  Tel.: (0650) 2831770
- Reutte: Innsbrucker Straße 37, Mag. Gertrud Elisabeth Köck,
  Tel.: (0664) 2251625

sowie in:
- Lienz: Rosengasse 17, Mag. Katja Lukasser,
  Tel. (0650) 377 25 09
- Schwaz: Dr. Fritz Melcher, Fuggergasse 2,
  Tel.: (0664) 9852010
- Jenbach: Mag. Beate Astl, Schalserstraße 21,
  Tel.: (0650) 7205303
- Kitzbühel: MMag. Dr. Astrid Erharter-Thum,
  Tel.: (0681) 10405938
- Tarrenz: DSA Erwin Krismer, Pfassenweg 2,
  Tel.: (0676) 7394121
- Innsbruck: MMag. Barbara Baumgartner, Rennweg 7a,
  Tel.: (0664) 73245396 (für Kinder und Jugendliche von an Krebs erkrankten Eltern)

Bitte um telefonische Terminvereinbarung.

Beratungsstellen in VORARLBERG

- 6850 Dornbirn, Rathausplatz 4,
  Tel.: (05572) 202388, Fax: (05572) 202388-14
  beratung@krebshilfe-vbg.at
  www.krebshilfe-vbg.at

- 6700 Bludenz, Klarenbrunnstr. 12,
  Tel.: (05572) 202388
  beratung@krebshilfe-vbg.at

Beratungsstelle in WIEN

- 1200 Wien, Brigittenauer Lände 50–54,
  4. Stg./5.OG
  Tel.: (01) 408 70 48, Fax: (01) 408 70 48/35
  Hotline: (0800) 699 900
  beratung@krebshilfe-wien.at
  www.krebshilfe-wien.at

Österreichische Krebshilfe Dachverband

- 1010 Wien, Tuchlauben 19
  Tel.: (01) 796 64 50,
  Fax: (01) 796 64 50-9
  service@krebshilfe.net
  www.krebshilfe.net